Texte détérioré — reliure défectueuse

**NF Z 43**-120-11

# PREMIÈRE THÈSE

# THÈSES

PRÉSENTÉES

## A LA FACULTÉ DES SCIENCES DE PARIS

POUR OBTENIR

LE GRADE DE DOCTEUR ÈS SCIENCES NATURELLES

PAR

## Joseph RUBY

INGÉNIEUR AGRICOLE, LICENCIÉ ÈS SCIENCES NATURELLES, DIRECTEUR DES SERVICES AGRICOLES
DES Pyrénées-Orientales

1re THÈSE. — RECHERCHES MORPHOLOGIQUES ET BIOLOGIQUES SUR L'OLIVIER ET SUR SES VARIÉTÉS CULTIVÉES EN FRANCE.

2e THÈSE. — PROPOSITIONS DONNÉES PAR LA FACULTÉ.

Soutenues le *15 avril* 1918 devant la Commission d'examen :

MM. GASTON BONNIER. *Président.*
VELAIN............ ⎰
HEROUARD........ ⎱ *Examinateurs.*

PARIS

MASSON ET Cie, ÉDITEURS

LIBRAIRES DE L'ACADÉMIE DE MÉDECINE
120, Boulevard Saint-Germain, 120

1918

# FACULTÉ DES SCIENCES DE L'UNIVERSITÉ DE PARIS

MM.

| | | |
|---|---|---|
| Doyen.................. | P. APPELL, *Professeur*. | Mécanique analytique et Mécanique céleste. |
| Professeurs honoraires.. | Ch. WOLF.<br>J. RIBAN.<br>PUISEUX. | |
| Professeurs............ | LIPPMANN........... | Physique. |
| | BOUTY.............. | Physique. |
| | BOUSSINESQ......... | Physique mathématique et calcul des probabilités. |
| | PICARD............. | Analyse supérieure et algèbre supérieure. |
| | Yves DELAGE........ | Zoologie, anatomie, physiologie comparée. |
| | Gaston BONNIER..... | Botanique |
| | KŒNIGS............. | Mécanique physique et expérimentale. |
| | VÉLAIN............. | Géographie physique. |
| | GOURSAT............ | Calcul différentiel et calcul intégral. |
| | HALLER............. | Chimie organique. |
| | JOANNIS............ | Chimie (Enseign$^t$ P. C. N.). |
| | JANET.............. | Physique. — |
| | WALLERANT.......... | Minéralogie. |
| | ANDOYER............ | Astronomie. |
| | PAINLEVÉ........... | Mécanique rationnelle. |
| | HAUG............... | Géologie. |
| | HOUSSAY............ | Zoologie. |
| | H. LE CHATELIER.... | Chimie. |
| | Gabriel BERTRAND... | Chimie biologique. |
| | Mme P. CURIE....... | Physique générale. |
| | CAULLERY........... | Zoologie (Évolution des êtres organisés). |
| | C. CHABRIÉ......... | Chimie appliquée. |
| | G. URBAIN.......... | Chimie. |
| | Émile BOREL........ | Théorie des fonctions. |
| | MARCHIS............ | Aviation. |
| | Jean PERRIN........ | Chimie physique. |
| | G. PRUVOT.......... | Zoologie, anatomie, physiologie comparée. |
| | MATRUCHOT.......... | Botanique. |
| | ABRAHAM............ | Physique. |
| | CARTAN............. | Calcul différentiel et calcul intégral. |
| | Cl. GUICHARD....... | Mathématiques générales. |
| | MOLLIARD........... | Physiologie végétale. |
| | N.................. | Application de l'analyse à la géométrie. |
| | N.................. | Histologie. |
| | N.................. | Géométrie supérieure. |
| | N.................. | Physiologie. |
| Professeurs adjoints..... | LEDUC.............. | Physique. |
| | MICHEL............. | Minéralogie. |
| | HÉROUARD........... | Zoologie. |
| | Léon BERTRAND ..... | Géologie. |
| | Rémy PERRIER....... | Zoologie (Enseign$^t$ P. C. N.). |
| | COTTON............. | Physique. |
| | LESPIEAU........... | Chimie. |
| | GENTIL............. | Pétrographie. |
| | SAGNAC............. | Physique (Enseign$^t$ P. C. N.). |
| | PEREZ.............. | Zoologie (Évolution des êtres organisés). |
| Secrétaire............. | D. TOMBECK. | |

# RECHERCHES

# MORPHOLOGIQUES ET BIOLOGIQUES

# SUR L'OLIVIER

## ET SUR SES VARIÉTÉS CULTIVÉES EN FRANCE

PAR

## Joseph RUBY

INGÉNIEUR AGRICOLE
LICENCIÉ ÈS SCIENCES NATURELLES
DIRECTEUR DES SERVICES AGRICOLES DES PYRÉNÉES-ORIENTALES

———— ✳ ————

PARIS

MASSON ET Cⁱᵉ, ÉDITEURS

LIBRAIRES DE L'ACADÉMIE DE MÉDECINE

120, boulevard Saint-Germain, 120

—

1918

A Monsieur Henri JUMELLE



*En témoignage de profonde
reconnaissance.*


A Madame Joseph RUBY

*En hommage d'affectueux
attachement.*

# RECHERCHES MORPHOLOGIQUES ET BIOLOGIQUES

# SUR L'OLIVIER

## ET SUR SES VARIÉTÉS CULTIVÉES EN FRANCE

Par M. J. RUBY,

LICENCIÉ ÈS SCIENCES.

## INTRODUCTION

Le présent mémoire est une contribution à l'étude d'un arbre qui a fait autrefois la prospérité de la région méditerranéenne, en France, et dont la culture est menacée d'une ruine définitive si la crise qu'elle traverse depuis un certain nombre d'années n'est pas conjurée.

Bien que cette crise soit surtout d'origine économique, on a pu envisager son atténuation par l'application de meilleures pratiques de culture.

Et il nous a paru, à ce point de vue, que des recherches botaniques sur l'olivier, tout en offrant un intérêt purement scientifique, pouvaient constituer le point de départ d'utiles améliorations.

C'est le but que nous avons poursuivi dans ce travail.

Les Traités sur la culture de l'olivier sont nombreux. Par contre, les études botaniques se rapportant à cette espèce sont assez rares. Elles traitent d'ailleurs, le plus souvent, de points très particuliers et sont englobées dans des travaux d'ordre général.

C'est ainsi que Prillieux a fait une place aux Oléacées dans son étude sur les poils glanduleux (*Ann. des Sc. nat. Bot.*, 4ᵉ série, V, 1856); Vesque (*Ann. des Sc. nat.*, 7ᵉ série, I, 1885),

Pirotta (*Rendic. dell' Inst. bot. lombardo*, ser. II, XVI, 1883;
*Ann. dell'Inst. bot. di Roma*, I, 1885) ont étudié, chacun à son
point de vue, les particularités anatomiques de notre arbre;
Gérard (*Traité de Micrographie*, Paris, 1887) a porté son attention sur l'anatomie de l'olive.....

M. Flahaut, dans sa belle préface à l'étude des variétés
d'olivier de M. Degrully et Viala (*Ann. de l'École nat. d'Agric.*
de Montpellier, 1886), coordonne les travaux antérieurs et les
utilise dans un but de classification.

Mais, en dehors de ce travail d'ensemble, il s'agit surtout
d'études fragmentaires portant presque uniquement sur la
morphologie interne, à l'exclusion de toute considération biolo-
gique.

La description des variétés d'olivier a donné lieu à de nombreuses publications qui montrent surtout l'étendue du sujet
sans parvenir toujours à l'éclaircir. Aucune classification de
ces variétés, notamment, ne paraît avoir été tentée.

Qu'il s'agisse donc de travaux de botanique générale et spécialement de physiologie, ou de l'étude des types d'oliviers
cultivés dans notre pays, des inconnues subsistent que nous
nous sommes efforcé de limiter.

Nous nous sommes abstenu, dans l'exposé de nos recherches,
d'entrer dans des considérations d'ordre purement agricole;
mais il sera facile de dégager de nos conclusions successives
les divers enseignéments qu'elles comportent à ce point de
vue.

L'étude des phénomènes biologiques, les données acquises
sur les richesses en cendres, les variations de teneur en huile,
l'influence des engrais, la comparaison des types d'oliviers cultivés en France eu égard à leur fertilité, la beauté ou la valeur
industrielle des fruits sont autant de chapitres susceptibles
d'ouvrir le champ à des applications culturales immédiates.

Qu'il nous soit permis d'exprimer ici notre reconnaissance à
M. le professeur Jumelle, de la Faculté des sciences de Marseille,
qui n'a cessé de nous prodiguer ses encouragements et ses con-
seils au cours de ce travail.

Nous remercions M. Chapelle, directeur du Service de l'oléiculture, pour les facilités qu'il nous a accordées pendant que nous étions adjoint à son service.

M. Gaston Bonnier a bien voulu déjà s'intéresser à nos recherches sur l'olivier et nous a fait l'honneur d'en communiquer les premiers résultats à l'Académie d'agriculture. Nous lui adressons le témoignage de notre gratitude.

Nos remerciements vont encore à M. Costantin, directeur des *Annales des sciences naturelles*, qui a publié notre mémoire malgré les difficultés actuelles, ainsi qu'à nos correspondants de la région de l'olivier, professeurs d'agriculture, dirigeants d'associations agricoles, oléiculteurs distingués, dont l'obligeant concours a souvent servi nos investigations.

## PLAN

Ce travail est divisé en trois parties.

La première a trait à l'ÉTUDE BOTANIQUE GÉNÉRALE DE L'OLIVIER. Elle débute par un chapitre sur la germination. Cette germination est considérée généralement par les praticiens comme difficile. Nous en avons examiné les conditions et avons vérifié la valeur de certaines pratiques destinées à la favoriser.

Le chapitre qui suit comprend :

1° L'étude morphologique externe et interne de l'olivier ;

2° Son étude physiologique (développement annuel, floraison, fructification, phénomène respiratoire, etc.) ;

3° Le résultat de nos recherches sur la richesse en cendres des différents organes et la teneur en huile des olives.

La deuxième partie est consacrée à l'ÉTUDE DES VARIATIONS DE L'OLIVIER, par rapport, notamment, aux différentes conditions de milieu.

Cette question ayant préoccupé de nombreux auteurs, nous avons été amené à faire, à son sujet, un exposé bibliographique étendu.

Les conclusions de la deuxième partie devaient nous servir de base pour la diagnose et la classification des variétés cultivées en France dont nous nous proposions de faire l'étude détaillée.

C'est la MONOGRAPHIE DE CES VARIÉTÉS qui fait l'objet de la troisième partie.

A peu de chose près, tous les types cultivés dans notre pays sont passés en revue sous les noms par lesquels les agriculteurs les désignent communément et, afin de faciliter les recherches qu'une synonymie complexe risquait de rendre difficiles, nous avons terminé par un double relevé de ces noms, d'une part, en les groupant par département, d'autre part, en les classant par ordre alphabétique.

# PREMIÈRE PARTIE

## ÉTUDE BOTANIQUE GÉNÉRALE DE L'OLIVIER

### CHAPITRE PREMIER

## GERMINATION ET PREMIER DÉVELOPPEMENT

Nos recherches sur la germination de l'olivier ont porté sur :

1º La faculté germinative des graines ;

2º Le temps nécessaire à leur germination ;

3º L'influence de la température ;

4º L'action de pratiques diverses qui, telles que le bris du noyau, le sectionnement ou le lessivage de ce noyau, le chauffage, etc., peuvent évidemment, *à priori*, modifier, dans un sens ou dans l'autre, la rapidité du processus germinatif ;

5º Le mécanisme de la pénétration des liquides jusqu'à la graine.

L'étude de ce dernier point peut contribuer à expliquer les faits observés dans les essais précédents.

### 1º Faculté germinative.

Nous nous sommes attaché, en premier lieu, à déterminer quelles influences exercent sur la faculté germinative :

*a.* L'âge des graines ;

*b.* La variété.

En second lieu, nous avons recherché dans quelle proportion les graines gémellaires peuvent germer.

a. *Influence de l'âge.* — L'étude de cette influence va nous renseigner sur la durée de la faculté germinative.

Les principaux faits constatés sont les suivants :

*La graine d'olivier est capable de germer avant que le fruit ait atteint sa complète maturité.* — Des amandes ont été extraites d'olives imparfaitement mûres, le 17 décembre 1911 ; leur tégument était encore verdâtre. Semées le 21 décembre dans de la terre de jardin, en plein champ, elles ont germé dans la proportion de 44 p. 100, proportion qui n'a pas été dépassée avec des graines extraites de fruits plus mûrs semées dans des conditions analogues.

*La faculté germinative des graines d'olivier n'a pas sensiblement diminué après un an de conservation en noyaux nus.* — Des graines provenant de fruits cueillis en mars 1911 et aussitôt dépulpés ont été semées nues, en avril 1912, dans du sable pur, au laboratoire. Elles ont donné 81,25 p. 100 de plantules, et c'est la même proportion qu'ont donnée des graines récoltées en 1912. Au bout de trente mois de conservation, les germinations se sont trouvées réduites à 37 p. 100.

*La faculté germinative des graines d'olivier s'éteint rapidement si le fruit est conservé entier.* — La proportion des germinations s'est, en effet, dans ce cas, abaissée à 19,05 p. 100 après un an de conservation. Et vingt et un mois après la récolte, 7 graines sur 100 seulement étaient susceptibles de germer.

b. *Influence de la variété.* — Nous avons recherché pour chacune des variétés que nous avons étudiées à ce point de vue :

1° Quelle est la proportion de graines susceptibles de germination ;

2° Quelle est la rapidité de la germination.

L'essai a porté sur les graines nues, de même âge, mais appartenant aux trois variétés : *Olivière*, *Négrette*, *Picholine*. Les semis ont été faits dans du sable de Fontainebleau. Les résultats sont consignés dans le tableau suivant :

Pourcentage de graines ayant germé au bout de :

|  | 45 jours. | 55 jours. | 65 jours. | 75 jours. | 85 jours. | 95 jours. | 105 jours. |
|---|---|---|---|---|---|---|---|
| Olivière | 0 | 11,75 | 29,44 | 41,17 | 41,17 | 41,17 | 47,05 |
| Négrette | 4 | 4,00 | 28,00 | 36,00 | 56,00 | 68,00 | 76,00 |
| Picholine | 3 | 11,43 | 17,16 | 28,57 | 40,00 | 54,28 | 77,15 |

La variété *Picholine* est donc celle qui a donné le maximum de germinations, mais celle aussi pour laquelle les sorties, dans l'ensemble, ont été les plus tardives. Les plantules d'*Olivière* sont apparues avec plus de régularité, mais en moins grand nombre.

La faculté germinative des graines ainsi que la rapidité de la germination paraissent donc ne pas être les mêmes pour toutes les variétés.

c. *Faculté germinative des graines gémellaires.* — L'essai a porté sur un lot de graines gémellaires semées en même temps que les graines normales dans l'expérience signalée ci-dessus.

Ces graines gémellaires ont eu une levée aussi rapide que les autres. Elles ont même germé en plus grand nombre. Les plantules qui en provenaient étaient toutefois manifestement plus grêles.

### 2° Temps nécessaire pour la germination.

Nos expériences ont eu lieu :

*a.* Sur des graines nues, semées dans du sable de Fontainebleau en une salle de laboratoire ;

*b.* Sur des graines nues semées en plein champ dans de la terre de jardin ;

*c.* Sur des noyaux mis en terre après un simple dépulpage ;

*d.* Sur des fruits frais semés complets, sans dépulpage ni aucune préparation.

a. *Graines nues, en sable pur, au laboratoire.* — La première plantule s'est montrée, dans un premier essai (mars-avril 1912), le quarante-et-unième jour après le semis ; dans un deuxième essai (février-mars 1913), le quarante-quatrième jour.

Dans ce dernier essai, les premières sorties se firent à peu de temps d'intervalle pour les trois variétés en expérience. Dans l'autre, au contraire, l'une des variétés fut beaucoup plus tardive, la première plantule n'étant sortie que le cinquante-sixième jour.

Toutes les graines susceptibles de germer avaient leurs plantules hors de terre après 110 jours, dans l'essai de 1912, et après 107 jours, dans celui de 1913.

Dans ces deux séries d'essais, le maximum de sortie a été légèrement différent pour l'ensemble des variétés, mais a été, pour toutes, compris entre le cinquante-cinquième et le soixante-dixième jour.

b. *Graines nues, en terre de jardin.* — Le semis des

20 amandes mises en expérience eut lieu le 21 décembre 1911, en terrines, sous cloche. La première plantule s'est montrée hors de terre le 11 mars suivant. Le 28 mars, 7 graines avaient germé. Une dernière plantule paraissait le 9 novembre 1912. A cette époque, les autres graines avaient disparu.

Ainsi, le semis étant fait au début de l'hiver, la première germination a eu lieu au bout de 81 jours et la dernière dans le courant du dixième mois qui a suivi le semis.

c. *Noyaux dépulpés semés tels quels dans de la terre de jardin.* — Dans un semis sous cloche, fait également le 21 décembre 1911, la première sortie a été notée le 15 mars; les autres se sont échelonnées jusqu'en juin 1913, époque où l'expérience a cessé.

Un second lot, semé le 27 mars 1912, a donné une première germination le 4 août suivant. La sortie des plantules s'est prolongée jusqu'en 1913, comme dans le cas précédent.

Donc, avec des noyaux simplement dépulpés, l'apparition des plantules a débuté après 84 jours dans un cas, 130 jours dans l'autre, et n'était pas terminée au bout de dix-huit mois.

d. *Fruits semés entiers.* — Dans un semis datant toujours du 21 décembre 1911, une seule plantule s'est montrée, le 12 novembre 1912, près de onze mois après la mise en terre.

Un deuxième semis de fruits complets, effectué le 27 mars 1912, a donné lieu à une germination, le 2 novembre 1912, au bout de sept mois et six jours.

*Conclusions.* — *Le temps mis par les plantules d'olivier pour sortir de terre est, on le voit, extrêmement variable.*

Pour des graines nues semées en sable pur, dans des conditions de milieu paraissant les plus favorables, la germination s'est produite du quarantième au centième jour.

Les graines nues semées en plein air ont donné une première plantule le quatre-vingt-unième jour qui a suivi le semis; puis un certain nombre d'autres avant le centième. Une levée avait encore lieu au bout de dix mois.

Lorsque la graine est renfermée dans l'endocarpe dépulpé, la sortie est beaucoup moins régulière. Elle a débuté dans nos expériences le quatre-vingt-quatrième jour et s'est prolongée de longs mois.

Cette sortie s'est trouvée encore retardée lorsque nous avons confié au sol des fruits entiers. Aucune germination n'a eu lieu en ce cas avant le huitième mois.

### 3° Influence de la température.

Il y a lieu de se demander si ces irrégularités ne sont pas dues aux époques de semis et s'il n'est pas une période de l'année plus particulièrement favorable et pendant laquelle la germination s'effectuerait plus vite, ou, tout au moins, plus régulièrement. D'ailleurs, puisque nos semis, en toute saison, avaient été tenus en bon état d'humidité, le grand facteur dont on doit admettre l'influence possible est la température; et nous sommes ainsi amené à déterminer, au moins approximativement, quels sont les degrés de chaleur minima, maxima et optima pour la germination de l'olivier.

Dans le tableau suivant nous avons relevé le nombre de nos germinations en plein air, aux différentes époques de l'année 1912, et nous avons placé, en regard, les moyennes des températures enregistrées au voisinage même du semis.

Le semis a été fait le 21 décembre 1911, et nous relevons dans la suite :

| Époques. | Nombre de germinations. | Moyennes de température. |
|---|---|---|
| Mois de janvier | 0 | » |
| Mois de février | 0 | 13°,5 |
| Semaine du  4 au 10 mars | 0 | 14°,8 |
| —        11 au 17  — | 7 | 13°,8 |
| —        18 au 24  — | 7 | 15°,6 |
| —        25 au 31  — | 5 | 17°,7 |
| Mois d'avril | 2 | 15°,2 |
| Mois de mai | 2 | 19°,5 |
| Mois de juin | 0 | 21°,5 |
| Mois de juillet | 3 | 22°,4 |
| Mois d'août | 1 | 22°,0 |
| Mois de septembre | 0 | 17°,8 |
| Semaine du 30 septembre au 6 octobre | 0 | 17°,6 |
| Semaine du  7 au 13 octobre | 4 | 16°,6 |
| —        14 au 20  — | 4 | 16°,3 |
| —        21 au 27  — | 8 | 13°,5 |
| —        28 octobre au 3 novembre | 10 | 14°,8 |
| Semaine du 4 au 10 novembre | 5 | » |
| Fin de novembre | 3 | » |
| Mois de décembre | 0 | » |

Deux périodes se sont donc montrées favorables à la germination, le premier printemps et l'automne.

Les sorties sont rares en été, nulles en hiver.

Le maximum de germination s'est produit, en 1912, au cours des semaines du 11 au 17 mars, du 18 au 24 mars, du 21 au 27 octobre, du 28 octobre au 3 novembre, périodes durant lesquelles les moyennes de température étaient respectivement : 13°,8, 15°,6, 13°,5, 14°,8.

Il semble, par conséquent, que *les températures les plus favorables à la germination de l'olivier sont comprises entre 13°,5 et 15°,5, avec une moyenne de 14°,5.*

#### 4° Influence de pratiques diverses.

La plupart des auteurs qui se sont occupés d'oléiculture ont signalé la germination difficile de l'olivier et l'ont attribuée à la matière grasse. Pour remédier à ce prétendu inconvénient et assurer une sortie plus rapide et plus complète des jeunes plantules, divers procédés ont été indiqués.

Dans cet ordre d'idées, nous avons entrepris plusieurs séries d'essais permettant de comparer les effets de quelques modes de préparation des graines d'olivier. De ces modes de préparation, les uns sont déjà connus, d'autres n'ont pas encore été essayés.

*Procédés divers conseillés par certains auteurs; leurs effets.* — Les semis ont été faits par lots uniformes de 20 graines de la variété *Cayanne* mises en terrines dans de la bonne terre de jardin.

Étaient comparées entre elles les germinations :

1° D'olives semées entières ;

2° De noyaux simplement dépulpés, n'ayant subi aucune préparation ;

3° D'amandes nues ;

4° De noyaux dont l'extrémité a été sectionnée ;

5° De noyaux qui ont séjourné douze heures dans une dilution de liqueur de soude (10 de soude à 36° B. pour 100 d'eau).

Les résultats ont été consignés dans le tableau suivant :

| MODE DE SEMIS. | NOMBRE de graines mises à germer. | NOMBRE de germinations. | POURCENTAGE de graines germées. | DATES des germinations. |
|---|---|---|---|---|
| Olives entières . . . . . . . . . . . . | 20 | 1 | 5 | 12 novembre. |
| Noyaux simplement dépulpés | 20 | 4 | 25 | 14-18 mars. 12 novembre. |
| Amandes nues. . . . . . . . . . . . | 18 | 8 | 44 | 11-18-19-28 mars. 12 novembre. |
| Noyaux sectionnés à l'extrémité. . . . . . . . . . . . . . . . | 20 | 2 | 10 | 4-28 février. |
| Noyaux ayant séjourné dans un lessif. . . . . . . . . . . . . . . | 20 | 2 | 10 | 4 février. |

De ce tableau nous pouvons tirer un certain nombre de conclusions :

1° *Les amandes nues ont donné le plus grand nombre de germinations.*

2° *Les noyaux simplement dépulpés et n'ayant subi aucune préparation ont germé dans une proportion plus forte que les noyaux à bout sectionné et que ceux qui avaient subi l'effet d'un lessif alcalin.*

3° *Les fruits entiers ont donné un petit nombre de germinations.*

En ce qui a trait à la rapidité et à la régularité des sorties, les lots se placent dans l'ordre suivant : 1° amandes nues ; 2° noyaux dépulpés ; 3° fruits entiers, noyaux sectionnés, noyaux lessivés.

Afin de nous rendre compte de l'état des graines en cours de germination, nous avons examiné, le 18 avril, époque où les sorties étaient déjà nombreuses, plusieurs fruits du premier lot (semés entiers). A ce moment la pulpe a presque entièrement disparu et, à l'intérieur de l'endocarpe resté dur, les amandes sont gonflées, mais la radicule ne fait pas saillie hors des téguments.

Le 12 novembre, à la sortie de l'unique plantule de ce lot, nous ne découvrons plus, dans une des terrines qui ont reçu 7 fruits, dont un vient de germer, qu'un seul noyau complet. Ce noyau est entr'ouvert, l'amande gonflée est susceptible apparemment de germination, mais n'en donne encore aucun signe extérieur. Les autres fruits sont décomposés, leurs amandes sont détruites. Nous ne retrouvons que les valves disjointes des noyaux.

Dans le quatrième lot (noyaux sectionnés), un an après le semis, il ne reste, dans les noyaux non germés, que des débris d'amandes.

*Action de la chaleur.* — Dans une deuxième série d'essais, nous avons cherché à reconnaître l'influence du chauffage de la graine sur la germination.

Des expériences de ce genre ont déjà été faites par M. N. Passerini, mais tandis que M. Passerini utilisait l'eau chaude comme moyen de chauffage, nous avons plus particulièrement employé l'étuve sèche. Nos résultats concordent en définitive avec les siens.

Nous avons opéré séparément sur des noyaux dépulpés, semés à l'air libre et sur des amandes nues semées dans du sable pur, au laboratoire.

Le semis à l'air libre a eu lieu en terrines, dans de la terre de jardin.

Les résultats ont été les suivants :

Date du semis : 19 mars 1912. — Fin des observations : 19 mars 1913.

| MODE DE PRÉPARATION. | NOMBRE de graines en expérience. | NOMBRE de germinations. | POURCENTAGE de germinations. | DATES des germinations. |
|---|---|---|---|---|
| Fruits entiers ............. | 20 | 1 | 5 | 2 novembre. |
| Noyaux simplement dépulpés | 20 | 3 | 15 | 16 octobre. 2 novembre. |
| Noyaux dépulpés, 1 heure à 40-50° à l'étuve sèche .... | 20 | 4 | 20 | 4 juillet. 3 octobre. 16 octobre. |
| Noyaux dépulpés, 1 heure à 60-70° à l'étuve sèche .... | 20 | 4 | 20 | 16 octobre. 2 novembre. |
| Noyaux dépulpés, 1 heure à 80-90° à l'étuve sèche .... | 20 | 0 | 0 | » |
| Noyaux dépulpés, 1 heure dans l'eau à 60-70° ...... | 20 | 0 | 0 | » |

On voit donc que :

1° *Les fruits entiers ont encore donné la proportion la plus faible de germinations.*

2° *Le chauffage des noyaux a augmenté la proportion des germinations et, dans une certaine mesure, les a activées, lorsque ce chauffage a été effectué entre 40° et 70° C.*

3° *Les noyaux qui ont séjourné une heure à 80-90° à l'étuve sèche, ou dans l'eau à 60-70°, n'ont pas germé.*

L'essai de chauffage sur amandes nues nous a donné :

Date du semis : 13 février 1913. — Fin de l'expérience : 31 mai 1913.

| TRAITEMENT. | NOMBRE de graines en observation. | NOMBRE de germinations | POURCENTAGE des germinations. | DATES des germinations. |
|---|---|---|---|---|
| Sans préparation .......... | 17 | 8 | 47,05 | 13-18 avril. 2-26 mai. |
| 1 heure à l'étuve sèche à 40-50°................. | 18 | 14 | 77,78 | 31 mars. 7-13-24 avril. 13-21 mai. |

La conclusion à tirer de cette deuxième expérience confirme les conclusions précédentes : *les semences chauffées à température modérée ont germé plus vite et en plus grand nombre.*

*Action de la matière grasse.* — Nous avons rappelé tout à l'heure que la matière grasse est, au dire de nombreux auteurs, le principal obstacle à la germination de l'olivier; et elle influerait en imprégnant le noyau. Il nous a paru utile de déterminer jusqu'à quel point une telle assertion est justifiée. Dans ce but, outre des recherches au microscope, dont il sera question plus loin, nous avons entrepris les essais de germination suivants.

Des noyaux ont été immergés pendant douze jours dans de l'huile, après quoi, un premier lot a été semé tel quel, un deuxième lot a été plongé pendant douze heures dans une liqueur de soude à 36° B. étendue à 10 p. 100, un troisième lot a été soigneusement dégraissé à l'éther de pétrole. Des fruits entiers et des noyaux n'ayant subi aucune préparation servaient de témoins.

Le tableau suivant résume cet essai qui a été fait à l'air libre.

Date du semis : 28 mars 1912. — Fin de l'expérience : juin 1913.

| PRÉPARATION des semences. | NOMBRE de graines en germination. | NOMBRE de germinations. | POURCENTAGE des germinations. | DATES des germinations. |
|---|---|---|---|---|
| Fruits entiers .............. | 23 | 3 | 12,7 | 2-12 novembre. |
| Noyaux sans préparation ... | 15 | 5 | 33,3 | 16-25 octobre. 6-12 novembre. |
| Noyaux ayant séjourné 12 jours dans l'huile...... | 15 | 1 | 6,7 | 28 février. |
| Noyaux ayant séjourné dans l'huile, ensuite traités au lessif ................. | 15 | 3 | 20 | 12 novembre. |
| Noyaux ayant séjourné dans l'huile, puis dégraissés à l'éther de pétrole ........ | 23 | 0 | 0 | » |

Ainsi : 1° *Les noyaux n'ayant subi aucune préparation après un long séjour dans l'huile ont germé dans une très faible proportion et leur germination a été notablement retardée.*

2° *Les noyaux traités au lessif de soude ont germé dans une proportion bien plus forte.*

3° *Aucun des noyaux dégraissés à l'éther de pétrole n'a germé.*

4° *Le maximum de germinations a été donné par les noyaux qui n'ont subi aucune préparation et les sorties de ce lot ont été plus précoces.*

5° *Bien que le pourcentage des plantules demeure faible dans le lot des fruits semés tels quels, il est encore supérieur à celui des noyaux qui ont séjourné dans l'huile.*

#### 5° Recherches sur la pénétration des liquides jusqu'à l'amande pendant la germination de l'olivier.

Les expériences qui précèdent nous ont démontré essentiellement que : *a)* les graines nues germent en grand nombre et rapidement ; *b)* les noyaux simplement dépulpés ont une germination plus faible, mais encore notable ; *c)* les olives semées entières donnent peu de plantules ; *d)* les noyaux recouverts d'un épais voile gras ont une germination très faible et très lente.

Il semble bien que la germination de l'olivier dépende de la plus ou moins grande facilité qu'ont les agents extérieurs d'arriver jusqu'à l'amande, puisque c'est lorsque cette amande est directement soumise à leur effet qu'elle germe le mieux

Cette constatation nous a suggéré l'idée d'étudier le mécanisme suivant lequel les effets de ces agents extérieurs se propagent jusqu'à la graine même et, en première ligne, de nous rendre compte des obstacles que peuvent leur opposer, d'une part, la nature scléreuse et essentiellement compacte de l'endocarpe, d'autre part, la présence possible de matière grasse imprégnant cet endocarpe.

Ces préoccupations ont fait l'objet des recherches suivantes.

1. *Dans quelle mesure le noyau fait-il obstacle à la pénétration des liquides?*

*a.* Des noyaux soigneusement dépulpés et parfaitement secs ont été mis en contact avec de l'eau. Des pesées successives permettaient de suivre le gain en liquide dans les trois expériences suivantes faites à la même époque avec des noyaux de trois variétés différentes (A, B, C) :

*Variété A*. — L'augmentation de poids a cessé au bout de 314 heures, soit environ treize jours. Au delà de ce moment le poids des noyaux est resté stationnaire. Le gain total a été de 14,49 p. 100 du poids initial.

*Variété B*. — L'augmentation en poids a cessé au bout de 414 heures (dix-sept jours), le gain total étant de 11,93 p. 100 du poids initial.

*Variété C*. — L'augmentation a cessé au bout de 238 heures (dix jours), avec un gain de 19,41 p. 100.

*b.* Des noyaux secs de la variété A ont été brisés ; le bois et les amandes ont été recueillis séparément et mis en contact avec de l'eau.

L'augmentation en poids a atteint son maximum au bout de quarante-huit heures, aussi bien pour le bois que pour les amandes. Le gain a été de 10,88 p. 100 pour le bois, et de 49,57 pour les amandes. En rapportant ces chiffres au pourcentage du ligneux et des amandes dont se composaient ces noyaux (87,34 p. 100 du premier, 12,76 p. 100 des secondes), on constate que le gain du bois égale 9,49 p. 100 du poids initial total, celui des amandes, 5,32 ; soit, au total, 14,81

p. 100 de ce poids initial, chiffre très voisin de 14,49 p. 100 obtenu avec des noyaux entiers.

*c.* Le gain en poids des noyaux fraîchement extraits du fruit et laissés au contact de l'eau est nul ou très faible. S'il y a un léger gain, il est seulement au profit de l'amande.

*d.* Exposés à l'air, les noyaux fraîchement extraits des fruits ont subi une perte en eau variant de 8 à 14 p. 100 de leur poids initial (poids humide). Le poids restait stationnaire au bout de huit à dix-sept jours. Ces pertes diffèrent peu des gains que font ces mêmes noyaux lorsque, une fois secs, on les met en contact avec l'eau.

D'après les observations précédentes :

1° Dans le fruit complet, endocarpe et amande sont à leur maximum d'humidité.

2° Le gain en eau d'un noyau sec égale sensiblement la perte qu'il subit lorsqu'il est exposé à l'air après son extraction du fruit.

3° L'endocarpe ne fait pas obstacle à la pénétration de l'eau jusqu'à la graine, mais la retarde. L'imbibition s'est prolongée dans nos expériences durant dix, treize et dix-sept jours, pour les noyaux entiers, alors qu'elle était complète en quarante-huit heures quand les noyaux étaient brisés.

II. *Mécanisme de la pénétration des liquides dans l'endocarpe.* — Pour suivre cette pénétration, nous faisions par intervalles des coupes dans des noyaux tenus en contact avec de l'eau colorée à la fuchsine.

Vingt-quatre heures après la mise en observation, il y a coloration nette du faisceau pédonculaire et de son prolongement à l'intérieur de la loge ainsi que des fines ramifications vasculaires qui traversent le tissu scléreux de l'endocarpe. Celui-ci, par contre, n'est teinté que très superficiellement. Ses strates de cellules externes paraissent opposer un obstacle très sérieux à l'imbibition. Dans la suite, tandis que les abords du faisceau pédonculaire et de son prolongement, de même que le voisinage des faisceaux qui pénètrent le noyau, se teintent progressivement, le tissu scléreux compact ne se colore qu'avec une extrême lenteur. Toutefois, la ligne suturale des deux valves est assez rapidement pénétrée.

Seize jours après le début de l'expérience, les noyaux ont gagné leur maximum de poids. La matière colorante teinte : le faisceau pédonculaire et ses abords sur la surface interne de la loge, les faisceaux de pénétration et, dans leur voisinage immédiat, le tissu scléreux compact, la ligne suturale sur toute son étendue, le tissu compact sur une faible épaisseur à partir de l'extérieur.

La graine est tout à fait gonflée, le bois a pris un aspect nacré. Cet aspect, ainsi que la constance de poids indiquent que l'imbibition est complète, la matière colorante restant localisée aux points où la pénétration s'est faite le plus facilement.

III. *L'endocarpe de l'olive est-il normalement imprégné d'huile ?* — *a.* Des coupes faites à travers l'endocarpe de l'olive et colorées au Soudan 3 nous ont permis de constater l'absence de matière grasse dans le tissu scléreux des noyaux extraits de fruits mûrs, mais sains.

La présence de cette matière grasse est, au contraire, révélée sur les surfaces externe et interne du noyau, ainsi que le long des faisceaux ligneux cheminant à travers le bois.

*b.* Lorsqu'au lieu de porter sur des noyaux extraits de fruits sains, nos recherches ont été faites avec des fruits altérés, ayant fermenté et dont la pulpe était en état de désorganisation plus ou moins avancée, nous avons trouvé des gouttelettes d'huile en bien plus grand nombre sur le parcours des faisceaux de l'endocarpe. Nous avons observé également des gouttelettes infiltrées dans le tissu scléreux, mais toujours cependant en faible proportion et plutôt au voisinage des faisceaux.

A l'analyse, au moyen d'un digesteur Soxhlet et des solvants habituels de la matière grasse, 100 de bois d'endocarpe sec, provenant de fruits sains, nous ont donné 0,615 d'huile. Lorsque nous faisions subir un dégraissage extérieur soigné à ces noyaux (lavage et brossage à l'éther de pétrole), nous obtenions encore 0,533 p. 100 de matière grasse.

*c.* Au même titre que la pénétration de l'eau, il était intéressant de suivre la pénétration de l'huile à travers le noyau de l'olive. Pour cela nous avons plongé des noyaux secs et très sains dans de l'huile d'olive. Pour cela nous avons plongé des noyaux secs et très sains dans de l'huile d'olive.

Le cheminement des gouttelettes grasses s'est fait comme

                    **J. RUBY**

celui de l'eau colorée : très rapidement par le faisceau placentaire ; plus lentement par les ramifications fasciculaires péné-
trant à travers l'endocarpe ; très lentement et de proche en
proche, à partir de ces faisceaux, dans le tissu compact. Mais
le gain atteignait seulement 3,19 p. 100 au bout de treize jours
après lesquels il n'a plus augmenté.

Donc : 1° *Le tissu scléreux du noyau de l'olive ne contient pas
de matière grasse dans un fruit mûr non altéré.*

2° *Il y a des gouttelettes d'huile sur le trajet du faisceau placentaire et sur celui des faisceaux de pénétration du bois du noyau,
mais toujours en très faible proportion. L'huile forme un très léger
voile sur les surfaces interne et externe de l'endocarpe.*

3° *Le bois du noyau mis en contact avec de l'huile s'en imbibe
peu à peu. Chez les olives dont la pulpe se désorganise, par
exemple à la suite de surmaturation ou de fermentation en tas, la
matière grasse s'extravase des cellules, des tissus altérés et finit
par imprégner et pénétrer le noyau comme lorsque celui-ci est
plongé dans l'huile.*

IV. *Un noyau imbibé d'huile se laisse-t-il pénétrer par l'eau?* —
Nous avons mis en contact avec de l'eau deux lots de noyaux de
même provenance. L'un, tout à fait sec, n'a subi aucune mani-
pulation ; l'autre provient de l'essai dont il vient d'être parlé,
c'est-à-dire ayant séjourné treize jours dans de l'huile d'olive et
gagné 3,39 p. 100 en poids.

L'augmentation de poids du premier lot, déjà signalée,
cessait au bout de 238 heures et égalait 19,44 du poids initial.
Le deuxième lot ne gagnait que 7,62 p. 100 et son gain en eau
atteignait son maximum en 178 heures.

Il faut donc en conclure qu'un noyau d'olive imprégné d'huile
absorbe beaucoup moins d'eau qu'un noyau normal.

Et les observations qui précèdent nous permettent d'expliquer
de la façon suivante les résultats de nos essais de germination :

*Les graines nues germent vite et régulièrement parce qu'aucun
obstacle ne les isole des agents extérieurs favorables à la germination.*

*Ces obstacles, peu considérables pour les noyaux sains non ou
très légèrement imbibés d'huile, vont croissant pour les noyaux
provenant d'olives qui ont macéré, pour les fruits entiers, et, enfin,
pour les noyaux qui ont séjourné dans l'huile.*

*La matière grasse, en effet, lorsqu'elle arrive à imprégner le bois du noyau, s'oppose aux échanges qui, à travers ce bois, sont indispensables à l'accomplissement des premiers phénomènes de la vie active d'une graine.*

V. *L'emploi d'un liquide alcalin peut-il diminuer les obstacles qui entravent la germination des noyaux d'olive ?* — Le lessivage des noyaux au lessif de soude, de cendres, le contact avec la chaux vive ont été préconisés par divers auteurs qui admettent que le bois du noyau est normalement imprégné de matière grasse et qui considèrent cette pratique du lessivage comme utile pour dégraisser ce bois.

Nos recherches nous ont déjà montré que le bois des noyaux provenant de fruits sains n'est pas imbibé d'huile. Il n'est donc pas nécessaire de le dégraisser.

Cette opération pourrait être utile pour des noyaux extraits d'olives qui ont macéré et dont le bois serait imprégné de matière grasse.

Pour nous rendre compte de l'effet d'un lessivage, nous l'avons expérimenté : 1° sur des noyaux provenant de fruits sains et conservés en lieu sec ; 2° sur des noyaux préalablement immergés pendant treize jours dans de l'huile. Dans les deux cas, les noyaux étaient plongés pendant douze heures dans une liqueur de soude à 36° B. étendue à 10 p. 100.

Les noyaux extraits de fruits sains ont gagné 10,20 p. 100 de leur poids initial après le séjour dans le lessif. Placés ensuite au contact de l'eau, ils atteignaient leur maximum de poids en 96 heures, le gain total étant de 12,80 p. 100.

Comparativement, des noyaux non lessivés ont absorbé la même quantité d'eau pendant les quatre premiers jours, mais l'imbibition s'est continuée jusqu'au dix-neuvième jour. Elle a atteint 16,40 p. 100 du poids initial.

Il résulte de ce premier essai que le lessivage des noyaux provenant de fruits sains n'a ni hâté ni accru l'absorption de l'eau.

Dans une deuxième série d'expériences, nous avons opéré parallèlement sur des noyaux d'une autre variété, préalablement secs et plongés les uns dans l'eau, les autres dans de l'huile pendant dix-sept jours, puis, pendant dix-sept jours encore, dans un lessif de soude de même force que le précédent et pendant le même temps, et, enfin, dans de l'eau.

Dans le premier lot, déjà cité, l'augmentation a cessé au bout de dix jours environ, le gain étant de 19,41 du poids initial.

Dans le deuxième lot, l'huile absorbée représentait les 2,60 p. 100 du poids initial. Le gain en poids, pendant le séjour dans le lessif, était de 15,21 p. 100, le gain dans l'eau de 6,27 ; soit au total une augmentation de poids de 24,08 p. 100.

Ainsi, le lessivage succédant à un long séjour dans l'huile a favorisé l'absorption des liquides et il en est résulté un pourcentage supérieur de germination (voir p. 14).

Nous avons recherché si le bain alcalin détruit le voile gras qui enveloppe les noyaux et agit vraiment comme dégraisseur ou par simple contact. L'examen microscopique des noyaux qui ont séjourné dans le lessif nous a laissé voir, à la surface de ces noyaux, des gouttelettes grasses en très grande abondance. La disparition de l'huile par cette opération est donc très limitée.

En revanche, le tissu scléreux du noyau se trouve sensiblement ramolli par le lessivage, et les deux valves se séparent dans la suite avec beaucoup de facilité.

Si le traitement des noyaux par un liquide alcalin a une action sur la germination, il nous semble qu'il faudrait plutôt en chercher la raison dans le ramollissement de ce tissu scléreux. Toutefois, *le lessivage n'a eu d'effet utile dans nos essais, que sur des noyaux préalablement imbibés d'huile ; il n'a marqué aucune supériorité avec des noyaux n'offrant pas cette particularité, c'est à-dire des noyaux extraits de fruits sains avant toute macération* (voir p. 11).

Le dégraissage des noyaux par un solvant des corps gras (éther de pétrole) n'a pas donné de meilleurs résultats. Nous observions cependant la disparition à peu près complète des corpuscules gras à la surface de l'endocarpe. L'absorption de l'eau s'y est faite comme dans les noyaux non traités (13,20 p. 100 au bout de quinze jours). Mais, à la germination, l'action a été négative et aucune graine n'a germé. Peut-être faut-il en chercher la cause dans un effet nocif de l'éther de pétrole sur l'embryon. Nous ne conclurons donc rien, en tout cas, de cette expérience.

Nous avons vu que le chauffage des graines d'olive, et en particulier le chauffage à l'étuve sèche, a eu des conséquences favorables sur la germination. Ceci ne proviendrait-il pas, pour les noyaux, d'une meilleure absorption des liquides?

Pour le savoir, nous avons mis un lot de noyaux à l'étuve sèche immédiatement après l'extraction du fruit. Au bout d'une heure à 60°-70° C., ce lot avait perdu 8,86 p. 100 d'eau. Placés ensuite au contact de l'eau, les noyaux ont augmenté de poids pendant onze jours et le gain total ne différait pas de celui qu'acquièrent couramment les noyaux non chauffés. *Le chauffage ne paraît donc pas agir sur l'absorption des liquides.*

### DÉDUCTIONS PRATIQUES.

Des faits que nous venons d'exposer sur la germination de l'olivier, nous pouvons tirer les indications suivantes, susceptibles d'être utilisées par la pratique agricole.

1° *Le semis d'amandes d'olivier nues, c'est-à-dire extraites des noyaux, donne des germinations plus rapides et plus sûres que n'importe quel autre mode de semis.*

2° *Les noyaux dépulpés, provenant de fruits mûrs, mais sains, donnent un pourcentage de germination assez élevé, mais ces germinations s'échelonnent sur un long espace de temps. Dans nos essais, les premières plantules se sont montrées au bout de quatre-vingt-un jours et les sorties continuaient encore dix-huit mois après le semis.*

3° *Avec des fruits entiers la germination est moins sûre.*

4° *Les noyaux traités à l'aide d'un lessif de soude n'ont pas donné de meilleures germinations que les noyaux n'ayant pas macéré dans les fruits et semés sans traitement.*

5° *Le chauffage des noyaux ou des amandes pendant une heure à l'étuve sèche, à des températures comprises entre 40 et 70°, a accéléré la germination et a donné un pourcentage supérieur de plantules.*

6° *Les sorties des plantules étant beaucoup plus nombreuses au premier printemps et à l'automne, les meilleures époques de semis de l'olivier paraissent être le mois de janvier ou le milieu de l'été, à la condition, dans ce dernier cas, qu'il soit possible d'arroser.*

# PLANTULE

### Morphologie externe.

Si l'on suit les phases de la germination d'une amande d'olivier semée avec le noyau qui l'enveloppe, on constate, au bout d'un temps plus ou moins long, que les valves de l'endocarpe se disjoignent pour livrer passage à la jeune plantule. Dès ce moment, la radicule pointe rapidement en terre, se livrant passage du côté opposé à l'insertion pédonculaire ; les cotylédons, encore enveloppés de l'albumen en partie digéré, présentent, par rapport à elle, une position perpendiculaire ; l'hypocotyle gagne, de son côté, en longueur vers le niveau du sol et ne tarde pas à

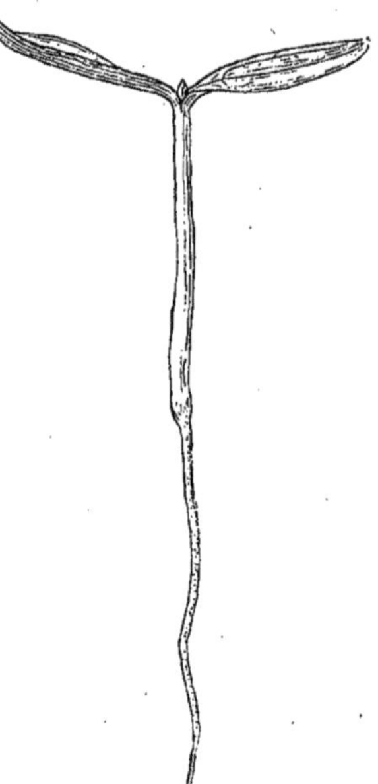

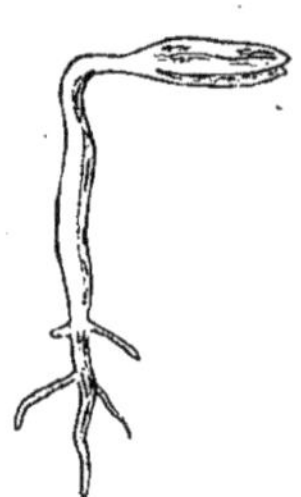

Fig. 1. — Plantule d'olivier
prête à sortir de terre.

Fig. 2. — Plantule d'olivier
à sa sortie de terre.

l'atteindre par son point de courbure ; il entraîne à l'air libre les feuilles cotylédonaires qui se débarrassent du restant de l'albumen vidé, si celui-ci les encapuchonne encore ; l'hypocotyle se redresse, les cotylédons s'ouvrent, ils sont alors à un centimètre et demi hors de terre.

Voici les dimensions d'une plantule d'olivier à deux moments de la période de développement que nous venons de voir.

|  | L'hypocotyle arrive à fleur de terre (fig. 1). (82 jours après le semis.) | Les cotylédons sont ouverts (fig. 2). (87 jours après le semis.) |
|---|---|---|
| Longueur de la radicule ...... | 13 millimètres. | 43 millimètres. |
| Diamètre de la radicule à sa naissance.............. | $1^{mm},2$ | $1^{mm},2$ |
| Longueur de l'hypocotyle..... | 21 millimètres. | 35 millimètres. |
| Diamètre de l'hypocotyle .... | 2      — | $2^{mm},1$ |
| Longueur des cotylédons ..... | 12      — | 20 millimètres. |

Si les conditions de milieu sont favorables, le développement de la nouvelle plante est rapide.

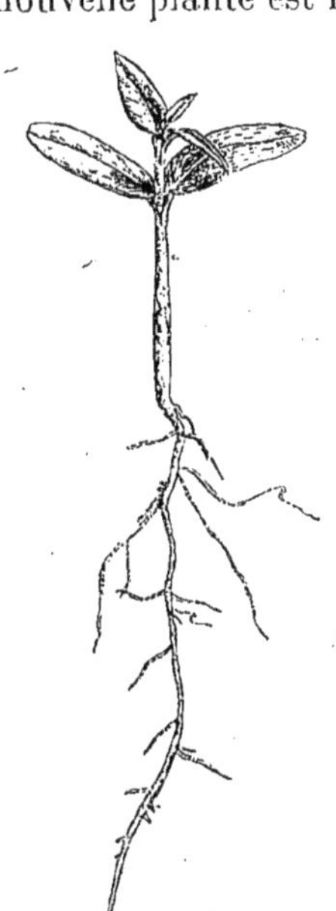

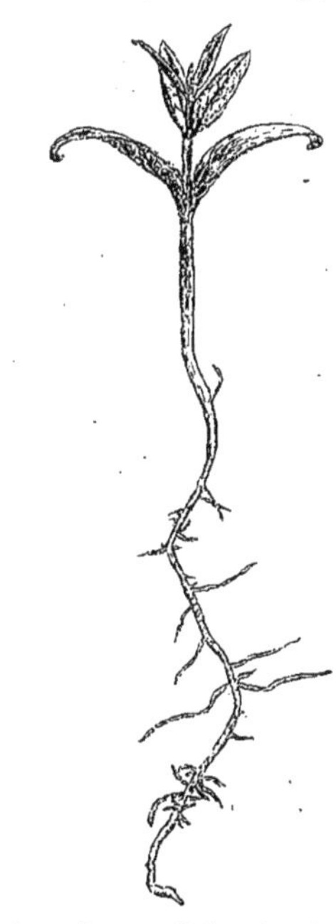

Fig. 3. — Jeune olivier, seize jours après sa sortie de terre.

Fig. 4. — Jeune olivier, trente-sept jours après sa sortie de terre.

Les figures 3 et 4 montrent deux plantules qui sont sorties de terre, la première depuis seize jours, la seconde depuis trente-sept jours. Les dimensions des différents organes sont à ces âges :

|  | Plante âgée de 16 jours. | Plante âgée de 37 jours. |
|---|---|---|
| Longueur de la racine ....... | 71 millimètres. | 82 millimètres. |
| Diamètre de la racine à sa naissance.............. | $1^{mm},6$ | $1^{mm},6$ |
| Longueur de l'hypocotyle..... | 35 millimètres. | 35 millimètres. |
| Portion de l'hypocotyle hors de terre................. | 22 millimètres. | 23 millimètres. |
| Diamètre de l'hypocotyle.... | $2^{mm},1$ | $2^{mm},1$ |
| Longueur de la tigelle........ | 11 millimètres. | 17 millimètres. |

Dans la suite, les jeunes oliviers s'élèvent verticalement sur tige unique, tantôt sans ramifications, tantôt émettant des ramifications latérales. Fin octobre, sept mois après la levée, des plants issus d'un semis fait en terrines, en plein air, atteignaient assez uniformément 40 à 50 centimètres de hauteur (fig. 5 et 6). Cette dimension représente, à peu de chose près, le gain de la première année, car les plants

Fig. 5 et 6. — Oliviers de semis, sept mois après la levée.

restaient en l'état jusqu'au départ de la végétation, en mars suivant.

Les feuilles cotylédonaires sont sessiles, allongées ou ovales allongées, parfois bifides au sommet.

Les premières feuilles suivantes sont petites, à pédoncule très court, à limbe épais et cordiforme.

A mesure que l'olivier grandit, les nouveaux organes se montrent avec des caractères de plus en plus voisins de ceux des feuilles normales (fig. 7). Celles-ci apparaissent quelquefois presque sans transition. Elles se sont montrées générale-ment, dans nos semis, à partir du tren-tième ou du quarantième nœud, les plantes atteignant 60 centimètres de hauteur environ.

### Morphologie interne.

Nous examinerons ici la morphologie interne de la jeune racine, de l'hypo-cotyle et de la tigelle. L'étude de la

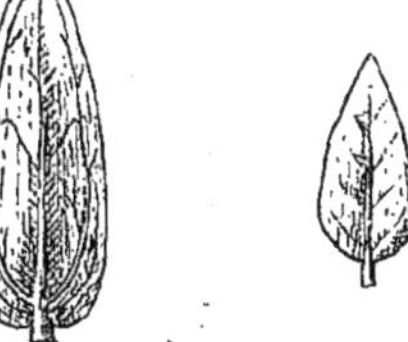

Fig. 7. — *a*, feuille cotylé-donaire : *b*, type de pre-mière feuille.

radicule et des cotylédons sera faite avec celle du fruit.

*Racine* (fig. 8). — Au-dessous de l'*assise pilifère e*, la *région corticale externe ce* est formée de une à trois assises de cellules

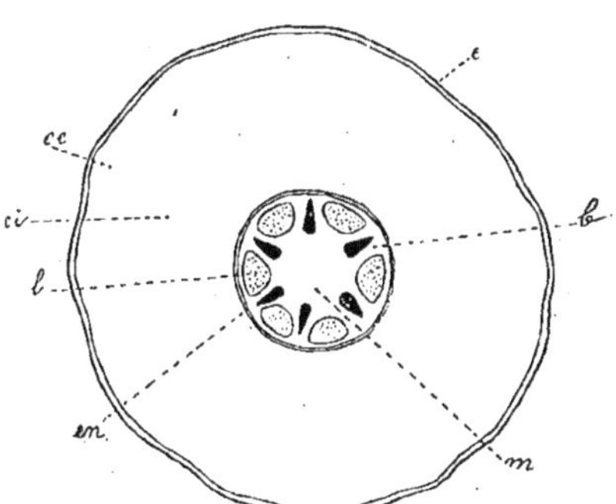

Fig. 8. — Coupe transversale d'une jeune racine d'olivier : *e*, assise pilifère ; *ce*, écorce externe ; *ci*, écorce interne ; *en*, endoderme ; *b*, faisceau ligneux ; *l*, liber ; *m*, moelle.

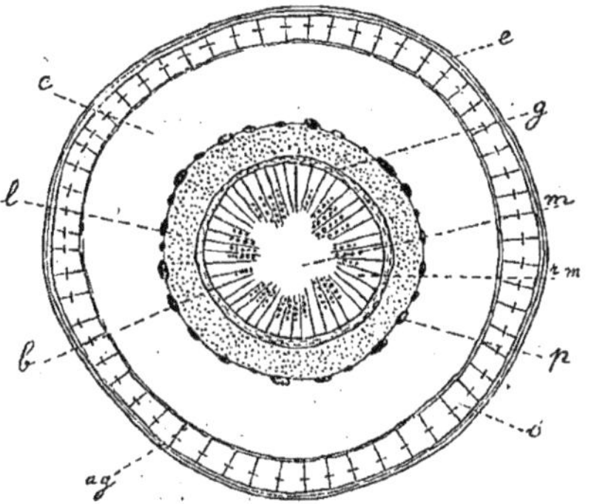

Fig. 9. — Coupe transversale de l'hypo-cotyle : *e*, épiderme ; *s*, formation subéreuse ; *ag*, assise génératrice ; *c*, écorce ; *p*, péricycle ; *l*, liber ; *b*, bois ; *rm*, rayons médullaires ; *m*, moelle.

sensiblement rectangulaires, l'*écorce interne ci* de huit à dix assises de gros éléments arrondis à parois minces ; l'*endo-derme en* est à peine marqué par l'épaississement latéral des parois.

Les *faisceaux ligneux b*, en coin allongé, sont composés cha-cun de dix à douze vaisseaux ; les *faisceaux libériens l* sont à cellules polygonales, en voie de segmentation, peu différenciées.

La *moelle m* est à cellules régulièrement polygonales.

On ne distingue, dans cette jeune racine, aucune formation secondaire.

*Hypocotyle* (fig. 9). — Les cellules de l'*épiderme e* sont à parois assez épaisses ; une formation péridermique a pris nais-sance immédiatement au-dessous (fig. 10), donnant extérieurement quatre à cinq assises de cellules subéreuses disposées en files assez régulièrement radiales *s*. Au delà de l'*assise généra-trice ag*, les dix à douze rangées de cellules de l'écorce *c* sont arrondies et à parois épaisses.

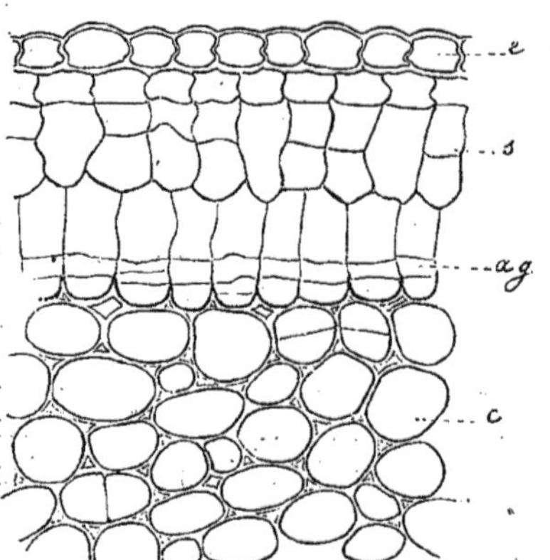

Fig. 10. — Portion de coupe transversale d'hypocotyle d'olivier : *e*, épiderme ; *s*, for-mation subéreuse ; *ag*, assise génératrice ; *c*, écorce.

L'*endoderme* n'est pas dis-tinct. Le *péricycle p* est marqué par des faisceaux de fibres. Les éléments du *liber l* sont parfaitement consti-tués. L'aspect de l'*assise génératrice libéro-ligneuse g* indique une période de grande activité. L'*anneau ligneux b* est formé de longues séries radiales de vaisseaux sépa-rés, par groupes de trois à cinq, de *rayons médul-laires rm*.

La *moelle m* est à gros éléments arrondis.

*Tigelle* (fig. 11). — De hautes cellules à face externe arrondie ou même conique composent l'*épi-derme é* recouvert d'une

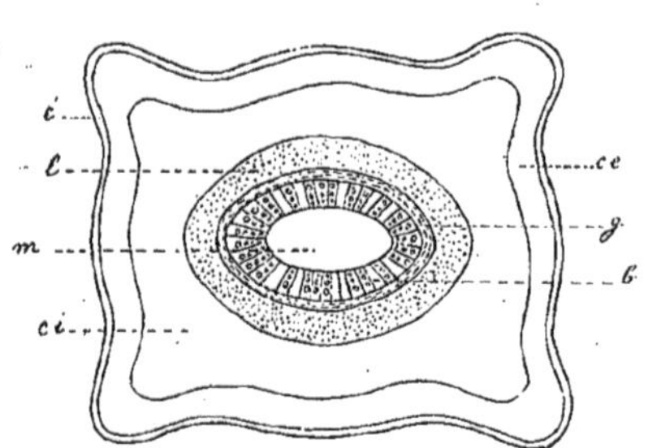

Fig. 11. — Coupe transversale d'une tigelle d'olivier : *e*, épiderme ; *ce*, écorce externe ; *ci*, écorce interne ; *l*, liber ; *b*, bois ; *m*, moelle.

*cuticule* assez épaisse. Les quatre à cinq couches de cellules de l'*écorce externe*, *ce*, sont polygonales, à coins arrondis et à parois assez épaisses. L'*écorce interne ci* compte cinq à six strates d'éléments à parois minces. L'endoderme n'est pas nettement distinct et l'on ne remarque pas ici de fibres péricycliques.

Le *liber primaire* se distingue parfaitement, de place en place, autour du cercle continu du *liber secondaire l* dont les cellules sont en files radiales. Le *parenchyme ligneux b* est formé d'un amas confus de cellules à parois minces dans lesquelles sont disséminés, par groupes de deux à sept, les vaisseaux disposés en rayons.

## CHAPITRE II

Ce chapitre comprendra :

1° L'étude morphologique externe et interne de la plante ;

2° L'étude physiologique ;

3° L'étude chimique en ce qui concerne : *a*) la richesse en cendres des différentes parties du végétal ; *b*) la richesse en huile des fruits.

### I. — Morphologie externe et interne.

#### Organes végétatifs.

*Tronc.* — Le tronc de l'olivier, à peu près vertical mais sans raideur, se divise généralement, à partir de 1 m. 50 à 2 mètres au-dessus du sol, en un certain nombre de branches plus ou moins tortueuses, indéfiniment ramifiées par le développement de rameaux axillaires opposés.

L'*écorce du tronc* et de ses ramifications principales demeure lisse jusque vers la huitième ou la dixième année. Elle se gerce ensuite par la formation de fentes longitudinales assez profondes et de stries transversales en prenant une teinte gris argenté plus ou moins foncée. Les lanières rectangulaires ainsi délimitées se détachent à la longue. Elles se présentent avec des différences assez marquées dans la surface, les dimensions relatives et l'épaisseur selon les variétés.

En même temps que l'écorce s'excorie ainsi, des cannelures s'accusent sur le tronc.

*Port.* — La direction prise par les branches de charpente et leurs ramifications, la tenue de ces dernières, qui peuvent être régulièrement érigées, sans orientation définie, plus ou moins obliques ou franchement pendantes, déterminent le port de l'arbre. Des différences énormes s'observent, à ce sujet, de variété à variété, depuis les arbres de la variété *Bécu* (Var), aux rameaux dressés vers le ciel, jusqu'à la *Verdale* (des Baux), dont les longues brindilles fluxueuses retombent autour de l'arbre à la façon d'un saule pleureur.

*Dimensions*. — Certains oliviers atteignent, en milieu favorable, 8 à 10 mètres de hauteur : *Sabine* (Corse), *Cailletier* (Alpes-Maritimes); d'autres ne dépassent guère 3 à 5 mètres : *Cayon* (Var), *Salonen* (Bouches-du-Rhône). Tous les intermédiaires existent entre ces extrêmes.

*Couvert*. — Typiquement, le couvert de l'olivier est peu dense; il laisse largement filtrer les rayons du soleil et ne masque pas, au regard, le trajet capricieux des branches. La teinte vert terne argentée du feuillage ajoute encore à cette légèreté.

Dans une certaine mesure, toutefois, les caractères de la frondaison sont sous la dépendance de la variété. Quelques types s'éloignent de l'aspect que nous venons de donner, tel le *Pardiguier* (Var), dont le feuillage touffu et sombre rappelle, à distance, celui du chêne vert.

*Rameaux*. — A considérer les rameaux isolément, on remarque particulièrement la section quadrangulaire, la couleur de l'écorce, la grosseur et le nombre des lenticelles, la distance et la saillie des nœuds.

Les angles, très accusés à l'extrémité des jeunes pousses, s'effacent rapidement au cours de la croissance, et la couleur de l'écorce, de blanc presque pur à l'origine, passe progressivement au vert gris puis au gris cendré. Des différences se constatent à ce sujet entre les variétés, de même que dans la grosseur et le nombre des lenticelles, dans la distance et la saillie des nœuds. En général, les arbres à port érigé ont des rameaux courts et épais, à angles vite effacés, à saillies accusées, voisines les unes des autres; et inversement.

*Morphologie interne d'un rameau d'un an*. — L'*épiderme* est formé de hautes cellules en dôme recouvertes d'une épaisse cuti-

cule qui épouse leur contour externe. De place en place, des *lenticelles* normalement constituées percent jusqu'à la surface. Une
*assise génératrice péridermique* donne extérieurement quatre
à six assises subéreuses. La *zone corticale* sous-jacente
est formée de dix à douze assises de cellules à parois assez
épaisses. Le *péricycle* est constitué par un anneau scléreux continu mais d'épaisseur inégale, tantôt réduit à une ou deux
fibres, tantôt en comptant huit à dix. Le liber et le bois
n'offrent aucune particularité, sinon que la ligne qui les délimite
est sinueuse. Les *cellules médullaires* sont entièrement lignifiées.

*Feuille.* — Les feuilles d'olivier sont opposées, du moins en
apparence. M. Pirotta (*Ann. dell' Istit. botan. di Roma*, 1885)
a montré que les deux protubérances foliaires ne sont pas de
même âge. Nous avons nous-même souvent constaté, surtout
chez les rameaux très vigoureux, une différence sensible de
niveau entre deux feuilles d'un étage donné. Le fait s'observe
sur la plantule de gauche (fig. 5), laquelle présente même, dans
sa partie supérieure, des feuilles groupées par trois, exception
moins fréquente qu'on pourrait le supposer.

La feuille d'olivier est simple, entière, à pétiole court dis-
posé dans le plan du limbe ou plus ou moins coudé, à limbe
généralement lancéolé offrant un maximum de largeur tantôt
dans sa partie médiane, tantôt vers la base, tantôt vers le
sommet ; plat, à bords refoulés ou franchement replié en gouttière, à nervures secondaires peu visibles, terminé par un
mucron de longueur et d'inclinaison diverses.

Les caractères des feuilles sont, dans l'ensemble, constants
chez une variété donnée et nous les avons soigneusement notés
dans nos monographies. Mais, de même que chez tous les végétaux, des différences assez sensibles s'observent suivant les portions de végétaux considérées.

Nous avons déjà indiqué, à propos du premier développement de l'olivier, le polymorphisme présenté par les premières
feuilles. Des particularités de même ordre s'observent sur les
rameaux doués d'une grande vigueur : rejets de pied ou gourmands (fig. 12).

On remarquera, dans la figure 12, un cas de fasciation, particularité assez commune chez les rejets puissants de l'olivier.

De telles variations morphologiques, parfois extrêmes, ne se produisent pas chez des feuilles venues sur des rameaux de

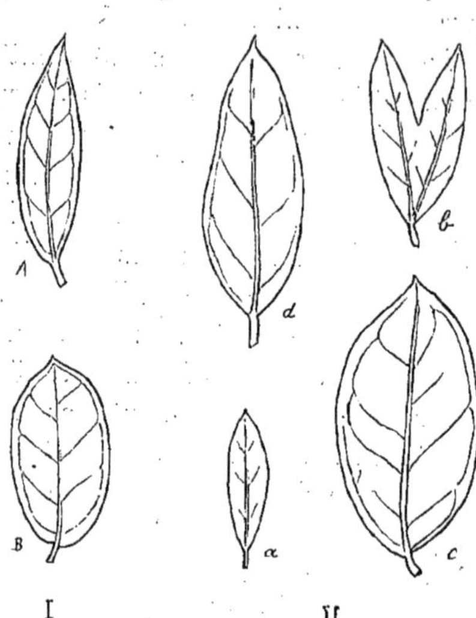

vigueur plus normale, et notamment, sur les branches fructifères. Ces organes s'y présentent, au contraire, avec une grande uniformité d'aspect pour une même variété. Aussi est-ce d'après des feuilles issues sur des rameaux à fruit que nous avons fait nos descriptions. Les quelques modifications observables, dues particulièrement au milieu, sont toujours limitées, ainsi que nous le verrons à propos des variations de l'olivier.

Fig. 12. — Polymorphisme des feuilles d'olivier sur rameaux vigoureux : I. Variété *Gordale* : A, sommet du rameau; B, base du rameau. — II. Variété *Cayanne* : a, base; b, c, partie moyenne; d, sommet du rameau.

*Morphologie interne de la feuille.* — La feuille d'olivier a été étudiée dans ses particularités anatomiques par divers auteurs (Prillieux, Vesque, Pirotta). Nous n'en ferons ici qu'une description sommaire d'après nos propres observations.

*Pétiole.* — Les *cellules épidermiques* sont hautes, souvent prolongées en papilles coiffées d'une *cuticule* très épaisse. L'ensemble est fortement subérifié.

La *région corticale* comprend dix assises de cellules à fortes parois. L'*arc libéro-ligneux* unique, au moins dans la partie médiane du pétiole, est protégé vers la face supérieure par un amas de collenchyme comblant la dépression de l'arc, et, vers la face inférieure, par un croissant d'éléments fibreux ne se colorant pas en vert, groupés en faisceaux. Ces éléments recouvrent un deuxième croissant, formé de cellules à parois très épaisses, à l'intérieur duquel s'appuient les *faisceaux libéro-ligneux* au nombre de quatorze à seize, largement séparés par les *rayons médullaires*. Dans chacun de ces faisceaux la zone ligneuse externe, voisine du liber, est renforcée de cellules scléreuses.

*Limbe.* — L'arc fibro-ligneux de la nervure médiane conserve les caractères anatomiques que nous avons rencontrés dans le pétiole. Toutefois la *zone fibreuse externe* est à faisceaux bien disjoints, et le *parenchyme* qu'elle protège immédiatement est formé de cellules à parois minces ; enfin l'*amas collenchymateux* du sommet atteint l'épiderme supérieur. Entre l'arc et l'épiderme inférieur se trouvent d'abord une zone de grosses cellules à parois minces, puis des cellules à parois épaisses.

Nous retrouvons dans l'*épiderme* de la feuille les cellules allongées, atténuées au sommet, surmontées d'un épais capuchon de cuticule déjà notées chez le rameau et le pétiole. Sous l'épiderme supérieur sont, de place en place, des amas de *fibres de soutien*. Le *tissu palissadique* est formé de trois assises de cellules. Les éléments du *tissu lacuneux* sont franchement rameux et séparés de l'épiderme inférieur par une assise de cellules rectangulaires disposées en palissade. Les éléments de l'*épiderme inférieur* offrent les prolongements papilliformes et le revêtement cuticulaire déjà signalés.

Les feuilles d'olivier portent, on le sait, de nombreux *poils en disque*. La figure 13 montre la coupe de l'un d'eux et la disposition de son pied entre les cellules qui l'entourent.

L'étude anatomique des organes aériens de l'olivier prouve bien l'adaptation de cette espèce à un climat chaud et sec : revêtement écailleux, cuticule épaisse, système mécanique développé, toutes condi-

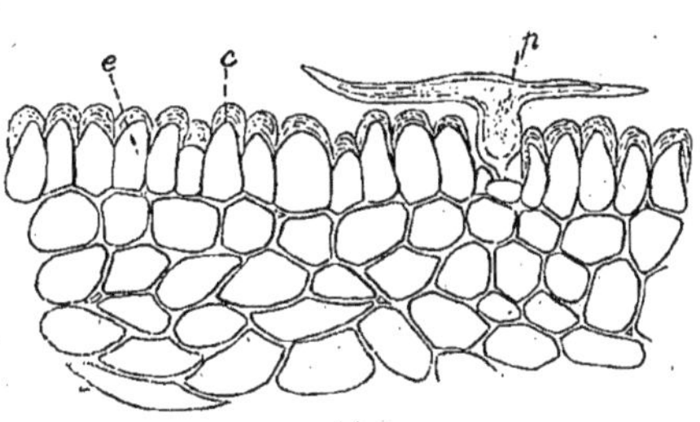

Fig. 13. — Portion de coupe transversale de feuille d'olivier : *e*, cellules épidermiques coiffées de cuticule *c* ; *p*, coupe de poil discoïde.

tions propres à atténuer les effets, sur la végétation, d'une évaporation intense, conséquence d'un vif ensoleillement, de sécheresses prolongées et de vents violents qui sont la caractéristique du climat méditerranéen.

L'opinion de M. Flahault (Préface de *l'Olivier*, par Degrully, 1907), d'après laquelle cette région climatique se trouve délimitée par l'aire d'extension de l'olivier, se justifie pleinement à nos yeux.

$$\text{RAPPORT } \frac{\text{FEUILLES}}{\text{RAMEAUX}} \left(\frac{F}{R}\right).$$

Nous avons déterminé la proportion moyenne des feuilles portées par de jeunes rameaux d'olivier en établissant le rapport $\dfrac{\text{feuilles}}{\text{rameaux}}$ chez un grand nombre de variétés.

Dans ce but nous avons choisi des pousses de deux ou trois ans, prises à leur naissance et rappelant, dans l'ensemble, celles que les tailleurs d'oliviers enlèvent aux arbres dans les localités où la taille bisannuelle est de règle.

Les indications résultant de ces recherches, complétées plus loin par les chiffres relatifs à la richesse en cendres des rameaux, d'une part, des feuilles, de l'autre, peuvent contribuer à l'appréciation des quantités d'éléments fertilisants exportés à la suite de l'élagage de l'olivier, en tenant compte, bien entendu, des conditions dans lesquelles est pratiqué cet élagage, très variables selon les localités.

Nous avons résumé, dans le tableau suivant, les moyennes se rapportant à ces recherches.

| Nom de la variété. | Localité où ont été prélevées les brindilles. | $\frac{F}{R}$ |
|---|---|---|
| *Verdale* | Saint-Jean-de-Fos. | 1,85 |
| *Redonal* | Montpellier. | 3,28 |
| *Tanche* | Nyons. | 3,00 |
| *Aglandau* | Velaux. | 2,75 |
| *Araban* | La Gaude. | 4,47 |
| *Rouget* | Allauch. | 3,76 |
| *Amellau* | Saint-Jean-de-Fos. | 2,80 |
| *Salonen* | Velaux. | 2,96 |
| *Cayanne* | Allauch. | 2,76 |
| *Espagnen* | Allauch. | 3,42 |
| *Blavet* | Antibes. | 1,95 |
| *Olivastre* | Monoblet | 2,05 |
| *Cailletier* | Antibes | 2,67 |
| *Non dénommé* | Saint-Raphaël. | 2,17 |
| *Rouget* | Montpellier. | 2,40 |
| *Pigale* | Montpellier. | 1,45 |
| *Picholine* | Saint-Martin-d'Ardèche. | 2,86 |
| *Corniale* | Montpellier. | 2,68 |
| *Redounan* | Cotignac. | 3,28 |
| *Lucquoise* | Saint-Jean-de-Fos. | 3,25 |
| Total, pour vingt variétés | | 54,86 |
| Moyenne | | 2,74 |

Le rapport $\frac{F}{R}$ est donc voisin de 2,75 avec des différences allant, pour les vingt cas signalés, de 1,45 (*Pigale*) à 4,47 (*Araban*).

Les différences sont, dans une certaine mesure, dues à la variété. Ainsi nous avons comparé à diverses reprises, au point de vue qui nous occupe, des arbres des variétés *Aglandau* et *Salonen* venus dans les mêmes conditions. La première de ces variétés a toujours donné un rapport $\frac{F}{R}$ plus élevé que la deuxième (moyenne des chiffres obtenus : 2,96 et 2,75).

En outre, le rapport $\frac{F}{R}$ est sous la dépendance de circonstances accidentelles capables de le faire varier notablement. Une forte attaque de *Cycloconium oleaginum*, par exemple, arrive à effeuiller presque complètement les arbres.

### Fleur.

*Inflorescence.* — Les fleurs de l'olivier sont réunies en grappes (fig. 14). Le pédicelle principal porte, de place en place, des ramifications opposées, qui naissent à l'aisselle de petites bractées caduques.

Dans la généralité des cas la longueur des pédicelles secondaires va en décroissant de la base au sommet, les pédicelles de la base portant chacun plusieurs boutons floraux, ceux du sommet, un seul ; mais nous avons rencontré des grappes dont tous les pédicelles secondaires étaient très courts, presque sessiles et uniflores, ce qui rapprochait l'inflorescence de l'épi. D'autre part, on trouve des grappes d'olivier chez lesquelles les pédicelles secondaires émettent

Fig. 14. — Grappe florale d'olivier avant l'épanouissement des fleurs (Variété *Aglandau*) (Gr. : 2).

eux-mêmes des ramifications d'ordre tertiaire, l'ensemble pouvant alors être considéré comme une grappe composée.

*Inflorescences terminales.* — Normalement, l'inflorescence de l'olivier est axillaire. Cependant, les cas d'inflorescences terminales ne sont pas très rares. On les remarque plus souvent sur de courtes brindilles latérales qu'au sommet des longs rameaux.

Un examen attentif permet de constater parfois que la grappe est en réalité pseudo-terminale, comme ayant pris la place laissée libre par l'avortement du bourgeon terminal. Mais il est fréquemment impossible de faire cette observation et il apparaît bien, dès lors, que la grappe est née en remplacement du bourgeon de prolongement.

Dans aucun des cas remarqués par nous, la position des grappes florales au sommet des rameaux ne nous a paru la règle pour un arbre ou une variété donnée. Nous avons seulement noté que les circonstances favorables à la fructification paraissent rendre cette particularité plus fréquente.

C'est ainsi que les oliviers souffreteux, affaiblis, chargés de brindilles courtes, peuvent en présenter de nombreux exemples; certaines variété fructifères y sont prédisposées. Ce sont là des faits naturels d'ordre général et, en ce qui concerne l'olivier, on ne saurait avancer qu'il y ait des variétés à inflorescences uniquement terminales, d'autres à inflorescences toujours axillaires.

*Densité des grappes.* — Le nombre moyen de boutons portés par une même grappe dépend de la variété. Nous l'avons noté pour beaucoup de ces dernières en les décrivant. Dans l'ensemble, il varie de 10 à 40 à la sortie des inflorescences, fin avril-mai; toutefois, au cours du développement de la grappe et avant même l'épanouissement des fleurs, on constate de nombreuses chutes. Les chiffres ci-après en donnent une idée.

Du 3 mai au 26 mai 1913, la densité moyenne des grappes venues sur les mêmes arbres passait de 30-37 à 25-29 chez la variété *Cayanne*; de 15-23 à 12-20 chez la variété *Espagnen*; de 15-20 à 9-10 chez la variété *Rouget* (Allauch).

Le point d'attache des pédicelles disparus persiste en saillie sur le pédoncule.

*Forme de la grappe.* — De même que leur densité, la dimension et la forme des inflorescencs constituent des caractères propres à chaque variété.

Le *Salonen* offre, par exemple, le type d'une grappe lâche, dégagée, à pédicelles minces et longs. S'en rapprochent les nflorescences de *Blanquetier*, de *Picholine*, de *Verdale* (des Baux).

L'*Aglandau* porte une grappe pauciflore, à pédicelles robustes, de même que le *Cailletier*, l'*Espagnen*, le *Rouget* (des Bouches-du-Rhône).

Par contre, l'inflorescence de la *Cayanne* est compacte, à pédicelles très minces, à nombreuses fleurs.

La grosseur, la forme et la couleur des boutons floraux changent également avec la variété.

Parmi les oliviers à gros boutons plus ou moins arrondis, on peut citer : l'*Aglandau*, l'*Espagnen*, le *Cailletier*, la *Tanche*. Sont allongés, les boutons de *Salonen*, de *Blanquetier*; verdâtres, ceux d'*Aglandau*, de *Cayanne*; d'un blanc presque pur, ceux d'*Espagnen*, de *Salonen*, de *Blanquetier*.

*Morphologie interne du pédicelle* (fig. 15). — Les cellules de l'*épiderme é* sont hautes, coniques, surmontées, parfois, d'une sorte de papille et re- couvertes d'une épaisse cuticule.

L'*écorce c* comprend de 7 à 10 couches de cellules à contour ar- rondi et à parois assez épaisses. Des faisceaux de *fibres péricycliques p*, disposés en cercle, pro- tègent l'anneau libéro- ligneux.

Le *liber l* est très dé- veloppé. La ligne qui le sépare du bois est sinueuse. Le *bois b* est, par contre, peu épais ; il est isolé de la moelle par une zone parenchy-

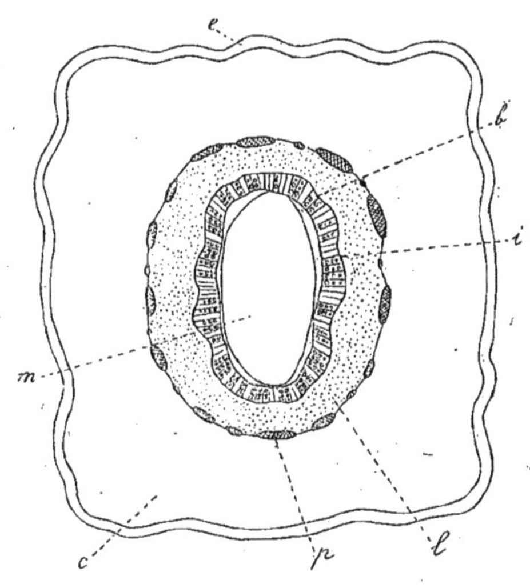

Fig. 15. — Coupe transversale d'un pédicelle d'oli- vier : *e*, épiderme; *c*, écorce; *p*, faisceaux de fibres péricycliques; *l*, liber; *b*, bois; *i*, parenchyme périmédullaire; *m*, moelle.

mateuse *i* discontinue. Aux points où ce parenchyme manque, la *moelle* vient directement au contact du tissu ligneux. Les cellules médullaires *m* sont arrondies et à parois épaisses.

La structure anatomique du pédicelle de l'olivier offre des particularités intéressantes : 1° au niveau des saillies, 2° aux points de courbure.

Normalement, l'anneau libéro-ligneux est parfaitement continu, mais à la hauteur des saillies, qui ne sont autres que les vestiges des pédicelles caducs, il s'ouvre en deux points opposés, de sorte que ses éléments forment deux îlots symétriques. La solution de continuité qui les sépare est comblée par les cellules de la moelle. Celles-ci atteignent donc le voisinage de l'écorce externe accompagnées, latéralement, par des éléments libéro-ligneux issus des tronçons de l'anneau. Le tout constitue l'amorce d'une ramification de la grappe florale. Une zone subérifiée, au niveau de l'écorce externe, marque la cicatrice consécutive à la chute de cette ramification.

Aux points de courbure du pédoncule on voit se manifester les modifications citées dans les ouvrages classiques, au sujet de vrilles : l'anneau libéro-ligneux s'efface au niveau de la courbure interne. Il ne subsiste souvent de lui que le parenchyme périmédullaire arrivant au contact du péricycle demeuré intact. L'épaisseur de l'écorce, aux mêmes points, est légèrement amoindrie.

*Organes floraux* (fig. 16). — La formule florale de l'olivier est connue :

$$4\,S + 4\,P + 2\,E + 2\,C.$$

Nous avons trouvé quelquefois des fleurs à cinq pétales, d'autres à quatre étamines bien distinctes alternant régulièrement avec les pièces de la corolle, d'autres, enfin, à trois étamines. Ces deux derniers cas nous ont paru plus fréquents chez la variété *Salonen*.

La fleur de l'olivier offre, dans toutes ses parties, des caractères de variété très nets. Leur étude fournirait tous les éléments d'une classification. Si, quant à nous, nous avons préféré nous adresser au fruit pour établir notre nomenclature, c'est surtout en raison de la grande commodité que ce dernier organe offre à l'observation.

Nous citerons seulement, à propos des différentes parties de la fleur, quelques-uns des signes distinctifs dont la connaissance détaillée contribue de la manière la plus précieuse à l'identification des variétés.

*Calice* (fig. 16, *c*). — Selon les types d'oliviers considérés, la
oupe calicinale varie dans sa dimension générale, sa profon-
eur, le relief externe, la ligne du bord.

Nous citerons, comme types extrêmes, d'une part, la *Verdale*
variété de l'Ardèche), dont le calice est très profond, renflé en
onneau, sans nervures externes, à bords arrondis et d'où
merge à peine le stigmate : d'autre part, l'*Araban* (Alpes-
Jaritimes), au calice bien ouvert, orné de quatre nervures

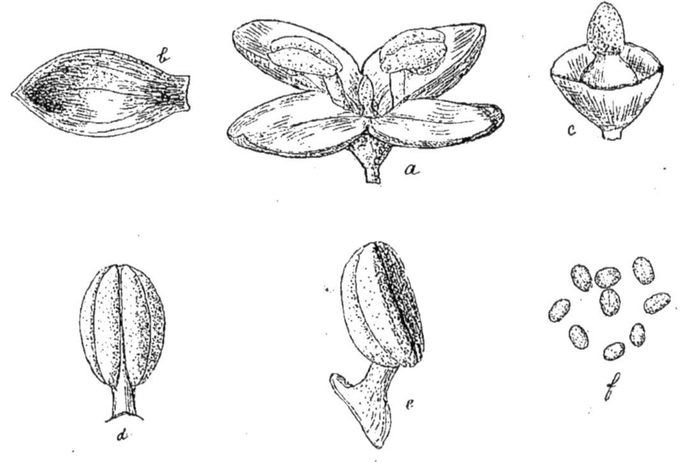

Fig. 16. — Organes floraux de l'olivier : *a*, fleur épanouie (gr. : 7); *b*, pétale isolé,
face supérieure (gr. : 7); *c*, calice persistant autour du pistil après la chute de la
corolle (gr. : 10); *d*, étamine, face dorsale; *e*, étamine vue latéralement; *f*, grains
de pollen.

nettes, marquant, chacune, le milieu d'un sépale et se prolongeant sur le bord en quatre pointes qui limitent quatre festons,
laissant largement apparaître les carpelles.

Tous les intermédiaires existent entre ces types à caractères
bien accusés.

*Corolle*. — Chez la corolle nous signalerons des différences
marquées dans les parties libres des pétales.

Selon les variétés considérées, celles-ci sont élargies vers le
centre (*Cailletier*) (fig. 16, *b*) ou bien régulièrement atténuées
en pointe de la base au sommet (*Blanquetier*).

*Androcée*. — Les étamines (fig. 16, *d*, *e*), opposées entre elles et
alternes avec les pétales, sont à filet court, épais, soudé au tube

de la corolle. Les anthères sont grandes, dorsifixes, à connecti,
apparent, plates sur leur face interne, renflées extérieurement.

L'épanouissement de la fleur paraît être déterminé par le
processus d'écartement des étamines. Accolées par leur face
interne dans le bouton qu'elles remplissent presque complètement, celles-ci s'éloignent l'une de l'autre en repoussant chacune
les deux pétales placés derrière elle ; de sorte que le premier
stade de l'épanouissement correspond à l'ouverture en deux
parties de la corolle ; les pétales se disjoignent ensuite pour se
disposer symétriquement en croix, tandis que le stigmate émerge
au centre.

L'ouverture des sacs polliniques a lieu généralement peu
après l'épanouissement et correspond avec la maturation du
pistil. L'auto-fécondation est donc vraisemblablement, sinon la
règle, du moins le cas le plus fréquent.

Les fleurs d'olivier possèdent une odeur légère mais très fine,
propre à attirer les insectes. Elles ne paraissent pas assidû-
ment visitées par les abeilles, bien qu'au voisinage des ruchers
on en rencontre dans les grappes d'olivier.

Le pollen est à grains ovoïdes, finement échinulés (fig. 16, *f*).

Très exceptionnellement nous avons constaté l'existence
d'étamines stériles. Le cas se présente sur les oliviers extrêmement vigoureux. Les fleurs restent alors verdâtres dans toutes
leurs parties et le pollen n'arrive pas à maturité. Ceci paraît être
spécial à certains arbres. Il en existerait de nombreux exemples
en Tunisie (Campbell). Pour notre part, nous ne l'avons nettement observé que sur un seul pied qui restait complètement
infertile.

La rareté de ces oliviers stériles en France peut s'expliquer
par le fait que, s'il s'en trouve accidentellement dans une plan-
tation, leur propriétaire s'empresse de greffer sur eux des variétés
productives.

*Gynécée.* — La ligne de soudure des deux carpelles est marquée extérieurement par une saillie qui persiste chez le fruit en
une côte plus ou moins accusée selon les variétés.

L'avortement d'un ovule, signalé comme la règle pour l'olivier, souffre de nombreuses exceptions. La persistance de deux
graines dans l'olive est fréquente chez certains types d'oliviers,

et nous l'avons signalée dans nos monographies de variétés lorsqu'elle était suffisamment commune.

Le style est court ; le stigmate bifide, chacune des pointes correspondant à un carpelle ainsi que l'indique la position en croix par rapport à la ligne suturale que nous avons signalée.

La forme du stigmate offre des particularités remarquables selon les variétés considérées. Nous grouperons les cas observés dans les types que voici (fig. 17) :

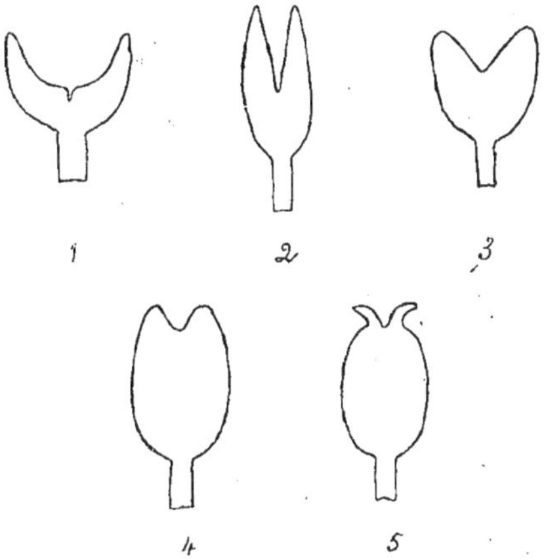

1° Stigmate à cornes aiguës et bien divergentes figurant un croissant (*Salonen, Picholine, Olivière*).

2° Stigmate à cornes allongées, aiguës mais rapprochées l'une de l'autre et redressées parallèlement (*Araban, Poumal, Tanche*).

3° Stigmate à cornes encore bien distinctes mais obtuses (*Aglandau, Cailletier, Verdale* de l'Ardèche).

Fig. 17. — Différents types de stigmate d'olivier.

4° Stigmate formant une masse oblongue surmontée de deux mamelons arrondis et peu accusés (*Saurine, Blanquetier, Grosse noire*).

5° Stigmate formant également une masse oblongue, mais au sommet de laquelle se dégagent deux petites cornes voisines par la base et nettement divergentes (*Rouget* des Bouches-du-Rhône).

Quelquefois, on ne perçoit ni mamelons, ni cornes, et le stigmate demeure alors plus ou moins conique, arrondi ou écrasé ; mais ceci paraît être la conséquence d'un développement incomplet et, dans la majorité des cas, la forme de cet organe se rapporte à l'une des catégories précédentes.

L'avortement du pistil est fréquent chez l'olivier. Dès l'épanouissement de la fleur, on constate le faible développement et la teinte blanchâtre de l'ovaire. Avant la fécondation, celui-ci paraît donc frappé de stérilité. Ce phénomène est général, mais plus commun chez certaines variétés, lesquelles, en raison de leur défaut de fécondité, devraient disparaître des cultures.

D'autre part, la fécondation opérée, et sans que la stérilité originelle que nous venons de signaler ait été remarquée, on observe qu'un grand nombre de pistils sont arrêtés dans leur croissance peu après la floraison et se dessèchent.

Ces cas d'avortement, s'ajoutant à la chute des boutons floraux pendant le développement de la grappe, font que le nombre de fruits définitivement noués portés par une grappe d'olivier, que nous avons vue formée de 10 à 40 boutons, est toujours faible, souvent nul.

La connaissance exacte des causes de ces avortements serait de la plus haute portée pratique. Il n'est pas interdit d'entrevoir la possibilité de les réduire par des méthodes culturales appropriées.

FRUIT.

### Morphologie externe.

Le fruit de l'olivier est une drupe à loge le plus souvent unique. Son poids moyen varie, chez les types cultivées en France, depuis un gramme (*Ribeyro*, *Callassen*, *Péto-dé-ra*) jusqu'à 4 grammes (*Amellau*, *Pruneau*, *Espagnen*) environ.

*Aspect extérieur.* — L'olive présente de nombreuses variations de forme. Elle peut être régulièrement arrondie (*Verdaneil*), ovoïde (*Cayet roux*), cylindracée (*Longue*); symétrique par rapport à l'axe (*Capelen*), plus ou moins asymétrique (*Picholine*) ou incurvée (*Rapuguier*); le maximum de diamètre transverse est médian (*Argental*), reporté vers la base (*Tanche*) ou vers le sommet (*Cailletier*). Ce sommet est régulièrement arrondi (*Germaine*), atténué en pointe (*Cariol*) ou surmonté d'un mamelon accusé (*Bécaru*). On notera chez certaines variétés un aplatissement latéral (*Verdale de l'Ardèche*), ou un bourrelet circulaire passant par les deux pôles (*Aglandau*). Le pédoncule s'insérera tantôt superficiellement (*Cailletier*), tantôt dans une dépression profonde (*Sabine*). La surface peut être lisse (*Cayon*), mamelonnée (*Amellau*) ou tiquetée (*Verdale des Baux*). La couleur de l'épicarpe avant et après la véraison, les manifestations successives de cette véraison, également, sont loin d'être identiques chez toutes les variétés.

Ces diverses particularités, notées pour chaque variété d'olivier étudiée par nous, sont autant de caractères constants qui nous ont servi à la diagnose de ces variétés. Nous ne nous étendrons pas davantage sur eux dans ce chapitre, devant les étudier en détail dans une autre partie de ce travail.

*Particularités de l'endocarpe.* — Nous retrouvons chez l'endocarpe des olives des variations morphologiques pour le moins comparables à celles que nous venons de signaler au sujet de la drupe entière. La surface porte une série de sillons longitudinaux imprimant par leur nombre, leur profondeur, la divergence et l'importance de leurs ramifications, un relief particulier au noyau de chaque variété.

Chacun de ces caractères nous a servi dans notre classification; nous y reviendrons longuement à propos de celle-ci et de la monographie des variétés.

Nous signalerons seulement ici les caractéristiques suivantes, communes à l'espèce.

Les deux valves de l'endocarpe sont généralement inégales, l'une plus aplatie que l'autre. Leur suture, parfois très saillante, marque la ligne par laquelle le noyau s'ouvrira, au cours de la germination. C'est surtout par cette suture, ainsi que par le point de pénétration du faisceau pédonculaire, que se fera l'absorption des liquides à ce moment.

Les traces des faisceaux des feuilles carpellaires subsistent dans les dépressions qui sculptent la surface des noyaux. Leurs ramifications pénètrent plus ou moins profondément dans l'intérieur du tissu scléreux.

Le faisceau placentaire longe intérieurement la suture des valves sur l'un des côtés jusqu'au sommet du noyau, au point de suspension de l'ovule. L'endocarpe est plus épais du côté correspondant à ce faisceau.

Lorsque les deux loges ont persisté, elles sont séparées l'une de l'autre par une cloison scléreuse qui se relie à la ligne suturale.

*Caractères de l'amande.* — La graine est suspendue au sommet de la loge, à l'opposé de l'insertion pédonculaire. La radicule est dirigée vers le sommet. C'est donc la pointe en bas qu'il convient de piquer les noyaux d'olives dans un semis.

Le funicule est court, le hile apparent. Le faisceau, d'abord large, se ramifie en patte d'oie immédiatement ou après s'être prolongé en donnant alors des ramifications alternes.

Les ramifications du funicule s'étendent sur une partie de l'amande. Elles sont plus ou moins larges, plus ou moins nombreuses, plus ou moins divergentes, et ces dispositifs sont à peu près constants pour une variété donnée.

L'embryon, droit, inclus dans l'albumen, présente une courte radicule, une gemmule rudimentaire, des cotylédons aplatis et accolés l'un à l'autre. Sur leurs faces externes, ces cotylédons montrent un soupçon de nervation à peine perceptible.

Nous avons noté à propos des amandes, de même que pour les fruits et les noyaux, les rapports des dimensions relatifs à chaque variété. Ces chiffres accompagnent chaque monographie. Ils constituent des éléments de diagnose extrèmement précieux.

*Proportion des éléments constituant le fruit.* — Ces proportions sont également un excellent caractère de variété, car, abstraction faite des conditions de végétation, elles se présentent avec régularité chez les mêmes types.

Il est difficile d'isoler l'épicarpe de l'olive, qui est intimement soudé au mésocarpe ; nous avons donc confondu, dans nos recherches, ces deux parties du fruit, que nous désignerons sous le nom de *pulpe*.

Les chiffres suivants se rapportent uniquement à des extrêmes.

| Maximum de richesse. | Proportion p. 100 de fruits entiers. | Variétés correspondantes. |
|---|---|---|
| En pulpe (épicarpe-mésocarpe). | 83,84 | Saurin (Var). |
| En endocarpe . . . . . . . . . . . . . . | 39,21 | Sanguin (Var). |
| En amandes . . . . . . . . . . . . . . . | 5,90 | Pointue (Ardèche). |

Les proportions d'eau, d'huile, de matière sèche contenues dans l'olive ont fait l'objet d'un grand nombre d'analyses de notre part. Beaucoup de chiffres s'y rapportant sont consignés au chapitre qui traite des variétés.

Nous indiquerons seulement ici que les olives dont la pulpe a présenté le maximum de richesse en eau appartenaient à la variété *Bécu* (Var) avec 75,78 p. 100 du fruit entier. Le minimum a été donné par des fruits de *Germaine* (Corse) avec 9,62 p. 100, mais il y a lieu de remarquer que ces derniers étaient déjà flétris.

Quant à la richesse en huile, en raison de son intérêt pratique, elle fera l'objet d'un chapitre spécial.

*Fruits anormaux.* — Il n'est pas rare de trouver sur les oliviers, dans le courant de l'été, de petits fruits qui, réunis en grappes, arrivent à maturité sans avoir pris l'aspect ni les dimensions de fruits normaux.

Dans les cas observés par nous, ces fruits provenaient de floraisons tardives, provoquées généralement par un temps pluvieux et froid lors de la sortie des fleurs. Au retour des beaux jours une deuxième floraison se produisait et l'on voyait alors, sur les mêmes brindilles, des jeunes fruits noués, régulièrement venus, et des grappes en plein épanouissement floral. Les fruits retenus par ces dernières restaient par la suite chétifs, souvent constitués par une simple masse pulpeuse, sans trace d'endocarpe ligneux, impropres à la reproduction, par conséquent. Cette absence de graine dans le fruit est probablement due, ainsi qu'il est généralement admis, à la non-pollinisation ou à une pollinisation incomplète.

Certaines variétés paraissent prédisposées à cet accident.

Il nous a été donné de remarquer une autre anomalie, beaucoup plus rare : la présence d'olives normalement formées, en période de développement, parmi des grappes florales épanouies, fin mai.

Ces fruits, qui sont arrivés à maturité en juin-juillet, provenaient évidemment d'une floraison hivernale. Ils avaient passé la mauvaise saison à peine noués, à l'état de demi-repos, pour continuer à croître au printemps.

### Morphologie interne.

*Épicarpe* (fig. 18). — L'épicarpe est formé par une assise de cellules coniques recouverte d'une *cuticule* continue *c*. Selon les échantillons considérés, les cellules épicarpiques *é* sont hautes, à sommet effilé en papille, légèrement incliné ou même renflé ; ou bien elles sont courtes, larges, en dôme surbaissé.

Ces différences paraissent être dépendantes des variétés, mais nous ne les avons pas rencontrées avec une constance suffisante pour qu'il nous ait été donné d'en faire état dans notre classification.

En plan, les cellules épicarpiques forment une mosaïque à contour irrégulier.

Avant la maturité, la surface des olives présente souvent de nombreux mamelons de teinte plus claire que le reste de l'épicarpe. Ces saillies sont très accusées avant la véraison sur les fruits de certaines variétés (*Pigale, Verdale des Baux*). Nous en avons recherché la constitution anatomique.

Chaque saillie correspond à un amas sous-épidermique de cellules ovales, à parois lignifiées. Généralement, l'épicarpe se détache de cette masse et en reste séparé au moins partiellement. C'est à cet espace rempli d'air qu'est due la décoloration de l'épicarpe au niveau de ces points. Il y a en somme formation de lenticelles, mais celles-ci restent privées d'ouverture.

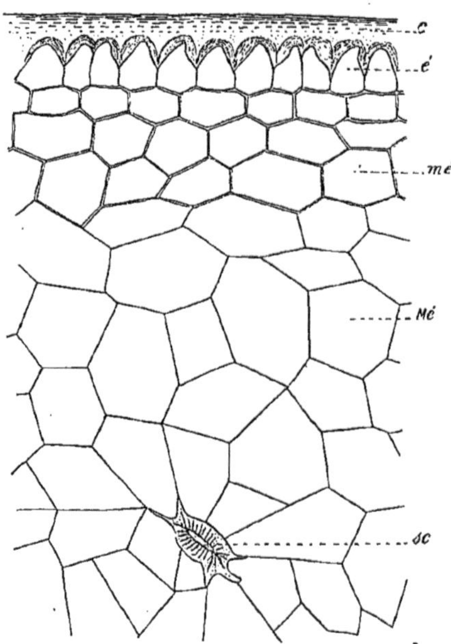

Fig. 18. — Portion de coupe transversale d'une olive : *c*, cuticule ; *é*, cellules épicarpiques à sommet plus ou moins effilé ; *mé*, éléments sous-épidermiques du mésocarpe ; *Mé*, masse du mésocarpe ; *sc*, élément scléreux.

Entre ces amas lignifiés et les éléments normaux du mésocarpe se trouvent deux ou trois assises de cellules comprimées. Toutefois il ne nous a pas été possible de déceler une zone génératrice, comme on voit autour des lenticelles des organes végétatifs.

*Mésocarpe* (fig. 18). — Les cellules *mé* du mésocarpe situées immédiatement sous l'épiderme sont un peu moins grandes et à parois légèrement plus épaisses que les éléments sous-jacents formant la masse de la pulpe *Mé*. Pour les unes et les autres le contour, d'abord rectiligne, s'amollit aux approches de la maturité.

De place en place on observe, dans la masse du tissu, des *cellules scléreuses sc* généralement pourvues de prolongements de longueur variable, sortes d'éléments de soutien dont l'importance paraît avoir quelque rapport avec la variété.

La matière grasse constitue la réserve principale du mésocarpe, qui en est littéralement gorgé.

*Endocarpe.* — L'endocarpe, très dur, est constitué par un *tissu scléreux* extrêmement compact, aux cellules écrasées les unes contre les autres.

Il ne renferme pas de matière grasse. On en trouve seulement quelques gouttelettes dans les faisceaux de *vaisseaux ligneux* qui sillonnent sa surface et dont certaines ramifications le pénètrent.

*Graine.* — Le *tégument* comprend une assise de cellules rectangulaires à parois épaisses sous lesquelles courent, de place en place, les faisceaux issus du funicule. Ces cellules ne contiennent pas de matière grasse.

Cette assise recouvre immédiatement un voile d'éléments comprimés à structure mal définie se colorant par le vert d'iode et chargé de corpuscules gras.

L'*albumen* est formé de vingt-cinq à trente assises de cellules

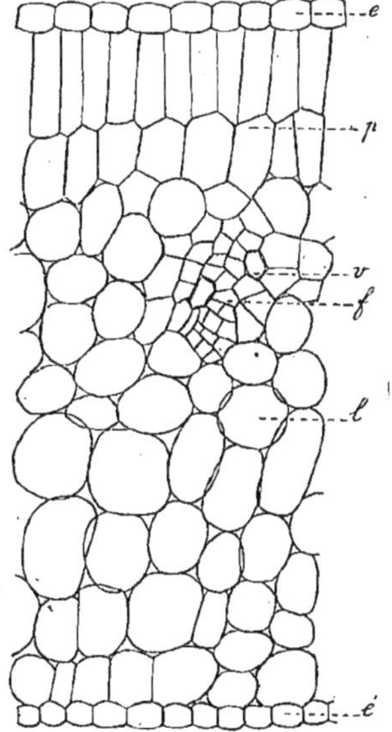

Fig. 49. — Coupe transversale d'un cotylédon : *e*, épiderme interne; *p*, assises correspondant au tissu palissadique de la feuille; *l*, assises correspondant au tissu lacuneux; *f*, amas de cellules correspondant à une nervure; *v*, vaisseau; *e'*, épiderme externe.

rectangulaires à parois minces, disposées en files radiales, gorgées de matière grasse. Les parois externes des cellules superficielles de l'albumen, en contact avec le tégument, sont épaissies et prennent fortement les colorants des corps gras.

Les *cellules épidermiques* e de la face interne d'un *cotylédon* (fig. 19) (future face supérieure de la feuille cotylédonaire) sont plus grandes que celles de la face opposée *é*. Elles recouvrent une ou deux assises de cellules allongées *p*, *réduction du tissu palissadique*. Les éléments sous-jacents *l*, plus ou moins arrondis, sont de grandeur légèrement décroissante à mesure qu'ils se rapprochent de la face opposée. D'un épiderme à l'autre, on compte de dix à douze strates de cellules toujours plus petites que celles de l'albumen et gorgées de matière grasse comme elles. Parmi ces cellules on découvre des amas d'éléments plus petits à contour rectiligne *f*, au milieu desquels une ou deux cellules à parois épaisses *v* constituent les *points d'origine des vaisseaux*.

Les deux *assises externes* de la *radicule* sont formées de cellules sensiblement rectangulaires.

L'*écorce externe* compte quinze assises environ de cellules polygonales à contour régulier; l'*écorce interne*, de cinq à sept assises d'éléments rectangulaires disposés en files radiales.

Dans le *cylindre central*, la zone libéro-ligneuse est occupée par un parenchyme à cellules polygonales de taille légèrement inégale, tandis que les cellules de la *moelle*, plus grandes, sont de forme régulière.

## II. — Étude physiologique.

Nous étudierons successivement : *a*) la végétation, la floraison et la fructification dans leurs manifestations extérieures; *b*) le phénomène respiratoire; *c*) l'assimilation chlorophyllienne.

### DÉVELOPPEMENT VÉGÉTATIF ET FLORAISON.

Nous avons plus particulièrement suivi, pour cette étude, un groupe d'arbres situés dans le jardin annexé au laboratoire de Botanique de la Faculté des sciences de Marseille; mais, dans le même temps, nous observions le développement d'oliviers cultivés dans des situations très diverses de la région provençale, nous assurant ainsi que nos remarques, faites dans une localité sans doute un peu spéciale, se vérifiaient sur des plantations de plein champ.

Après avoir établi la distinction à faire entre les rameaux à à fruits et les rameaux à bois, nous examinerons, en premier lieu, les différents modes de végétation de ces rameaux ; en second lieu, les rapports existant entre le développement de l'arbre, sa floraison et la température ambiante ; enfin, l'accroissement et la maturation du fruit.

### *Rameau à bois et rameau à fruit.*

Nous désignerons par le terme de *rameau à bois* des pousses issues directement sur la cépée, le tronc, les branches charpentières ou leurs ramifications principales et qui, en raison de leur âge, de leur situation et de leur vigueur, ne portent pas de fruits.

Les rameaux à bois, vulgairement désignés sous le nom de *gourmands*, doivent leur puissance de végétation à leur position permettant de tirer largement parti des réserves du tronc ou des branches maîtresses. Ils poussent verticalement par l'allongement du bourgeon terminal, en même temps qu'ils émettent de nombreuses ramifications latérales, venues à l'aisselle de feuilles de nouvelle formation et de feuilles de l'année précédente.

Il est connu que les organes jeunes consomment plus qu'ils n'assimilent. Ils vivent donc en parasites et l'expérience culturale a souvent démontré que l'enlèvement des gourmands d'oliviers dans le courant de l'été, en supprimant une redoutable concurrence pour les fruits en voie de développement, augmente la récolte.

Dès la deuxième année, parfois, et à coup sûr la troisième ou quatrième, le rameau à bois adventif et vigoureux que nous venons de voir, perd de son exubérance en donnant naissance à des brindilles susceptibles de porter des fruits. Il se confond, dès lors, avec les autres ramifications de l'arbre.

Les *brindilles à fruit*, issues du prolongement du bourgeon terminal ou du développement d'un bourgeon axillaire, mesurent, en moyenne, de 15 à 50 centimètres. A l'aisselle des feuilles qu'elles portent naîtront les grappes florales.

*Divers modes de végétation de la brindille à fruit.* — Si, prenant cette brindille au départ de la végétation, nous suivons son développement, nous pourrons classer celui-ci dans l'un ou l'autre des cas suivants.

Premier cas : *Les fleurs avortent en totalité.* — Le rameau se développe à bois ; le bourgeon terminal s'allonge d'une longueur variable selon la vigueur de l'arbre ou de la branche mère ou sa position sur celle-ci. Rarement il émet des bourgeons latéraux. Ceux-ci naissent, au contraire, fréquemment à l'aisselle des dernières feuilles de l'année précédente, en remplacement des grappes florales.

Deuxième cas : *Les fleurs avortent en partie.* — Les rares fruits noués n'empêchent pas la poussée à bois, qui s'effectue comme dans le cas précédent, mais avec moins de puissance.

Troisième cas : *Un grand nombre de fleurs nouent.* — La poussée à bois est fortement réduite ; les ramifications latérales manquent généralement et la croissance du bourgeon terminal reste très limitée. Cette croissance dépend en partie de la variété. Chez certaines, elle est à peu près nulle ; chez d'autres, elle est appréciable. Ces dernières portent des fruits en plus ou moins grande quantité tous les ans (*Salonen*), alors que les premières sont normalement bisannuelles (*Aglandau*).

Quatrième cas : *Le rameau se termine par une grappe florale.* — Il est alors comparable au bouquet de mai des arbres fruitiers à noyaux. Cette particularité, fréquente chez certaines variétés très fertiles, a été étudiée à propos de la floraison.

## RELATION ENTRE LA TEMPÉRATURE, LA VÉGÉTATION ET LA FLORAISON DE L'OLIVIER.

La température est, il va sans dire, un des facteurs essentiels de l'entrée en végétation ainsi que de la croissance annuelle de l'olivier. Mais l'une et l'autre sont grandement influencées par la vigueur et la fertilité du sujet ou de la portion du sujet considérés, autrement dit, par la variété, la richesse du sol, les soins culturaux, l'âge, la position, la nature ou le degré de fructification du rameau.

Toutes autres conditions égales, la végétation se manifeste

plus tôt, au printemps, sur des arbres jeunes, plantés en terrain fertile, nouvellement taillés, bien cultivés, sur les brindilles à bois et particulièrement les pousses verticales venues sur le tronc ou les branches-mères, les rejets du pied et les ramifications terminales, en d'autres termes sur les végétaux ou les portions de végétaux les plus vigoureux.

D'autre part, la croissance annuelle, dont la mesure nous a été fournie par le gain en longueur en un temps donné, est sous la dépendance des mêmes éléments de vigueur. C'est dire qu'il est impossible de donner, en une formule étroite, la relation existant entre la température et le développement de l'olivier, tant ce développement est variable selon que l'on considère telle ou telle portion du même arbre.

Sous le bénéfice de ces remarques, nous avons suivi le développement d'un olivier en production pendant les années 1912 et 1913 en étudiant séparément :

1° Le développement des brindilles à fruit;
2° Celui des brindilles à bois.


## 1° *Brindilles à fruits.*


Nous avons vu que la brindille à fruit donne normalement des grappes florales à l'aisselle des feuilles de l'année précédente et s'allonge, dans le même temps, par le développement de son bourgeon terminal. Il y avait lieu de suivre à la fois, d'une part, la poussée à bois, d'autre part, la sortie et l'épanouissement des grappes florales.

Nous avons choisi à cet effet un groupe de brindilles sur notre arbre, qui était de vigueur moyenne, elles-mêmes constituant un terme moyen entre la brindille très florifère et la brindille stérile.

Les premières manifestations de la poussée à bois ont eu lieu, après l'hiver, en même temps que celle des grappes florales; mais, tandis que celles-ci se développaient uniformément dans toutes les parties de l'arbre, la croissance des bourgeons à bois offrait des variations sensibles selon la brindille considérée.

Les remarques particulières aux uns et aux autres de ces organes ont été consignées ci-après.

A. Pousse à bois (Année 1912).



| DATES (par quinzaines). | TEMPÉRATURE Moyenne des | | | LONGUEUR des rameaux (en centimètres). | FEUILLES apparues. | DIMENSIONS des premières feuilles (en millimètres). | | PHASES DU DÉVELOPPEMENT. |
|---|---|---|---|---|---|---|---|---|
| | Maxima. | Minima. | Maxima et des minima. | | | Longueur. | Largeur. | |
| Du 12 au 25 février.......... | 18°,3 | 8°,5 | 13°,4 | » | » | » | » | Aucun signe de végétation. |
| Du 26 février au 10 mars..... | 20°,1 | 10°,4 | 15°,5 | 0,5 à 1 | 2 étages. | » | » | Premières manifestations de l'entrée en végétation. |
| Du 11 au 24 mars........... | 20°,7 | 9°,1 | 14°,9 | 2 à 3 | 3 — | » | » | |
| Du 25 mars au 7 avril........ | 22°,5 | 8°,8 | 15°,6 | 4 | 4 — | » | » | |
| Du 8 au 21 avril............ | 20°,6 | 8°,9 | 14°,7 | 5 | 7 — | 34 | 6 | Période de dépression thermique. Végétation ralentie. |
| Du 22 avril au 5 mai......... | 22°,2 | 10°,6 | 16°,4 | 9 | 8 — | 42 | 7 | |
| Du 5 au 19 mai............. | 28°,1 | 13°,5 | 20°,8 | 15 | 11 — | 47 | 9 | Végétation active. |
| Du 20 mai au 2 juin.......... | 23°,1 | 18°,4 | 18°,2 | 17 | 12 — | 48 | 10 | Développement arrêté au delà de cette date. |

Ainsi la végétation a commencé à se manifester après plusieurs jours d'une température moyenne de 14° à 15° C. avec des maxima de 20° et des minima de 8 à 10°.

Une période de ralentissement, déterminée par la dépression thermique du 1ᵉʳ au 21 avril, s'est produite du 15 avril au 5 mai, en retard sur sa cause. Il semblerait donc que l'influence sur la végétation d'une variation de température dans un sens donné se poursuit au delà de la période durant laquelle le fait météorologique s'est produit.

A partir de juin, l'allongement des brindilles examinées fut à peu près nul ; les feuilles prirent leurs dimensions définitives et le bourgeon terminal cessa de s'accroître.

Lorsque les organes eurent ainsi acquis leur état définitif, il était visible que, de la base au sommet, les dimensions des feuilles, d'une part, l'intervalle entre deux étages de feuilles, d'autre part, étaient dans un ordre décroissant. Nous faisions la même observation sur d'autres rameaux du même arbre, et depuis nous l'avons renouvelée sur les sujets les plus divers.

La raison paraît en être dans la diminution de la puissance de la végétation sous le climat méridional, en sol non irrigué, à mesure que l'on avance dans la période des chaleurs.

De semblables différences dans les dimensions et l'écartement des feuilles sont non seulement contrôlables sur les organes développés durant une saison, mais aussi en comparant ceux venus au cours des années successives.

Puisqu'un olivier en bon état de santé conserve ses feuilles pendant environ trois ans et que, d'autre part, la délimitation des trois poussées correspondantes est relativement facile, on peut comparer, pour ces périodes, les variations d'allongement du rameau et de grandeur des feuilles et, partant, la puissance de végétation.

Voici, quelques mensurations se rapportant à cet ordre de faits prises sur un rameau à fruit n'ayant donné, au cours de deux années d'observation, aucune brindille latérale.

|  | 1911. | 1912. |
|---|---|---|
| Allongement annuel .................... | 21 centimètres. | 16 centimètres. |
| Nombre d'étages de feuilles ............ | 9 — | 11 — |
| Écartement moyen des feuilles.......... | 2ᶜᵐ,3 | 1ᶜᵐ,4 |
| Dimensions moyennes des feuilles. { Longueur du limbe ...... | 4ᶜᵐ,8 | 4ᶜᵐ,7 |
| { Largeur du limbe ........ | 1ᶜᵐ,1 | 0ᶜᵐ,8 |
| { Longueur du pétiole .,.... | 0ᶜᵐ,38 | 0ᶜᵐ,38 |

L'examen de ces chiffres montre que la poussée fut manifestement plus vigoureuse en 1911 qu'en 1912.

Une fructification abondante, réduisant l'activité végétative, limite le développement foliacé au même titre que la sécheresse ou un défaut d'alimentation. C'est une cause de plus intervenant dans le développement de l'appareil assimilatoire et, par conséquent, dans la préparation à la fructification.

En 1913, après un hiver très doux, les bourgeons commençaient à gonfler dès la première quinzaine de février, mais ils restaient en l'état jusque vers la fin mars, époque où la végétation partait franchement. Elle offrit, dans la suite, la même allure qu'en 1912, avec un très léger retard jusqu'en juin.

Si l'on compare entre elles diverses variétés, on constate qu'elles n'entrent pas en végétation exactement au même moment. Parmi les oliviers précoces, nous citerons le *Pardiguier* (Var), la *Verdale des Baux* ; viennent ensuite le *Cayon* (Var), la *Picholine* (Gard), puis l'*Aglandau*, le *Salonen* (Bouches-du-Rhône). Le *Brun* (Var) est parmi les plus tardifs.

Il est à peine besoin de remarquer que les arbres à « débourrement » hâtif sont plus exposés aux gelées de premier printemps.

Pendant l'été, la végétation de l'olivier est à peu près arrêtée sur les arbres peu vigoureux, venus en terrain sec et sur les brindilles à fruit. Elle demeure active, quoique ralentie, dans les cas contraires.

Après les pluies de l'automne un regain de vigueur se manifeste, intéressant surtout les végétaux ou les portions de végétaux les plus vigoureux.

### B. Floraison (Année 1912).

Les phases successives en ont été résumées dans le tableau ci-contre.

La comparaison de ce tableau avec celui qui se rapporte à la poussée à bois montre que les mêmes influences ont les mêmes effets sur le développement herbacé et sur l'épanouissement des grappes florales.

Dans les deux cas des températures moyennes voisines de 15° C. ont déclanché le premier développement, et un ralentissement est résulté d'un abaissement de température.

| DATES (par semaines). | TEMPÉRATURE Moyenne des | | | LONGUEUR des grappes florales (en millimètres). | PHASES DU DÉVELOPPEMENT. |
|---|---|---|---|---|---|
| | Maxima. | Minima. | Maxima et des minima. | | |
| Du 12 au 18 février..... | 17°,8 | 7°,9 | 12°,8 | 1-2 | Aucun indice d'entrée en végétation. |
| Du 19 au 25 février..... | 18°,9 | 9°,1 | 14°,0 | 1-2 | |
| Du 26 février au 3 mars.. | 20°,8 | 10°,5 | 15°,6 | 2-3 | Les bourgeons gonflent et s'allongent légèrement. |
| Du 4 au 10 mars........ | 19°,4 | 10°,3 | 14°,8 | 3-5 | Les pédoncules se détachent. |
| Du 11 au 17 mars....... | 21°,1 | 7°,4 | 14°,2 | 4-7 | Le premier étage de boutons floraux est distinct. |
| Du 18 au 24 mars....... | 20°,8 | 10°,9 | 15°,6 | 6-8 | Deux étages de boutons bien apparents. |
| Du 25 au 31 mars....... | 25°,0 | 10°,5 | 17°,7 | 6-12 | Trois — — |
| Du 1er au 7 avril....... | 20°,1 | 7°,1 | 13°,6 | 10-15 | Trois à quatre — — |
| Du 8 au 14 avril........ | 20°,6 | 8°,9 | 14°,7 | 14-18 | Trois à cinq — — — Développement ralenti. |
| Du 15 au 21 avril....... | 20°,6 | 8°,9 | 14°,7 | 18-20 | Quatre à cinq — — |
| Du 22 au 28 avril....... | 21°,4 | 10°,9 | 16°,1 | 18-20 | Quatre à cinq — — |
| Du 29 avril au 5 mai.... | 23°,0 | 10°,4 | 16°,7 | 18-22 | Quatre à cinq — — Développement accéléré. |
| Du 6 au 12 mai........ | 29°,0 | 14°,0 | 21°,5 | 22-28 | Cinq étages bien distincts |
| Du 13 au 19 mai........ | 27°,2 | 13°,0 | 20°,1 | 25-30 | — — (La grappe a pris ses dimensions définitives, les boutons grossissent rapidement). |
| Du 20 au 26 mai........ | 24°,0 | 13°,6 | 18°,8 | 25-30 | — — (Le 22 mai, épanouissement de quelques fleurs). |
| Du 27 mai au 2 juin..... | 22°,1 | 13°,2 | 17°,6 | 25-30 | — — (Toutes les fleurs sont épanouies). |

La floraison a eu lieu, en 1912, du 22 mai au 4 juin, par des températures moyennes maxima de 27°,2, 24° et 22°,1, minima de 13°, 13°,6, 13°,2. La plupart des fleurs étaient épanouies le 28 mai, quatre-vingt-dix jours après le départ de la végétation.

En 1913, la floraison fut plus tardive de cinq à six jours, les premières fleurs s'étant montrées le 27 mai sur les mêmes arbres.

En général, elle bat son plein en France dans la première quinzaine de juin avec une avance ou un retard légers selon l'allure de la saison.

Si l'on considère une grappe donnée, on constate que l'épanouissement des fleurs se fait dans un ordre quelconque. C'est indifféremment un bouton de la base, du sommet ou de n'importe quel autre point qui s'ouvre le premier. D'ailleurs, les autres suivent à très bref intervalle, et en deux, trois jours au plus, toutes les fleurs de la même inflorescence sont épanouies. La même simultanéité se vérifie entre les grappes d'une même brindille.

Au point de vue de la précocité, nous citerons, parmi les oliviers fleurissant de très bonne heure, l'*Arabanier* (Alpes-Maritimes). Fleurissent en deuxième époque : le *Cayon*, le *Blanquetier*, la *Picholine*, la *Cayanne*. Puis viennent l'*Aglandau*, l'*Olivière*, l'*Espagnen*, le *Cailletier*. Sont à floraison tardive : la *Pigale*, le *Rouget*, le *Blavet* (Alpes-Maritimes) ; très tardive, la *Tanche*.

#### 2° *Rameaux à bois.*

La poussée des rameaux à bois (gourmands, rejets de pied, branches verticales) est infiniment plus puissante que celle des brindilles fructifères. Ainsi, sur les arbres portant les brindilles dont le développement est étudié ci-dessus, nous constatons, en 1912, que les nouvelles poussées verticales du sommet de l'arbre avaient gagné plusieurs centimètres courant mars ; elles atteignaient 20 centimètres en juin. Leur croissance ne s'arrêta pas durant l'été, et fin octobre elles avaient réalisé en hauteur de 25 à 40 centimètres avec dix à vingt étages de feuilles. En outre, les bourgeons issus à l'aisselle des feuilles des mêmes rameaux mesuraient, à cette époque, de 5 à 25 centimètres et comptaient de quatre à quinze nœuds.

### DÉVELOPPEMENT DU FRUIT.

Pour suivre le développement des fruits nous avons prélevé sur le même arbre, à des époques échelonnées, des lots d'olives d'où nous avons tiré les indications portées au tableau suivant :

| DATES des observations. | POIDS MOYEN | | RAP-PORT pulpe/noyau | D (1) mm. | d (2) mm. | d' (3) mm. | D/d. | D/d'. |
|---|---|---|---|---|---|---|---|---|
| | des olives (en gr.) | des noyaux (en gr.) | | | | | | |
| 4 juillet ...... | 0,38 | » | » | 11,51 | 8,00 | 7,50 | 1,43 | 1,53 |
| 19 juillet ...... | 0,85 | » | » | 16,64 | 11,08 | 10,02 | 1,50 | 1,66 |
| 4 août ....... | 1,20 | 0,42 | 2,85 | 17,84 | 11,84 | 11,18 | 1,50 | 1,58 |
| 19 août ....... | 1,50 | 0,45 | 3,33 | 18,69 | 13,39 | 12,36 | 1,39 | 1,50 |
| 4 septembre .. | » | » | » | » | » | » | » | » |
| 19 septembre .. | 2,20 | 0,54 | 4,07 | 19,63 | 14,74 | 14,43 | 1,33 | 1,37 |
| 4 octobre ..... | 2,69 | 0,59 | 4,56 | 20,40 | 16,10 | 15,32 | 1,26 | 1,33 |
| 19 octobre ..... | 2,80 | 0,58 | 4,83 | 20,70 | 16,40 | 15,80 | 1,26 | 1,31 |

(1) Longueur.
(2) Grand diamètre transversal, mesuré dans le plan de la côte méridienne.
(3) Petit diamètre transversal, perpendiculaire à la côte méridienne.

Au delà du 19 octobre, le poids ainsi que les dimensions restent sensiblement constants.

La courbe d'accroissement ci-après (fig. 20), dressée selon les poids moyens des olives, offre une allure régulière avec, cependant, deux périodes d'accélération, du 4 au 19 juillet et du 19 septembre au 4 octobre. A partir de cette date, elle se rapproche sensiblement de l'horizontale.

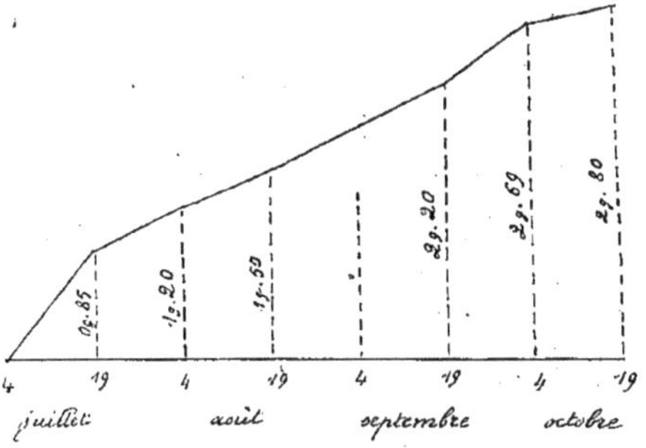


Fig. 20. — Accroissement des olives en poids.

Les chiffres de mensuration des fruits font ressortir une phase d'allongement et d'aplatissement (19 juillet et 4 août : D/d 1,50 ; D/d' 1,66 et 1,58) à laquelle succède une période de développement radial de plus en plus accusé mis en évidence par diminution progressive de D/*d* (4 octobre : D/*d* 1,26). Enfin il y a lieu de remarquer la convergence des rapports D/*d* et D/*d'*, indiquant que le fruit, légèrement aplati dans son premier âge, tend à s'arrondir en prenant sa forme définitive.

L'endocarpe était tout à fait dur et sa croissance à peu près arrêtée à partir du 4 août. Depuis ce moment, la pulpe participait seule au développement. Aussi le rapport Pulpe-Noyau croît-il dans de notables proportions à mesure que l'on approche de la période de maturation.

*Véraison*. — La véraison s'est accomplie, pour les fruits en observation, du 12 au 20 octobre. Aux approches de cette période le fruit pâlit, les saillies superficielles s'effacent, leur teinte tend à se confondre avec celle du restant de l'épicarpe ; celui-ci devient lisse, comme tendu et translucide.

Le changement de couleur s'est opéré par plaques concentriques violacées gagnant peu à peu en étendue. Un point vert pâle persiste toutefois assez longtemps au centre de chacune de ces plaques, même après que celles-ci se sont confondues en une teinte foncée qui colore l'ensemble du fruit.

*Maturation*. — Ce terme est assez difficile à préciser pour les olives, chez lesquelles les signes de la maturation sont mal définis.

Nous considérerons tour à tour, dans ce phénomène de la maturation : 1° la coloration de l'épicarpe ; 2° l'enrichissement en huile ; 3° le changement de teinte du tégument de la graine.

*Coloration de l'épicarpe*. — La teinte noir violacé peut être considérée à première vue comme le signe distinctif de la maturation. Mais il y a lieu de remarquer : *a)* que des différences notables existent entre les variétés, quant à l'intensité de cette coloration et le moment de son apparition ; *b)* que la relation entre ce phénomène, l'enrichissement en huile et la teinte du tégument sont loin d'être constants, ainsi qu'on va le voir.

*Richesse en huile*. — Pour tâcher d'établir le rapport existant entre la formation des matières grasses dans le fruit et la coloration de ce dernier, nous avons fait porter plus spécialement nos recherches sur les points suivants :

1° Contrôler l'opinion admise par de nombreux oléiculteurs

d'après laquelle la pulpe de l'olive, très pauvre en huile avant la véraison, se charge rapidement en matière grasse passé ce moment.

2° Etablir la différence de richesse en huile entre des fruits verts et des fruits violets venus dans les mêmes conditions.

*Premier point.* — Une première série de dosages portant sur trois lots d'olives de variétés différentes récoltés le 5 octobre 1912 à Saint-Chamas et composés de fruits manifestement verts, a donné les résultats suivants :

| VARIÉTÉS. | POIDS moyen d'une olive (gr.). | PROPORTION p. 100 | | EAU p. 100 de pulpe. | HUILE p. 100 de pulpe. | HUILE p. 100 de fruits entiers. |
|---|---|---|---|---|---|---|
| | | de pulpe. | de noyau. | | | |
| Saurin ............ | 3,00 | 82,75 | 17,25 | 37,60 | 21,50 | 17,79 |
| Aglandau.......... | 3,12 | 79,20 | 20,80 | 37,60 | 21,50 | 17,03 |
| Salonen........... | 3,22 | 76,80 | 23,20 | 40,80 | 24,30 | 18,60 |

Une deuxième série récoltée à Allauch, le 16 octobre 1912, comprenant une forte proportion de fruits verts, avec quelques olives violacées, a donné :

| VARIÉTÉS. | POIDS moyen d'une olive (gr.). | PROPORTION p. 100 | | EAU p. 100 de pulpe. | HUILE p. 100 de pulpe. | HUILE p. 100 de fruits entiers. |
|---|---|---|---|---|---|---|
| | | de pulpe. | de noyau. | | | |
| Aglandau.......... | 3,12 | 79,36 | 20,64 | 64,20 | 18,90 | 15,00 |
| Salonen........... | 2,38 | 77,25 | 22,75 | 62,00 | 20,70 | 16,09 |

Comme d'autres analyses nous permettent d'indiquer que la richesse moyenne des olives des variétés ainsi examinées à pleine maturité est de 27,35 pour les *Saurin*, de 23,80 pour les *Aglandau*, de 29,14 pour les *Salonen*, nous conclurons des résultats d'analyses que nous venons de citer qu'avant l'époque de la véraison les olives possèdent une richesse en huile déjà relativement élevée.

*Deuxième point.* — Deux lots de fruits de même variété récoltés le 8 novembre 1912, sur les mêmes arbres, mais composés, l'un de fruits encore entièrement verts, l'autre de fruits violacés, ont présenté respectivement les compositions suivantes :

| VARIÉTÉS | POIDS moyen d'une olive (gr.) | PROPORTION p. 100 | | EAU p. 100 de pulpe. | HUILE p. 100 de pulpe. | HUILE p. 100 de fruits entiers. |
|---|---|---|---|---|---|---|
| | | de pulpe. | de noyau. | | | |
| Fruits verts ....... | 1,52 | 73,52 | 26,48 | 61,09 | 20,30 | 14,92 |
| Fruits violets ...... | 1,83 | 74,94 | 25,06 | 59,33 | 20,77 | 15,57 |

Les deux richesses en huile pour 100 de pulpe sont peu différentes. La coloration de l'épicarpe ne paraît donc pas être l'indice immédiat d'une bien plus grande accumulation de matière grasse.

Toutefois l'opinion populaire trouve son explication dans le fait que le changement de teinte coïncide avec un ramollissement accusé de la pulpe. L'affaiblissement des parois cellulaires, auquel ce phénomène correspond, facilite l'extraction de l'huile par les procédés actuellement en usage dans l'industrie, de sorte que l'on a pu croire à une grande pauvreté en huile des fruits encore verts et à une richesse notablement plus élevée des olives ayant franchi la période de la véraison.

*Coloration des téguments de l'amande.* — L'enveloppe de la graine, verte pendant la croissance du fruit, se décolore, passe au jaune fauve, puis fauve clair à la maturité.

On sait que le brunissement des pépins de raisin est considéré par certains œnologues comme un des signes de la parfaite maturité. La même relation pourrait être invoquée chez l'olive. Nous avons donc recherché si la pigmentation de l'épicarpe coïncidait avec le jaunissement des téguments. Il ne nous a pas été possible d'établir un pareil rapprochement.

Les olives de certaines variétés : *Saurin* (Var), *Brun*, *Ribière* (Bouches-du-Rhône), sont tout à fait noires plusieurs semaines avant que les téguments des amandes aient perdu leur teinte verte, tandis que d'autres fruits (*Aglandau*) ne se colorent en violet que longtemps après que les téguments ont bruni.

En résumé, le changement de teinte de l'épicarpe ne correspond pas à une augmentation rapide de la teneur en matière grasse; certaines variétés, dont les fruits noircissent de très bonne heure, gagnent encore notablement en huile après leur pigmentation. Le degré de coloration du fruit n'offre pas d'indication précise susceptible de généralisation sur le moment le plus favorable pour la récolte des olives, eu égard à leur rendement en huile. Le choix de ce moment relève de caractères spéciaux à chaque variété que l'expérience séculaire a d'ailleurs consacrés : décoloration de l'épicarpe chez le *Cayon*, teinte vineuse chez l'*Aglandau*, surface ridée chez le *Brun*...

## RESPIRATION.

Nos recherches sur la respiration de l'olivier ont été effectuées au moyen de l'appareil de MM. Bonnier et Mangin. Les organes en observation étaient placés en atmosphère confinée, dans des éprouvettes renversées sur mercure, à la température du laboratoire (de 15° à 18° C.).

Elles ont porté :

1° Sur les variations du rapport $\dfrac{CO_2}{O}$ ;

2° Sur l'intensité du phénomène respiratoire.

$$1°\ \textit{Quotient respiratoire}\ \frac{CO_2}{O}.$$

Ont été examinées successivement l'influence, sur le rapport $\dfrac{CO_2}{O}$ : *a*) de l'âge de la plante ; *b*) de l'âge de l'organe ; *c*) de la nature du rameau ; *d*) de l'époque de l'année.

Les chiffres se rapportant à ces différentes recherches sont consignés dans les trois tableaux qui suivent (p. 60, 61, 62).

Nous interpréterons ainsi les résultats inscrits dans ces trois tableaux :

a. *Âge de la plante.* — Les essais ont porté sur des feuilles adultes prélevées aux mêmes dates sur des plants d'olivier d'un an, sur des plants de trois ans, et enfin sur des arbres âgés.

A. Le quotient respiratoire et l'âge de la plante.

| AGE DE L'OLIVIER. | DATE. | DURÉE. | DIVISIONS LUES | | | PROPORTION p. 100 | | $\frac{CO^2}{O}$ |
| | | | Volume initial. | Après | | de $CO^2$. | d'O. | |
| | | | | la potasse. | le pyrogallol. | | | |
|---|---|---|---|---|---|---|---|---|
| Un an................. | 21 février. | 9 h. | 400,5 | 391,0 | 314,0 | 2,37 | 2,50 | 0,95 |
| | 22 — | 20 h. | 401,5 | 381,5 | 318,0 | 4,98 | 4,99 | 1,00 |
| | 25 — | 24 h. | 408,0 | 385,5 | 323,0 | 5,51 | 5,49 | 1,00 |
| | 25 — | 4 h. | 410,0 | 407,0 | 325,0 | 0,78 | 0,80 | 0,91 |
| | 25 — | 4 h. 30 | 430,0 | 426,0 | 340,5 | 0,93 | 0,98 | 0,95 |
| | 28 — | 4 h. | 412,5 | 380,5 | 326,5 | 7,75 | 7,71 | 1,00 |
| Trois ans ............. | 20 février. | 5 h. | 412,0 | 408,0 | 326,5 | 0,97 | 1,03 | 0,96 |
| | 20 — | 5 h. 30 | 407,5 | 402,0 | 328,0 | 1,34 | 1,30 | 1,03 |
| | 20 — | 7 h. | 393,0 | 384,5 | 311,0 | 2,16 | 2,10 | 1,03 |
| | 25 — | 24 h. | 394,0 | 363,0 | 312,0 | 7,89 | 7,83 | 1,00 |
| | 28 — | 23 h. 30 | 400,0 | 374,0 | 319,0 | 6,50 | 7,08 | 0,92 |
| Olivier tout à fait déve-loppé (âge indéterminé). | 21 février. | 15 h. 30 | 401,0 | 392,5 | 317,5 | 1,82 | 1,96 | 0,92 |
| | 22 — | 19 h. | 415,0 | 400,0 | 328,0 | 3,61 | 3,45 | 1,04 |
| | 25 — | 21 h. | 394,0 | 376,5 | 312,0 | 4,44 | 4,48 | 1,00 |
| | 25 — | 19 h. | 406,0 | 390,5 | 322,5 | 4,06 | 4,06 | 1,00 |
| | 25 — | 18 h. 30 | 403,5 | 393,0 | 320,5 | 2,60 | 2,84 | 0,92 |
| | 28 — | 22 h. | 412,0 | 395,0 | 328,0 | 4,24 | 4,54 | 0,93 |
| | 28 — | | | | | | | |

B. **Le quotient respiratoire et l'âge des organes.**

| AGE de l'olivier. | AGE de la feuille. | DATE. | DURÉE (heures). | DIVISIONS LUES. Volume initial. | Après la potasse. | le pyrogallol. | PROPORTION p. 100. de CO². | d'O. | CO²/O. |
|---|---|---|---|---|---|---|---|---|---|
| Un an | Jeune | 20 avril. | 18 h. | 410,0 | 374,0 | 324,0 | 8,78 | 8,61 | 1,02 |
| | Adulte | 20 — | 17 h. 30 | 490,0 | 364,0 | 309,0 | 6,67 | 6,70 | 1,00 |
| | | 21 février. | 9 h. | 400,5 | 391,0 | 314,0 | 2,37 | 2,50 | 0,95 |
| Trois ans | Jeune | 28 — | 24 h. | 397,0 | 378,5 | 313,5 | 4,66 | 4,46 | 1,04 |
| | | 19 avril. | 16 h. | 394,0 | 369,0 | 315,5 | 6,34 | 7,30 | 0,87 |
| | | 20 février. | 7 h. | 393,0 | 384,5 | 311,0 | 2,16 | 2,10 | 1,03 |
| | Adulte | 28 — | 23 h. 30 | 400,0 | 374,0 | 319,0 | 6,50 | 7,08 | 0,92 |
| | | 19 avril. | 22 h. | 393,5 | 367,5 | 312,5 | 6,61 | 6,82 | 0,97 |
| | | 26 mai. | 9 h. 30 | 402,0 | 484,5 | 317,0 | 4,35 | 4,03 | 1,08 |
| Arbre âgé | Jeune | 26 — | 17 h. 30 | 399,5 | 379,0 | 314,5 | 5,13 | 4,78 | 1,07 |
| | | 26 — | 10 h. | 403,5 | 391,5 | 319,5 | 2,97 | 2,96 | 1,00 |
| | Adulte | 27 — | 17 h. | 401,0 | 388,0 | 318,0 | 4,48 | 4,50 | 1,00 |

C. Le quotient respiratoire et la nature des rameaux.

| NATURE du rameau. | DATE. | DURÉE (heures). | DIVISIONS LUES. | | | PROPORTION p. 100 | | $\frac{CO^2}{O}$ |
|---|---|---|---|---|---|---|---|---|
| | | | Volume initial. | Après la potasse | Après le pyrogallol. | de CO². | d'O. | |
| Rameau à bois........ | 25 février. | 20 h. | 404,0 | 388,0 | 320,5 | 5,19 | 5,38 | 0,97 |
| | 25 — | 20 h. 30 | 415,0 | 394,0 | 328,5 | 5,06 | 5,02 | 1,00 |
| | 28 — | 18 h. 30 | 403,5 | 393,0 | 320,5 | 2,60 | 2,84 | 0,92 |
| | 28 — | 22 h. | 412,0 | 395,0 | 328,0 | 4,24 | 4,54 | 0,98 |
| Brindille fructifère..... | 25 — | 21 h. | 394,0 | 376,5 | 312,0 | 4,44 | 4,48 | 1,00 |
| | 25 — | 19 h. | 406,0 | 390,5 | 322,5 | 3,80 | 4,05 | 0,94 |
| | 28 — | 17 h. | 405,5 | 389,5 | 324,5 | 3,94 | 3,79 | 1,04 |
| | 28 — | 17 h. 15 | 394,5 | 375,5 | 313,0 | 4,94 | 4,96 | 1,00 |

La comparaison des chiffres montre :

*Que le quotient respiratoire est toujours voisin de l'unité quel que soit l'âge de l'olivier.*

b. *Age des organes.* — Pour apprécier l'influence de l'âge des feuilles sur le rapport $\dfrac{CO_2}{O}$ nous avons comparé des feuilles en période de croissance à d'autres feuilles ayant acquis leur complet développement, successivement sur un olivier d'un an, sur un olivier de trois ans, sur un olivier âgé.

*Les rapports $\dfrac{CO_2}{O}$ des feuilles adultes et des feuilles en période de croissance sont comparables entre eux.*

*Ce quotient demeure pour les uns et pour les autres très voisin de l'unité aux époques où nos essais ont eu lieu.*

c. *Nature du rameau.* — Il était intéressant de connaître si le rapport $\dfrac{CO_2}{O}$ change selon que les feuilles sont portées par les rameaux à bois ou par les brindilles fructifères.

Le tableau (p. 62) donne les résultats de nos recherches dans ce sens.

*Ces chiffres ne font pas ressortir de différence très marquée entre les feuilles venues sur rejet vigoureux poussant à bois et celles portées par les brindilles fructifères. Chez ces dernières, cependant, le quotient respiratoire est généralement un peu plus élevé.*

d. *Époque de l'année.* — Les quotients respiratoires des feuilles adultes venues sur rameaux à fruits à la fin de l'hiver et au cours du printemps 1913 sont consignés ci-après :

```
7 février : 0,90-0,90-0,87 ;
11     —     0,62-0,77-0,68-0,62-0,67-0,83-0,92 ;
12     —     0,94-0,87-1,00 ;
13     —     0,77-0,76-0,89 ;
14     —     0,72-0,67-0,70-1,03-1,12-1,07-0,97-0,92-0,93 ;
15     —     0,93-0,97-1,06-1,01-1,02-0,97-1,04-1,13-1,09-1,05-1,15 ;
21     —     0,92-0,97-0,90-0,94 ;
22     —     1,04-0,96 ;
25     —     1,00-0,94 ;
28     —     1,04-1,00 ;
19 avril : 0,93-1,00 ;
26 mai : 1,00 ;
27 mai : 0,98.
```

La comparaison de ces chiffres met en relief des différences qui permettent de distinguer, au cours de la durée de ces essais :

1º *Une première période, allant jusqu'au 14 février, durant laquelle* $\dfrac{CO^2}{O}$ *est nettement inférieur à* 1 ;

2º *Une période transitoire comprenant le* 14 *et le* 15 *février, qui correspond à un relèvement marqué du quotient respiratoire, avec des différences accusées de feuille à feuille;*

3º *La période allant jusque fin février, puis fin mai, au cours de laquelle* $\dfrac{CO^2}{O}$ *reste voisin de* 1, *sans présenter les variations précédemment observées.*

En rapprochant ces données du fait qu'en 1913 les oliviers, en repos à peu près complet jusque vers le 15 février, manifestaient, à partir de cette date, les premiers signes de la végétation, on peut déduire que *le quotient respiratoire, faible à la fin de la période hivernale, se relève avec l'entrée en végétation pour atteindre rapidement et même dépasser l'unité, degré qu'il présente encore à la fin mai, époque de l'épanouissement des fleurs.*

*Quotient respiratoire des plantules.* — Pour compléter les recherches précédentes, nous avons déterminé le rapport $\dfrac{CO^2}{O}$ des parties vertes des jeunes plantules, les unes venues dans du sable de Fontainebleau, les autres à l'air libre.

| AGE des plantules. | DATE. | DURÉE (heures). | DIVISIONS LUES. | | | PROPORTION p. 100 | | $\dfrac{CO^2}{O}$ |
| | | | Volume initial. | Après la potasse. | Après le pyrogallol. | de $CO^2$ | d'O. | |
|---|---|---|---|---|---|---|---|---|
| Plantules âgées de trois à huit semaines...... | 19 avril. | 7.30 | 406,0 | 403,0 | 322,0 | 0,73 | 0,71 | 1,02 |
| | 26 — | 10.45 | 396,0 | 393,5 | 313,0 | 0,63 | 0,48 | 1,31 |
| | 26 — | 10.30 | 400,0 | 396,0 | 316,0 | 1,00 | 0,80 | 1,25 |
| | 26 mai. | 17.00 | 409,0 | 404,5 | 323,5 | 1,83 | 1,73 | 1,05 |
| Partie verte d'une plantule née depuis cinq mois ......... | 25 février. | 6.00 | 402,5 | 397,0 | 318,5 | 1,36 | 1,30 | 1,04 |
| | 25 — | 6.30 | 403,5 | 397,0 | 318,5 | 1,61 | 1,47 | 1,09 |

Nous constaterons que *le rapport* $\dfrac{CO^2}{O}$ *des plantules d'olivier s'est toujours montré supérieur à l'unité et a atteint des chiffres que nous n'avons jamais enregistrés chez des plantes plus âgées.*

*Quotient respiratoire des grappes florales.* — Les chiffres suivants se rapportent à ces organes :

| Date. | Durée (heures). | Divisions lues. | | | Proportion p. 100. | | $\dfrac{CO^2}{O}$. |
|---|---|---|---|---|---|---|---|
| | | Volume initial. | Après la potasse. | Après le pyrogallol. | de $CO^2$. | d'O. | |
| 27 mai .... | 5 h. | 398,0 | 327,0 | 316,0 | 17,83 | 18,04 | 0,98 |
| 27 — .... | 5 h. 30 | 403,5 | 351,5 | 324,0 | 12,88 | 14,01 | 0,92 |

*Le rapport* $\dfrac{CO^2}{O}$ *chez les grappes florales d'olivier ne s'éloigne donc pas sensiblement de celui des feuilles adultes considérées à la même époque de l'année.*

### 2° *Intensité de la respiration.*

Pour apprécier l'intensité du phénomène respiratoire chez les feuilles d'olivier, nous avons déterminé, en centimètres cubes, le volume de l'acide carbonique dégagé pendant une heure en le rapportant : *a*) au gramme ; *b*) au décimètre carré de l'organe considéré.

Les feuilles étaient pesées au moment de leur mise en expérience. Pour en connaître la superficie, nous découpions leur contour sur une feuille de papier à texture uniforme dont le poids au décimètre carré nous était connu. Un simple calcul, après détermination du poids de l'aire couverte par chaque feuille, nous donnait sa surface.

A été successivement examinée l'influence, sur l'intensité du phénomène respiratoire : *a*) de l'âge de la plante ; *b*) de l'âge de la feuille ; *c*) de la nature du rameau ; *d*) de l'époque de l'année. Quelques recherches ont, en outre, porté sur de jeunes plantules et sur des grappes florales.

a. *Age de la plante.* — Nous avons comparé, à ce point de vue, des feuilles adultes prélevées aux mêmes dates sur des oliviers d'âge différent.

Les résultats de ces recherches figurent au tableau suivant.

A. L'intensité de la respiration et l'âge de la plante.

| AGE de l'olivier. | DATE. | DURÉE (en heures). | POIDS (engrammes). | SURFACE (en dm²). | VOLUME confiné (en cm³). | CO² dégagé p. 100. | CO² dégagé par heure (en cm³). | CO² dégagé par gramme-heure (en cm³). | CO² dégagé par dm²-heure (en cm³). |
|---|---|---|---|---|---|---|---|---|---|
| Un an...... | 22 février. | 23 h. 30 | 0,160 | 0,0587 | 12,50 | 5,26 | 0,0320 | 0,200 | 0,546 |
| | 25 — | 24 h. | 0,195 | 0,0646 | 13,40 | 5,75 | 0,0321 | 0,165 | 0,497 |
| | 25 — | 4 h. 30 | 0,130 | 0,0435 | 13,00 | 0,93 | 0,0269 | 0,206 | 0,624 |
| | 28 — | 24 h. | 0,225 | 0,0626 | 13,00 | 7,75 | 0,0420 | 0,186 | 0,670 |
| Trois ans ...... | 21 — | 8 h. | 0,290 | 0,0783 | 12,15 | 2,42 | 0,0367 | 0,126 | 0,469 |
| | 25 —— | 24 h. | 0,271 | 0,0783 | 12,50 | 7,86 | 0,0409 | 0,151 | 0,522 |
| | 28 — | 23 h. 30 | 0,282 | 0,0626 | 13,50 | 4,00 | 0,0230 | 0,100 | 0,368 |
| Arbre âgé .... | 21 — | 18 h. | 0,210 | 0,0646 | 13,50 | 2,50 | 0,0187 | 0,089 | 0,290 |
| | 21 — | 15 h. | 0,220 | 0,0646 | 13,75 | 1,90 | 0,0174 | 0,079 | 0,269 |
| | 22 — | 19 h. | 0,220 | 0,0685 | 12,50 | 3,60 | 0,0236 | 0,106 | 0,343 |
| | 28 — | 17 h. | 0,350 | 0,1174 | 14,00 | 3,94 | 0,0324 | 0,093 | 0,275 |

ß. L'intensité de la respiration et l'âge de la feuille.

| AGE de la feuille. | DATE | DURÉE (heures). | POIDS (grammes). | SURFACE (dm²). | VOLUME confiné (cm³). | $CO_2$ dégagé p. 100. | $CO_2$ dégagé par heure (en cm³). | $CO_2$ dégagé par gramme - heure (en cm³). | $CO_2$ dégagé par dm²-heure (en cm²) |
|---|---|---|---|---|---|---|---|---|---|
| Jeune | 21 février. | 9 h. | 0,280 | 0,0823 | 13,65 | 2,50 | 0,0372 | 0,132 | 0,453 |
| | 28 — | 24 h. | 0,130 | 0,0489 | 13,70 | 4,66 | 0,0260 | 0,201 | 0,535 |
| Adulte | 21 — | 8 h. | 0,290 | 0,0783 | 12,25 | 2,42 | 0,0867 | 0,126 | 0,469 |
| | 28 — | 23 h. 30 | 0,232 | 0,0626 | 13,50 | 4,00 | 0,0230 | 0,100 | 0,368 |
| Jeune | 19 avril. | 16 h. | 0,200 | 0,0783 | 14,00 | 6,84 | 0,0554 | 0,277 | 0,708 |
| | 20 — | 18 h. | 0,210 | 0,0783 | 14,75 | 8,78 | 0,0710 | 0,338 | 0,907 |
| Adulte | 19 — | 22 h. | 0,250 | 0,0685 | 16,50 | 6,61 | 0,0450 | 0,180 | 0,654 |
| | 20 — | 18 h. | 0,265 | 0,0783 | 11,65 | 6,67 | 0,0432 | 0,162 | 0,564 |
| Jeune | 26 mai. | 9 h. 30 | 0,190 | 0,0724 | 14,10 | 4,35 | 0,0645 | 0,334 | 0,890 |
| | 26 — | 9 h. | 0,270 | 0,1233 | 15,00 | 8,59 | 0,0600 | 0,222 | 0,486 |
| Adulte | 26 — | 10 h. | 0,285 | 0,0685 | 14,65 | 2,97 | 0,0436 | 0,153 | 0,636 |
| | 26 — | 17 h. 30 | 0,289 | 0,1174 | 13,00 | 8,58 | 0,0637 | 0,224 | 0,542 |

## C. L'intensité de la respiration et l'âge du rameau.

| AGE de la feuille. | NATURE du rameau. | DATE. | DURÉE (heures). | POIDS (grammes). | SURFACE (dm²). | VOLUME confiné (cm²). | $CO_2$ dégagé p. 100. | $CO_2$ dégagé par heure (cm²). | $CO_2$ dégagé par gramme - heure (cm²). | $CO_2$ dégagé par dm²-heure (cm²). |
|---|---|---|---|---|---|---|---|---|---|---|
| Adultes. | Rameau à bois. | 25 février. | 20. h 30 | 0,273 | 0,0978 | 13,05 | 5,06 | 0,0322 | 0,117 | 0,329 |
| | | 28 — | 18 h. 30 | 0,253 | 0,0978 | 13,90 | 2,60 | 0,0200 | 0,079 | 0,204 |
| | | 28 — | 22 h. | 0,293 | 0,0978 | 13,50 | 4,24 | 0,0260 | 0,080 | 0,265 |
| | Brindille fructifère. | 21 — | 15 h. | 0,220 | 0,0646 | 13,75 | 1,90 | 0,0145 | 0,066 | 0,225 |
| | | 22 — | 20 h. | 0,237 | 0,0842 | 11,70 | 4,05 | 0,0237 | 0,100 | 0,281 |
| | | 25 — | 19 h. | 0,285 | 0,0881 | 13,00 | 3,81 | 0,0260 | 0,091 | 0,296 |
| Adultes. | Rameau à bois. | 19 avril. | 17 h. | 0,235 | 0,0880 | 13,00 | 4,57 | 0,0350 | 0,148 | 0,398 |
| | Brindille fructifère. | 19 — | 6 h. 30 | 0,325 | 0,0822 | 14,00 | 2,22 | 0,0468 | 0,142 | 0,575 |
| Jeunes | Rameau à bois. | 26 mai. | 9 h. | 0,270 | 0,1233 | 15,00 | 3,59 | 0,0600 | 0,222 | 0,486 |
| | | 27 — | 17 h. 30 | 0,285 | 0,1174 | 13,00 | 8,58 | 0,0637 | 0,224 | 0,542 |
| | Brindille fructifère. | 26 — | 17 h. 30 | 0,175 | 0,0744 | 12,25 | 5,18 | 0,0360 | 0,203 | 0,481 |
| | | 26 — | 9 h. 30 | 0,190 | 0,0724 | 14,10 | 4,95 | 0,0645 | 0,334 | 0,890 |

Il ressort nettement du tableau (p. 66) que *le phénomène respiratoire est plus intense chéz les oliviers les plus jeunes.*

b. *Age de la feuille.* — Pour apprécier l'influence de l'âge de la feuille, nous avons étudié à diverses époques le phénomène respiratoire chez des organes pris sur le même rameau, les uns en voie de développement, les autres adultes.

Ces chiffres (Voir tableau, p. 67), dans leur ensemble, montrent que *les feuilles en période de croissance ont une respiration plus intense que celles ayant acquis leur complet développement.*

c. *Nature du rameau.* — Nous avons comparé, entre elles, des feuilles prélevées sur le même arbre, les unes venues sur brindilles fructifères, les autres sur rameau à bois très vigoureux (Voir tableau, p. 68).

Les déductions à tirer de trois séries d'essais concordent :

*L'intensité du phénomène respiratoire ne paraît pas nettement influencée dans un sens ou dans l'autre par la nature du rameau considéré.*

d. *Époque de l'année.* — Ont été comparées des feuilles adultes prises sur des brindilles fructifères en février, en avril et en mai.

| ÉPOQUE. | DURÉE (heures). | POIDS (gr.). | SURFACE (dm²). | VOLUME confiné (cm³). | CO³ dégagé p. 100. | CO² dégagé par heure (cm³). | CO² dégagé par gramme-heure (cm³). | CO² dégagé par dm²-heure (cm³). |
|---|---|---|---|---|---|---|---|---|
| Février. | 25 21 h. | 0,272 | 0,0939 | 12,90 | 4,44 | 0,0273 | 0,100 | 0,290 |
| — | 25 19 h. | 0,285 | 0,0880 | 13,00 | 3,81 | 0,0260 | 0,091 | 0,296 |
| Avril .. | 19 16 h. 30 | 0,342 | 0,0939 | 11,75 | 5,49 | 0,0400 | 0,117 | 0,426 |
| — | 19 6 h. 30 | 0,325 | 0,0822 | 14,00 | 2,22 | 0,0463 | 0,142 | 0,575 |
| Mai ... | 26 10 h. | 0,285 | 0,0685 | 14,65 | 2,97 | 0,0436 | 0,153 | 0,636 |
| — | 26 17 h. | 0,157 | 0,0587 | 14,80 | 4,48 | 0,0380 | 0,242 | 0,647 |

*Le phénomène respiratoire est plus faible en février, la végétation sortant à peine du repos hivernal, qu'en avril, au moment de l'éclosion des bourgeons, et surtout qu'en mai, période de grande activité tant au point de vue du développement herbacé que de la floraison.*

*Respiration des plantules.* — Nos expériences ont porté sur des feuilles cotylédonaires, les seules développées au moment de l'expérience.

| AGE des plantules. | DATE. | DURÉE (heures). | POIDS (gr.). | VOLUME confiné ($cm^3$). | $CO^2$ dégagé p. 100. | $CO^2$ dégagé par heure ($cm^3$). | $CO^2$ dégagé par gramme-heure ($cm^3$). |
|---|---|---|---|---|---|---|---|
| Cinq mois (semis en plein air) ... | 25 février. | 6 | 0,130 | 12,40 | 1,61 | 0,0332 | 0,255 |
| Trois semaines (semis au laboratoire) ........ | 19 avril. | 25 | 0,100 | 12,90 | 2,72 | 0,0140 | 0,140 |
| Cinq à huit semaines (semis au laboratoire) . | 26 mai. | 10.45 | 0,110 | 14,00 | 0,63 | 0,0082 | 0,074 |
| | 26 mai. | 10.30 | 0,160 | 13,00 | 1,00 | 0,0124 | 0,077 |
| | 27 — | 17 | 0,115 | 14,30 | 1,83 | 0,0154 | 0,134 |

On remarquera : 1º les différences accusées de plantule à plantule ; 2º le chiffre notablement plus élevé mesurant l'intensité respiratoire de la plantule venue à l'air libre.

*Respiration des grappes florales.* — L'expérience a eu lieu alors que les fleurs étaient sur le point de s'épanouir.

| Date. | Durée (heures). | Poids (grammes). | Volume confiné ($cm^3$). | $CO^2$ dégagé p. 100. | $CO^2$ dégagé par heure ($cm^3$). | $CO^2$ dégagé par gr.-h. |
|---|---|---|---|---|---|---|
| 27 mai ............ | 5 h. | 1,31 | 14,50 | 17,83 | 0,517 | 0,394 |
| 27 — ............ | 5 h. 30 | 1,12 | 18,50 | 12,88 | 0,433 | 0,386 |

*Les grappes florales ont donc une respiration plus intense que les feuilles en voie de développement c'est-à-dire en période de grande activité.*

### Conclusion générale.

Les résultats de nos recherches sur l'intensité de la respiration chez l'olivier concordent avec ceux que MM. Bonnier et Mangin publiaient dès 1885 à propos d'autres végétaux.

Chez l'olivier, de même que chez ceux-ci, *le phénomène respiratoire est influencé par l'âge de la plante et par l'activité végétative de l'organe considéré.*

*Il est plus intense chez les arbres jeunes ; sur un même arbre, chez les organes en période de croissance et aux époques où la plante est en pleine activité végétative.*

## ASSIMILATION CHLOROPHYLLIENNE.

Pour mesurer l'assimilation chlorophyllienne de l'olivier, des feuilles étaient placées en atmosphère confinée pendant un temps assez long — dix-huit à vingt-quatre heures — au bout duquel nous déterminions l'intensité respiratoire ($CO_2$ dégagé par gramme-heure et par décimètre carré-heure), et nous notions la quantité d'acide carbonique de l'éprouvette. Les feuilles, laissées sous cette éprouvette, étaient alors exposées au soleil pendant une heure ou une heure et demie, puis l'acide carbonique était à nouveau dosé.

La différence de teneur en cet élément entre le début et la fin de l'ensoleillement, à laquelle nous ajoutions l'acide carbonique produit par la respiration durant ce temps, nous donnait la quantité de $CO_2$ détruit par assimilation chlorophyllienne.

Les résultats ont été ramenés au gramme-heure et au décimètre carré-heure.

Nos recherches, effectuées en février, ont porté sur des feuilles adultes provenant : *a*) d'un olivier de trois ans très vigoureux ; *b*) d'un arbre âgé.

| AGE de l'olivier. | Poids (grammes). | Surface (dm²). | Volume d'air confiné (cm³). | Durée de l'ensoleillement (heures). | Intensité respiratoire par gramme-heure (cm³). | $CO_2$ avant l'ensoleillement (cm³). | $CO_2$ produit par la respiration (cm³). | $CO_2$ total (cm³). | $CO_2$ restant après l'ensoleillement (cm³). | $CO_2$ détruit (cm³). | $CO_2$ détruit par gramme-heure (cm³). | $CO_2$ détruit par dm²-heure (cm³). |
|---|---|---|---|---|---|---|---|---|---|---|---|---|
| Trois ans.... | 0,271 | 0,0783 | 12,50 | 1 | 0,151 | 0,9825 | 0,0409 | 1,0234 | 0,1056 | 0,9178 | 3,39 | 11,72 |
| Indéterminé. | 0,220 | 0,0685 | 12,70 | 1 | 0,106 | 0,4572 | 0,0235 | 0,4807 | 0,0730 | 0,4734 | 2,15 | 6,91 |
| | 0,237 | 0,0841 | 11,70 | 1 | 0,100 | 0,4738 | 0,0237 | 0,4976 | 0,0293 | 0,4683 | 1,99 | 5,57 |

*Conclusion.* — *L'assimilation chlorophyllienne, chez les feuilles d'olivier, d'après les constatations ainsi faites, est plus intense chez les oliviers jeunes, en pleine croissance, que chez les oliviers âgés.*

　　　　　　　　　　**J. RUBY**

### III. — Étude chimique.

#### A. — Richesse en cendres des différents organes.

La richesse en cendres a été déterminée : I. dans les organes végétatifs (feuilles et rameaux); II. dans les grappes florales; III. dans les diverses parties du fruit.

### I. — *Feuilles et rameaux.*

L'incinération de nombreux échantillons de feuilles et de rameaux d'olivier nous a donné les chiffres suivants :

| VARIÉTÉS. | PROVENANCE. | FEUILLES | | RAMEAUX | |
|---|---|---|---|---|---|
| | | Matière sèche (p. 100 de poids frais). | Cendres (p. 100 de matière sèche). | Matière sèche (p. 100 de poids frais). | Cendres (p. 100 de matière sèche). |
| Araban | Antibes. | 52,24 | 4,30 | 46,33 | 3,47 |
| Blanquetier | — | » | » | 51,00 | 3,81 |
| Blavet | — | 46,56 | 5,50 | 43,96 | 2,69 |
| Cailletier | — | 50,10 | 6,00 | 42,67 | 3,59 |
| Dorée | Bourg-St-Andéol. | » | 4,41 | » | 2,94 |
| Négrette | — | » | 5,40 | » | 3,37 |
| Grosse Noire | — | » | 5,22 | » | 3,85 |
| Broutignan blanc | — | » | 6,00 | » | 2,40 |
| Sauzen | — | » | 4,80 | » | 3,33 |
| Groussan | Fontvieille. | 53,00 | 4,30 | 58,50 | 2,80 |
| Aglandau | — | 46,00 | 4,10 | 44,29 | 3,28 |
| Salonen | — | 42,50 | 4,40 | 44,07 | 3,20 |
| Verdale | — | 56,00 | 4,23 | 56,30 | 3,10 |
| Picholine | — | 56,50 | 4,70 | 50,00 | 3,80 |
| Rouget | Allauch. | 56,50 | 3,90 | 56,52 | 3,10 |
| Cayanne | — | 58,44 | 4,52 | 58,00 | 3,90 |
| Espagnen | — | 53,75 | 4,50 | 55,00 | 3,60 |
| Ribière | — | 57,70 | 4,70 | 58,11 | 3,90 |
| Rocaveiren | — | 48,08 | » | 53,77 | 3,67 |
| Sabine | Ajaccio. | » | 5,22 | » | 2,44 |
| Germaine | — | » | 5,50 | » | 3,57 |
| Sarrasine | — | » | 5,10 | » | 2,14 |
| Tanche | Nyons. | 48,33 | 5,90 | 57,0 | 3,70 |
| Olivastre | Monoblet. | » | 4,40 | » | 3,12 |
| Verdale | Montpellier. | 54,96 | 4,60 | 50,10 | 4,33 |
| Redonal | — | 54,78 | 3,80 | 52,00 | 3,50 |
| Blancal | — | 49,30 | 5,47 | 56,17 | 2,97 |
| Amellau | — | 47,73 | 4,90 | 44,12 | 4,27 |
| Rouget | — | 48,00 | 3,80 | 46,52 | 4,42 |
| Pigale | — | 54,33 | 4,40 | 47,66 | 3,12 |
| Rose | — | 44,33 | 4,00 | 45,60 | 3,81 |
| Olivière | — | 59,77 | 4,80 | 54,55 | 3,88 |
| Corniale | — | » | » | » | 3,33 |
| Petite Corniale | — | 47,60 | 5,67 | 56,40 | 2,84 |
| Lucques | — | 41,54 | 4,20 | » | 3,80 |
| Non dénommé | Saint-Raphaël. | 54,43 | 6,26 | 51,59 | 4,26 |

On peut tirer de ce tableau les indications suivantes :

1° La richesse en matière sèche des feuilles diffère peu de celle des rameaux ; l'une et l'autre sont voisines de 50 p. 100 ;

2° Les feuilles sont plus riches en cendres que les rameaux ; les chiffres extrêmes sont : 3,80 et 6,26 p. 100 pour les premières, 2,14 et 4,42 pour les seconds ;

3° Il n'existe pas de relation entre les teneurs en matière sèche des feuilles et des rameaux et les richesses en cendres de ces mêmes organes.

*Influence du milieu et de la variété.* — Nous nous sommes demandé si la richesse en cendres des parties végétatives dépendait dans une certaine mesure du milieu ; si, au contraire, elle était liée à la variété.

A cet effet, nous avons comparé entre elles, d'une part, différentes variétés venues dans un même milieu ; d'autre part, une même variété récoltée dans des localités différentes.

Le tableau qui précède nous permet de noter les écarts suivants entre les chiffres des maxima et des minima d'échantillons de même provenance et de variétés diverses.

A

| Provenance des échantillons. | Richesse en cendres des feuilles. | | |
|---|---|---|---|
| | Maximum. | Minimum. | Différence. |
| Montpellier | 5,67 | 3,80 | 1,87 |
| Ajaccio | 5,50 | 5,10 | 0,40 |
| Fontvieille | 4,70 | 4,10 | 0,60 |
| Allauch | 4,70 | 3,90 | 0,80 |
| Antibes | 6,00 | 4,80 | 1,70 |

Les chiffres suivants se rapportent à une variété considérée en milieux différents.

B

| Variétés. | Localités. | Richesse en cendres des feuilles. | | |
|---|---|---|---|---|
| | | Maximum. | Minimum. | Différence. |
| Aglandau | Fontvieille et Velaux. | 5,50 | 4,10 | 1,40 |
| Salonen | — | 6,20 | 4,40 | 1,80 |
| Picholine | Saint-Martin d'Ardèche et Fontvieille. | 5,80 | 4,70 | 1,10 |
| Cailletier | Antibes et Touët-Les-carène. | 6,00 | 5,40 | 0,60 |

Enfin, nous avons noté, pour des matériaux provenant de différents arbres de la variété *Aglandau*, venus dans un sol de nature uniforme, les chiffres suivants :

C. *Richesse en cendres des feuilles* (p. 100 de matière sèche) : 4,80 ; 4,80 ; 4,80 ; 5,00 ; 5,20 ; 5,20 ; 5,00 ; 5,34 ; 5,40 ; 5,50. Écart maximum : 0,90.

Les différences de richesse ainsi relevées permettent de tirer les déductions suivantes :

1º La teneur en cendres des feuilles et des rameaux n'est pas liée à la variété, les écarts étant souvent très grands entre les chiffres se rapportant à la même variété venue en milieux différents (B).

2º Dans l'ensemble, les écarts sont moindres si l'on considère des arbres de diverses variétés venus au même point (A, C).

Il y aurait donc une relation entre le milieu et la richesse en cendres des parties végétatives.

*Influence de la fumure.* — Sous le bénéfice de cette observation, nous avons recherché quelle pouvait être l'influence de la fumure sur la richesse en cendres.

Les matériaux utilisés provenaient d'une oliveraie sur laquelle le Service de l'Oléiculture poursuivait, depuis trois ans, des essais comparatifs d'engrais minéraux.

| | | Richesse en cendres (p. 100 de matière sèche) | |
| --- | --- | --- | --- |
| Nature de la fumure. | Dose annuelle par hectare. | des feuilles. | des rameaux. |
| Azotée ........... | (150 kilos de nitrate de soude).. | 5,34 | 3,20 |
| Potassique........ | (100 kilos de sulfate de potasse). | 5,20 | 2,80 |
| Phosphatée ....... | (300 kilos de superphosphate 14-16 p. 100) ............... | 5,20 | 3,10 |
| Témoin .......... | (aucune fumure)............... | 5,20 | 3,50 |

Les différences sont insignifiantes et ne permettent pas de conclure à l'action des éléments fertilisants sur la teneur en cendres des parties végétatives.

*Influence de l'ensoleillement.* — Les rameaux, choisis sur les mêmes arbes à frondaison dense, étaient prélevés, les uns dans la partie la plus ensoleillée, les autres en un point de la ramure ne recevant pas de soleil.

| Variété. | Localité. | Richesse en cendres | | | |
|---|---|---|---|---|---|
| | | au soleil. | | à l'ombre. | |
| | | Feuilles. | Rameaux. | Feuilles. | Rameaux. |
| Aglandau........... | Velaux. | 4,60 | 3,07 | 5,40 | 2,76 |
| | — | 4,80 | 3,05 | 5,50 | 2,97 |
| Salonen............ | — | 6,20 | 3,90 | 5,40 | 3,66 |
| | — | 6,20 | 3,77 | 5,00 | 3,82 |

Conclusions : 1° Les chiffres se rapportant aux rameaux sont très voisins les uns des autres pour une même variété, qu'il s'agisse d'organes ensoleillés ou non ;

2° Suivant que l'on considère l'une ou l'autre des variétés étudiées, la richesse en cendres des feuilles est augmentée ou diminuée par l'ensoleillement.

Ceci tendrait à faire admettre que l'action du soleil s'exerce dans des sens différents selon la variété ; mais une pareille conclusion est trop invraisemblable pour devoir être considérée comme acquise sans de nouvelles recherches.

*Influence de la fructification.* — L'abondance ou l'absence des fruits ne semblent pas non plus influer sensiblement sur la richesse en cendres des organes végétatifs.

| Variété. | Localité. | Fructification. | Richesse en cendres | |
|---|---|---|---|---|
| | | | des feuilles. | des rameaux. |
| Aglandau......... | Velaux. | Très abondante. | 5,00 | 2,82 |
| — ..... | — | Nulle. | 4,80 | 2,67 |

*Influence de l'âge des organes.* — Nos essais ont eu lieu en novembre. Ils ont porté sur des feuilles provenant des mêmes brindilles : *a)* les unes en voie de croissance, nées à la suite des premières pluies d'automne ; *b)* d'autres, adultes, ayant poussé au printemps; *c)* d'autres, enfin, âgées de deux ans.

| | Feuilles | | |
|---|---|---|---|
| | en voie de croissance. | adultes. | âgées de deux ans. |
| Richesse en cendres....... | 6,41 | 6,28 | 8,00 |

La différence entre les feuilles en voie de croissance et les feuilles adultes ayant poussé la même année est insignifiante. Par contre, les feuilles de l'année précédente ont une richesse en cendres sensiblement plus élevée.

## II. — *Grappes florales.*

Nous avons obtenu les chiffres suivants d'échantillons contenant en mélange des grappes des variétés *Aglandau* et *Salonen*.

| | Richesse | |
|---|---|---|
| | en matière sèche. | en cendres (p. 100 de matière sèche). |
| | 28,25 | 5,03 |

Les grappes florales sont donc très pauvres en matière sèche.

Leur richesse en cendres est voisine de celle des feuilles.

## III. — *Parties constituantes du fruit.*

La pulpe, formée du mélange de l'épicarpe et du mésocarpe, l'endocarpe et l'amande ont été examinés séparément chez des lots d'olives d'origine différente, l'un (A) composé de fruits frais récoltés à Allauch (Bouches-du-Rhône), l'autre (B) composé de fruits très mûrs, flétris, provenant de Bourg-Saint-Andéol (Ardèche).

| | | Richesse | |
|---|---|---|---|
| | | en matière sèche. | en cendres (p. 100 de matière sèche). |
| Pulpe...... | A................. | 29,25 | 2,90 |
| | B................. | 61,33 | 2,60 |
| Endocarpe ... | A................. | 80,00 | 0,25 |
| | B................. | » | 0,37 |
| Amande ..... | A................. | 63,93 | 2,50 |
| | B (après 15 jours d'exposition à l'air)........ | 93,60 | 2,36 |

Les différences de richesse en matière sèche s'expliquent par l'état de dessiccation des olives de la variété B.

Pour chacune des parties du fruit considéré et pour les deux variétés, les richesses en cendres, rapportées à 100 de matière sèche, sont voisines.

La pulpe est légèrement plus riche que l'amande. Leur teneur, à toutes les deux, est un peu inférieure à celle des rameaux.

Le bois des noyaux est très pauvre en cendres.

### B. — RICHESSE EN HUILE DES OLIVES.

*Teneur en huile des différentes parties du fruit.* — Nous avons opéré sur un lot d'olives de provenance italienne (Ombrie) en bon état de conservation. L'épuisement a eu lieu dans un digesteur Soxlhet, selon les méthodes en usage dans les laboratoires.

Les résultats sont portés ci-après :

100 de fruits entiers ont contenu :

| | |
|---|---|
| Pulpe .......................................... | 75,55 |
| Noyau 24,45 { Endocarpe...................... | 22,55 |
| { Amandes ...................... | 1,90 |
| Total...................... | 100,00 |

| | Pulpe. | Endocarpe. | Amandes. |
|---|---|---|---|
| Teneur en eau ........................... | » | 16,47 | 28,80 |
| Teneur en huile ........................ | 27,09 | 1,016 | 30,20 |

Rapportée à 100 de fruits complets, la richesse en huile des différentes parties de ces fruits se traduit par les chiffres suivants :

| | |
|---|---|
| Huile de pulpe ........................... | 20,47 p. 100. |
| Huile d'endocarpe........................ | 0,23 — |
| Huile d'amandes ........................ | 0,57 — |
| Teneur des olives en huile totale .............. | 21,27 p. 100. |

D'autre part, un lot de noyaux d'olives de diverses variétés françaises exposées à l'air depuis plusieurs jours a donné :

| | Endocarpe. | Amandes. |
|---|---|---|
| Teneur en eau ............................. | 5,20 | 16,50 |
| Teneur en huile ........................... | 0,635 | 31,85 |

Le bois des noyaux de même provenance débarrassé du voile gras superficiel par un lavage à l'éther de pétrole contenait encore 0,553 p. 100 d'huile.

Enfin, l'endocarpe d'un troisième lot de noyaux fraîchement extraits contenait :

| | |
|---|---|
| Eau .................................... | 16,00 p. 100. |
| Huile.................................... | 0,72 — |

Ainsi que le montrent ces dosages, c'est dans le mésocarpe que se trouve la majeure partie de l'huile des olives. Étant donné, d'autre part, qu'au cours de l'extraction de l'huile par les procédés habituels, c'est ce mésocarpe qui subit le plus complètement l'action des meules et des presses, on conçoit que son développement relatif et sa richesse en matière grasse offrent un intérêt pratique tout à fait primordial.

En étudiant les différents types d'oliviers cultivés en France, nous avons dosé l'huile contenue dans la pulpe d'un très grand nombre de lots d'olives. La plupart des chiffres résultant de ces analyses sont consignés dans les monographies des variétés auxquelles ils se rapportent. Nous ne les citerons donc pas en détail ici ; mais nous tâcherons de tirer quelques déductions générales de leur examen d'ensemble.

Tout en tenant compte des différences pouvant résulter de l'état de maturité des fruits, forcément inégal, nous noterons cependant les grandes variations constatées dans la teneur en huile de nos variétés françaises.

Comme fruits très pauvres, nous citerons : Dorée (Bourg-Saint-Andéol, 12,90 d'huile p. 100 de pulpe) ; non dénommé (Saint-Raphaël, 15,10) ; Espagnen (Allauch, 18,80) ; Rouget (Montpellier, 19,10) ; Corniale (Montpellier, 19,54).

Sont au contraire riches en huile : Sabine (Ajaccio, 49,48) ; Plant de Callas (44,60) ; Araban (Seillans, 42) ; Dorée (Largentière, 40,20) ; Salonen (Velaux, 37,58).

*Influence de la latitude.* — La richesse en huile paraît relativement indépendante de la latitude et, en général, de la rigueur du climat dans la zone de culture de l'olivier en France puisque voici des olives à pulpe riche venues en localités froides : Tanche (Mirabel, 32,92) ; Rougette (Bourg-Saint-Andéol, 39,10) ; Verdanel (Cabrespine, 34,60), alors que des lots d'olives dont les noms suivent, récoltés en régions à climat plus doux et dans un état de maturité comparable, sont pauvres en matière grasse : non dénommé (Saint-Raphaël, 15,10), Cayet noir (Les Arcs, 20,00) ; Espagnen (Allauch, 18,80).

*Influence comparée du milieu et de la variété.* — Nous avons étudié parallèlement l'influence du milieu et de la variété sur la richesse en huile de la pulpe en comparant la teneur en matière grasse de variétés venues dans un même milieu (tableau A) et celle d'une variété donnée considérée dans des localités différentes (tableau B).

Les dosages ont porté sur des lots de fruits dans un état de maturité comparable.

**A. —** *Ecarts de richesse en huile d'olives de variétés différentes venues dans un même milieu.*

| Localité. | Variétés présentant les plus grands écarts. | Teneurs extrêmes en huile (p. 100 de pulpe). | | |
|---|---|---|---|---|
| | | Maximum. | Minimum. | Différence. |
| Montpellier ...... | Olivière-Rouget. | 26,60 | 19,10 | 7,50 |
| Allauch ......... | Cayanne-Espagnen. | 34,16 | 18,80 | 15,36 |
| Saint-Chamas..... | Salonen-Aglandau. | 34,27 | 28,17 | 6,10 |
| Mouriès ......... | Salonen-Groussan. | 38,20 | 22,40 | 15,80 |
| Les Arcs ........ | Cayet blanc-Cayet noir. | 29,60 | 20,00 | 9,60 |

**B. —** *Ecarts de richesse en huile d'olives de mêmes variétés venues en localités différentes.*

| Variété. | Localités où ont été remarqués les plus grands écarts. | Teneurs extrêmes en huile (p. 100 de pulpe). | | |
|---|---|---|---|---|
| | | Maximum. | Minimum. | Différence. |
| Aglandau ....... | Mouriès-Saint-Chamas. | 31,80 | 28,17 | 3,63 |
| Salonen ......... | Mouriès-Saint-Chamas. | 38,20 | 34,27 | 3,93 |
| Cayon .......... | Saint-Tropez-Les Arcs. | 31,33 | 23,85 | 7,58 |
| Reymé.......... | La Motte-Draguignan. | 33,00 | 30,20 | 2,80 |
| Picholine........ | Langlade-Aubenas. | 27,00 | 22,30 | 4,70 |

On constate que les écarts de teneur en huile entre des variétés diverses venues dans un même milieu sont élevés, passant parfois du simple au double (Cayanne et Espagnen, à Allauch). Au contraire, les différences entre deux lots d'olives de même variété mais récoltées dans des localités autres restent limitées (maximum d'écart observé : 7,58 p. 100) et, fait typique, les écarts sont toujours de même nature et de même grandeur si l'on compare deux variétés récoltées toutes deux en deux localités différentes (B. Aglandau et Salonen à Mouriès et à Saint-Chamas). On peut donc conclure que *la richesse des olives dépend beaucoup plus de la variété que du milieu.*

*Influence de la fumure.* — La constatation qui précède établit simplement une relation. Elle n'implique pas que le milieu soit sans influence sur la teneur des olives en matière grasse. Nous pouvions donc nous demander si la composition de la fumure n'était pas capable de modifier cette richesse.

A cet effet nous avons dosé la matière grasse de différents lots de fruits provenant d'un champ d'expériences du Service de l'Oléiculture situé à Velaux, divisé en neuf parcelles d'une vingtaine d'oliviers chacune.

Les formules de fumure étaient composées uniquement d'engrais chimiques appliqués à doses élevées. Par hectare : azote, fourni par le nitrate de soude : 25 kilos par an ; acide phosphorique, fourni par un superphosphate minéral : 60 kilos; potasse, fournie par du sulfate de potasse : 40 kilos.

L'expérience se poursuivait sur les mêmes parcelles depuis 1909.

Les fruits récoltés le 28 octobre 1912 ont donné à l'analyse les chiffres suivants (*Richesse en huile pour 100 de pulpe*) :

| VARIÉTÉS. | NATURE DES ÉLÉMENTS FERTILISANTS. | | | | | | | | |
|---|---|---|---|---|---|---|---|---|---|
| | Témoin première parcelle. | Azote. Potasse. Acide phosp. | Azote. Acide phosphor. | Azote. Potasse. | Potasse. Acide phosphor. | Témoin deuxième parcelle. | Azote. | Acide phosphor. | Potasse. |
| Aglandau............ | 30,42 | 31,37 | 30,38 | 30,82 | 32,12 | » | » | » | » |
| Salonen............ | 35,75 | 39,82 | 37,25 | » | 39,37 | » | » | » | » |
| Mélange uniforme des deux variétés ..... | » | » | » | » | » | 35,50 | 37,20 | 35,50 | » |

Il ressort de cet essai que *les fruits les plus riches en huile proviennent de parcelles ayant reçu à la fois l'acide phosphorique et la potasse.*

*L'azote paraît avoir une action nulle ou très limitée.*

*Il en est de même de l'acide phosphorique et de la potasse employés isolément.*

Ces constatations, d'un intérêt évident pour l'établissement de formules de fumures pour oliveraies, méritent d'être confirmées par de nouvelles recherches. Telles quelles, elles nous paraissent déjà assez significatives pour prendre place dans ce travail.

# DEUXIÈME PARTIE

## LES VARIATIONS DE L'OLIVIER

### HISTORIQUE

L'étude morphologique de l'olivier, traitée dans la première partie de ce travail, donne un aperçu des différents aspects que peuvent présenter les organes de cet arbre.

Ces diversités de forme ont été remarquées de tout temps et, dès la plus haute antiquité, l'homme a cherché à les distinguer par des dénominations particulières chez les arbres qu'il cultivait.

Les ouvrages spéciaux ne manquent pas de citer, entre autres, les dix types d'oliviers signalés par Columelle, les trois de Virgile, les douze de Pline.

Par la suite, certains auteurs se sont appliqués à rattacher ces variétés, au sujet desquelles nous n'avons que des renseignements extrêmement vagues, aux formes rencontrées chez nous.

Olivier de Serres (*Théâtre de l'Agriculture*, 1651) ne tombe pas dans cette erreur. Il estime que le nombre de variétés a augmenté et constate que « le temps a changé telles appellations : en certains endroits, ainsi estans nommés les oliviers, Broutignan, Bequerut, Daurades, Verdales, Poumaux, Sauzins, d'Espaigne, Rounières, Glandaux, Roiales, Gentiles, Coliaux, Loguetes, Négraux, Boubaux, Saillernes, Morengues ».

Cette simple énumération est intéressante en ce sens que ces mêmes noms d'oliviers nous les retrouvons dans le langage de nos paysans parmi lesquels la tradition les a conservés.

Nous citerons avec Olivier de Serres, et pour mémoire, Ruel (*De Natura Stirpium*, 1535), le Père Papon de l'Oratoire (*Nouvelle Histoire de la Provence*), l'abbé Expilly (*Grand Dictionnaire géographique des Gaules et de la Provence*), qui s'étaient occupés de l'olivier en France ; mais il nous faut arriver à la

fin du xviie siècle pour mentionner une série d'essais vérita-
blement sérieux de classification de cet arbre.

Gaspard Bauhin (*Theatri Botanici*, 1671) distingue trois espèces d'oliviers : *Olea sativa*, *Olea sylvestris folio duro subtus
incano*, *Olea sylvestris folio molli incano*, et, dans son *Olea
sativa*, il comprend huit variétés définies par certains caractères
du fruit : *Olivæ Maximæ Hispanicæ*, *Olivæ minor et Genuens
et ex Provincia*, *Olivæ oblonge atrovirentes*, etc.

Pierre Magnol (*Botanicum Monspeliense*, 1676) sépare également l'olivier sauvage de l'olivier cultivé et cite de ce dernier
huit variétés sur lesquelles il a le mérite d'apporter des précisions.

Son *Oliva maior oblongo angulosa amygdaliforma*, par
exemple, c'est, dit-il, l'olive connue aux environs de Montpellier sous le nom d'*Amellau*. Précieuse indication quand on sait
le nombre de types d'oliviers donnant des fruits grands, oblongs,
à forme d'amande et qui cependant, par d'autres caractères
(port, morphologie de la feuille, structure du noyau, etc.),
n'ont rien de commun avec l'Amellau !

Ainsi Magnol signale avec une brève description : l'*Amellau*,
l'*Olivière*, la *Corniale*, la *Picholine*, l'*Ampoulau*, la *Verdale*,
le *Bouteillan* et la *Pigale*, toutes variétés languedociennes
cultivées encore de nos jours dans la même région et dont les
noms vulgaires n'ont pas changé.

Tournefort (*Institutiones rei Herbariæ*, 1719) reprend, en les
ajoutant l'une à l'autre, les séries de variétés établies par
Gaspard Bauhin, d'une part, Pierre Magnol, de l'autre, sans
essayer d'établir entre elles de rapprochement.

Gouan (*Flora Monspeliaca*, 1765) n'ajoute rien à ce que nous
avons appris des auteurs précédents.

Garidel (*Histoire des plantes qui naissent aux environ
d'Aix*, 1715), s'attache à assimiler les variétés cultivées dan
sa région aux désignations de Gaspard Bauhin et de Magnol. Sa
tentative nous vaut d'instructives indications sur les types
d'oliviers de Provence, mais elle ne présente au point de vue
synonymique qu'une valeur très relative.

Dans son *Traité des Arbres* (1755), Duhamel du Monceau
reprend textuellement l'énumération de Tournefort en accolant

la plupart des descriptions latines un nom vulgaire plus ou moins arbitrairement choisi.

En 1772, dans un mémoire primé par l'Académie de Marseille, M. de La Brousse, membre de la Société Royale de Montpellier, déclare que sa région ne possède que six variétés : *Coïas*, *Vermillau*, *Boutignan*, *Sauzen*, *Redounan* et *Picholine*, et il suppose que ces variétés s'appellent, en Provence, *Plant d'Aix*, *d'Eyguières*, *de Salon*, *Sauvage*, *Aglandau*, *Saurin*.

Dix ans plus tard, à l'occasion d'un concours de « Mémoires sur la culture de l'Olivier et la Manière d'extraire l'Huile des Olives », la même Académie de Marseille distingua trois études qui présentent, à nos yeux, un réel intérêt, comme étant les traités les plus complets qui, jusqu'à cette époque, eussent paru en France sur l'olivier; ce sont les mémoires de Bernard, directeur adjoint de l'Observatoire de la Marine à Marseille, celui d'un anonyme, lequel, si l'on en croit la mention faite par Parmentier (*Dictionnaire d'Histoire naturelle*, Paris 1803), serait Amoreux, enfin celui de Couture, curé de Miramas.

Bernard, après avoir déclaré que le nombre de variétés d'oliviers est considérable, et reconnu l'impossibilité de les distinguer sur les courtes descriptions qu'en donnent les botanistes : Olivier à petit fruit rond, Olivier à petit fruit long, etc., passe en revue une vingtaine de types de Provence (Bernard était originaire de Trans, dans le Var) sous leurs noms vulgaires, en indiquant exactement leur habitat et sans s'aviser de les rapprocher des descriptions antérieurement publiées.

Dans ce travail très consciencieux nous ne relèverions, pour notre part, que deux ou trois synonymies hasardeuses. On retrouve de nos jours, dans les localités indiquées par Bernard, les variétés qu'il a signalées, et elles portent toujours les mêmes noms.

Tandis que Bernard citait uniquement des variétés connues de lui, sans faire aucune citation, l'auteur anonyme se donnait pour tâche de rapprocher les unes des autres les descriptions faites antérieurement.

Ce patient travail de juxtaposition est loin de présenter la même valeur. Au lieu d'apporter la lumière sur un sujet fort obscur, il augmente la confusion en raison des bases par trop fragiles sur lesquelles étaient échafaudées respectivement les différentes nomenclatures examinées.

A cette œuvre essentiellement bibliographique, l'écrivain joint un tableau de synonymie donnant l'énumération la plus complète des noms d'oliviers que nous connaissions. Aucun rapport n'existe d'ailleurs entre ce tableau, dont les termes sont empruntés au langage vulgaire, et le travail d'érudition livresque qui précède. Des erreurs manifestes se sont glissées d'ailleurs dans ce dernier essai qui n'efface pas l'impression d'œuvre artificielle dégagée par l'ensemble du mémoire.

Sur les douze' espèces d'oliviers domestiques citées dans le « Traité de l'Olivier » de l'abbé Couture, paru en 1786, les six premières correspondent à des variétés nettement définies que l'on rencontre encore dans les localités fréquentées par l'auteur. Pour les autres, les précisions manquent. D'ailleurs, bien que Couture ait critiqué cette façon de faire chez Sieuve, il rapproche les noms empruntés aux auteurs de l'antiquité des types cités par lui.

L'abbé Rozier (*Cours complet d'Agriculture*, 1786) cite d'après Magnol, Tournefort, Garidel, et surtout d'après Gouan pour la partie synonymique, seize types d'oliviers à peu près tous languedociens.

La même année, dans son *Mémoire sur les Oliviers*, Sieuve décrète : « On ne connaît aujourd'hui que six sortes d'oliviers », et il accole à chacune un nom emprunté à Columelle.

Au début du xixe siècle, Sinéty, dans *l'Agriculteur du Midi*, 1803, décrit brièvement mais avec exactitude six variétés provençales.

Gasparin (*Cours d'Agriculture*, 1848) élude prudemment la question qui lui paraît par trop épineuse et renvoie ses lecteurs à Garidel.

Dans la *Maison Rustique du XIXe siècle* (édition 1830-1835), Loiseleur-Deslongchamps donne quatorze courtes descriptions, la plupart dues à d'autres auteurs et souvent imprécises.

Raynaud, de son côté (brochure parue en 1862), décrit assez confusément douze variétés.

Riondet (*Agriculture de la France méridionale*) signale le grand nombre de variétés d'oliviers et, ne voulant se fier qu'à

lui-même, borne ses citations à trois types bien connus de lui :
le *Brun*, le *Cayon* et l'*Olivier de Grasse*.

Il faudrait citer encore Laure, Risso, qui ont décrit, chacun,
des types remarqués par eux dans leurs régions respectives ;
mais, en somme, il nous faut arriver à nos maîtres MM. Degrully et Viala (*Annales de l'École nationale d'agriculture de
Montpellier*, 1880), pour trouver, dans l'étude des variétés
d'oliviers, un souci de documentation personnelle et exacte qui
paraît avoir fait défaut à beaucoup de ceux qui s'étaient occupés
antérieurement de la question.

A peine relèverait-on, dans leurs monographies si précises,
quelques légères confusions dans les dénominations vulgaires,
et encore l'incertitude est-elle généralement marquée et la
netteté des descriptions ne laisse subsister aucun doute.

Une vingtaine de variétés d'oliviers françaises sont étudiées
dans ce travail qui a été reproduit dans *l'Olivier*, de M. Degrully, en 1907. La plupart ne sont cultivées que dans les
départements de l'Hérault et du Gard.

Depuis Bauhin et Magnol, c'est donc toujours cette région
languedocienne, si peu fidèle à l'olivier, qui a surtout attiré
l'attention au point de vue qui nous occupe. Peut-être faut-il
y voir une conséquence de l'activité intellectuelle qu'a toujours
manifestée le Centre universitaire montpelliérain.

M. Guillaud, dans *l'Olivier et le Mûrier*, 1899, cite, avec de
brèves descriptions, vingt variétés parmi lesquelles dominent
les types des Bouches-du-Rhône.

M. d'Aygalliers (1900) reprend l'énumération de MM. Degrully et Viala ; enfin M. Latière fait entrer dans sa nomenclature d'oliviers quelques types varois.

Cependant, malgré les nombreux travaux qui ont vu le jour
jusqu'alors, et dont certains sont remarquables, des incertitudes,
des lacunes subsistent dans la connaissance des variétés
d'oliviers françaises.

Les écrivains les plus prudents se sont contentés de signaler
les variétés cultivées dans leurs régions, sans plus ; d'autres,
avec le désir d'être complets, ont rapproché, sur de simples
analogies de noms vulgaires, les types étrangers à leur pays des
descriptions exactes dont ils étaient les auteurs. Certains ont

essayé de coordonner ces différents travaux. Au demeurant, une grande confusion n'a cessé de régner sur la question jusqu'à ces dernières années.

Les inconvénients de ce manque de précision ont été souvent signalés. A la fin du xviiie siècle, Bernard déclare que le nombre de variétés est considérable et que s'il était possible de les rassembler toutes, « il ne le serait pas de les décrire assez exactement pour les faire reconnaître ».

Quelques années plus tard, Rozier écrit : « Sans une synonymie exacte, comment pouvoir se faire entendre d'un bout de la province à l'autre? Dès lors il faut se contenter d'écrire des généralités, et les généralités ne sont pas instructives. » « Il faut convenir cependant, ajoute-t-il plus loin, que l'on connaît dans chaque district l'espèce d'olivier qui rend le plus parmi les espèces que l'on y cultive ; mais on n'y connaît que les arbres de son canton ; mais personne n'a fait l'essai d'y transporter les espèces des autres cantons. Il faut donc conclure que les lumières que l'on a sur l'olivier sont purement locales, de village à village, et qu'il n'y a point d'ensemble pour la généralité d'une province ; preuve sans réplique de la nécessité d'établir une nomenclature afin que les cultivateurs puissent s'entendre. »

« Pour moi, dit Couture, je me chargerais plutôt de boire toutes les eaux du Rhône et celles du Var ; il me serait plus facile de passer au crible tous les cailloux de la Crau, que de fournir la nomenclature et la synonymie de nos oliviers de Provence. »

Riondet, sur le même sujet : « En France, chaque département, chaque arrondissement, souvent même chaque canton possède des variétés complètement inconnues ailleurs, et d'un autre côté, la même variété, cultivée dans des pays différents, porte des noms différents. Il en résulte qu'il est à peu près impossible de débrouiller la synonymie des oliviers. Divers auteurs l'ont essayé ; mais, malgré des travaux recommandables on peut dire que cette étude n'est point terminée et qu'il serait à désirer qu'il fût possible de réunir dans un établissement central toutes les variétés d'oliviers connues, afin de les soumettre à un examen comparatif. »

Plus récemment, M. d'Aygalliers, après avoir parlé des difficultés de décrire et de grouper les variétés, ajoute : « Cette synonymie, aussi fâcheuse qu'embrouillée, est cause que tous ceux qui se sont occupés de cette question admettent un nombre de variétés différent et ne s'entendent pas davantage sur les dénominations à donner à chacune. »

Plus loin : « Les auteurs modernes ont une tendance à multiplier le nombre de variétés, se basant quelquefois sur des différences insignifiantes, ou accordant une importance exagérée à certains caractères par trop variables. Nous n'entreprendrons pas, pour notre part, une tâche aussi ingrate que l'établissement d'une nomenclature, et que tant d'hommes compétents ont vainement tenté d'accomplir. »

Le beau travail de MM. Degrully et Viala projetait heureusement un faisceau de vive clarté sur la question. La voie était ouverte ; il ne restait qu'à s'y engager résolument. Notre passage au Service de l'Oléiculture nous en fournissait l'occasion unique en nous permettant d'étudier, dans leur habitat respectif, la plupart des types d'oliviers de France. Leur comparaison nous a été possible grâce à de fréquents déplacements. C'est le résultat de ces recherches que nous avons consigné dans cette partie de notre travail.

## CHAPITRE PREMIER

### ÉTENDUE ET LIMITES DES VARIATIONS

De l'exposé bibliographique qui précède, il ressort que certains auteurs (Bauhin, Magnol), auxquels il faut joindre Linné, ont admis une distinction d'espèce entre l'olivier cultivé et l'olivier croissant spontanément ; que, pour d'autres, le nombre de types d'oliviers décrits est exagéré, qu'il existe seulement quelques variétés vraiment caractérisées dont les modifications morphologiques superficielles, imputables au milieu naturel ou aux conditions de la culture, ont fait croire à tort à une multiplicité de formes botaniques distinctes.

Pour déterminer ce que ces assertions pouvaient avoir d'exact, nous avons recherché dans quelles limites se modifient les types d'oliviers de France. Nous avons, dans ce but, comparé, chez des arbres venus spontanément et chez d'autres cultivés dans les diverses régions, les caractères morphologiques. Pour certains aussi, nous avons examiné la composition des organes végétatifs ou du fruit relativement aux conditions de milieu naturel et de milieu créé.

L'ensemble de nos observations doit nous fixer sur les opinions rapportées plus haut. D'une part, nous devons être amené à reconnaître si les caractères qui peuvent avoir donné lieu à la prétendue existence de deux espèces ne sont pas à ramener au niveau de simples caractères de variétés. D'autre part, en faisant la distinction entre les variations dues au milieu et les caractères fixes, indépendants de ce milieu — ces caractères fixes étant les seuls qui soient à considérer dans la diagnose des variétés — nous serons en état de nous assurer s'il y a lieu de n'admettre qu'un nombre restreint de variétés vraies, possédant, chacune, des formes multiples, ou si, au contraire, le nombre de variétés bien individualisées est infini.

VARIATIONS DUES AU MILIEU NATUREL.

En vue d'éliminer l'influence de la culture, nous avons comparé seulement entre eux des oliviers cultivés dans des conditions semblables.

En observant cette précaution, ont été étudiés dans leurs conséquences sur la morphologie de l'olivier : l'altitude, la latitude, l'ensoleillement, l'état hygrométrique, le régime des vents, la nature du terrain.

L'altitude et la latitude paraissent agir dans le même sens, avec les seules particularités que peuvent apporter les conditions locales d'exposition.

Dans la zone de l'olivier, ces deux facteurs n'influent pas sur le port. On rencontre aussi bien des oliviers à port érigé qu'à port retombant au niveau de la mer qu'à 600 ou 800 mètres d'altitude, ou aux limites septentrionales de l'aire de culture. Ainsi le *Sauzen* dans l'Ardèche, le *Cailletier* dans les

Alpes-Maritimes sont tous deux à frondaison retombante.

Si les dimensions des arbres sont, dans l'ensemble, moindres dans les régions froides, les différences sont cependant restreintes. Dans la Drôme, la *Tanche* est de grandes dimensions ; le *Brun* et le *Cayon*, en mélange dans les oliveraies du Var, sont de taille très différente. Les types de grands oliviers ne sont donc pas spéciaux à tel ou à tel climat et les variations observables à ce sujet sont toujours bien plus limitées que les différences imputables aux caractères de variétés.

Au point de vue de la morphologie des organes foliacés, de la fleur et du fruit, nous n'avons pas pu découvrir également de variations marquées, toutes autres conditions égales, entre des oliviers de même type venus dans des localités à climats très différents ou sur des sols de nature autre. En n'importe quel point de leur aire de culture, cependant étendue, l'*Olivière*, le *Cailletier* ou la *Picholine* se sont présentés identiquement avec les mêmes caractères.

Sur l'influence spéciale de l'ensoleillement, nos observations concordent avec celles faites précédemment par les auteurs qui ont étudié d'autres végétaux. Ce point n'a d'ailleurs qu'un intérêt secondaire ici, car ce n'est qu'accidentellement que l'olivier ne jouit pas de la pleine lumière. Quoi qu'il en soit, les rameaux de l'olivier venus au soleil sont plus robustes, leur diamètre est plus grand, les feuilles sont plus petites, légèrement plus étroites, d'une teinte relativement pâle, cendrée. A l'ombre, les rameaux sont moins rigides, plus souples, les feuilles sont plus grandes, plus larges, vert sombre, souvent luisantes à la face supérieure. Leur angle d'insertion varie, en outre, sensiblement alors qu'il est beaucoup plus constant, pour une variété donnée, sur les rameaux ensoleillés.

L'époque de la floraison est retardée dans les régions les plus froides, mais dans de faibles limites ; et les différences que l'on peut remarquer dans une même oliveraie entre deux variétés sont beaucoup plus accusées que celles observées pour une même variété dans deux localités à climat différent.

La productivité étant soumise à de nombreux facteurs, il est difficile de dégager l'influence que peuvent avoir sur elle l'altitude ou la latitude. Les chiffres de production moyenne que

     J. RUBY

nous avons eu l'occasion de relever ne nous font pas supposer, cependant, que l'olivier soit moins productif, en France, dans les localités septentrionales de son aire de culture. Les rendements obtenus, par exemple, dans la Drôme ou dans l'Ardèche ne le cèdent en rien à ceux d'arbres venus plus au sud.

La comparaison de la grosseur des fruits ne permet pas non plus de relever des différences attribuables au milieu climatérique. En Corse, on trouve des types d'oliviers à gros et à petits fruits (*Germaine, Sabine*), de même que dans n'importe quelle autre région.

En ce qui concerne la richesse en huile, on pouvait présumer que les localités les plus chaudes étaient de beaucoup favorisées. Il ne paraît pas en être étroitement ainsi. L'analyse de nombreux lots d'olives de provenance très variable nous a permis de constater que l'on récolte dans les localités septentrionales des olives très chargées en huile. Les fruits de l'Ardèche, notamment, se sont montrés, dans l'ensemble, plus riches que ceux du Var. La variété a sur ce point une influence autrement accusée que le milieu.

L'état hygrométrique influe nettement sur la végétation et sur la productivité de l'olivier, qui s'accommode mal des lieux bas, encaissés, en bordure des cours d'eau, des étangs, des jardins et des terres soumises à l'irrigation, du voisinage des forêts, toutes stations à humidité atmosphérique élevée. On y remarque une chute des feuilles prématurée, des floraisons irrégulières, des fructifications médiocres. A ce défaut manifeste de vigueur, résultant d'une adaptation défectueuse, viennent s'ajouter les attaques de nombreux parasites trouvant ici un milieu éminemment favorable à leur développement (*Apiosporum oleæ, Cycloconium oleæ, Lecanium oleæ, Phleotribus oleæ, Hylesinus fraxini*).

Par contre, les espaces libres, les localités sèches, ouvertes au soleil et aux libres mouvements de l'atmosphère, offrent à l'olivier des stations de choix ; et, en définitive, toute localité à caractère autre ne lui convient pas. Il s'y adapte imparfaitement ou, plus souvent, il disparaît.

Pour résumer ce qui précède, nous dirons que *dans les régions où l'olivier est régulièrement cultivé en France, il n'apparaît pas qu'un facteur quelconque du milieu naturel modifie dans un sens donné les caractères morphologiques de cet arbre au point de faire admettre l'existence de types distincts dérivés de ce milieu. Ces caractères offrent, par contre, une grande constance, si l'on considère un même type d'olivier dans les différentes stations où il s'est développé.*

## VARIATIONS DUES A L'INTERVENTION DE L'HOMME.

Nous étudierons dans ce chapitre l'influence des soins culturaux et celle de la fumure.

Au point de vue morphologique le travail du sol, l'irrigation, la taille, de même que la fumure, agissent dans le même sens; nous les confondrons sous le titre suivant.

*Influence des soins culturaux sur la végétation.* — A mesure que la culture est plus soignée, les rameaux s'allongent, s'assouplissent et tendent à s'infléchir vers le sol; les feuilles s'éloignent les unes des autres, sont grandes, épaisses, sans raideur, d'une teinte assombrie sur la face supérieure, en opposition nette avec la face inférieure qui, elle, est plus blanche et plus brillante. En outre, ces feuilles sont plus faiblement arrondies en gouttière lorsque la variété possède ce caractère. Enfin la végétation se manifeste plus tôt sur les arbres bien soignés.

Les oliviers livrés à l'inculture offrent des caractères tout opposés. Leurs ramifications sont nombreuses, courtes, érigées. Les feuilles sont rapprochées, petites, parcheminées, à arcure prononcée; elles sont ternes et les teintes des deux faces tendent à se confondre.

Lorsqu'une oliveraie abandonnée se trouve envahie par la végétation adventice arborescente, ces signes s'accentuent, l'arbre buissonne, son système mécanique se fortifie, ses bourgeons se développent en ramifications courtes, extrêmement robustes, souvent terminées en piquants et portant des petites feuilles coriaces très ternes.

Les chiffres suivants, qui ont trait à la variété *Aglandau*, sont un exemple de l'étendue des variations de l'ordre que nous venons d'indiquer quant à la dimension des organes. Ils se rapportent à des arbres voisins les uns des autres, situés à Velaux.

| Soins culturaux. | Distance moyenne entre les feuilles. | Longueur maximum du limbe. | Largeur minimum du limbe. |
|---|---|---|---|
| 1º Culture très soignée. Fumure abondante............................ | 2cm,0 | 6cm,5 | 1cm,5 |
| 2º Culture négligée. Pas de fumure..... | 0cm,9 | 5cm,0 | 0cm,9 |
| 3º Abandon complet................ | 0cm,6 | 2cm,6 | 0cm,8 |

*Influence des soins culturaux sur la fructification.* — Nous avons recherché l'influence des soins culturaux sur la morphologie et la constitution générale du fruit. D'autre part, nous avons noté l'effet de différentes fumures sur la productivité.

a. *Modifications de forme et de constitution.* — La mensuration des fruits fournit un excellent critérium de la forme. Nous l'avons appliqué à des lots d'olives de même variété venues, les unes en terrain en friche, les autres en sol de même nature mais régulièrement cultivé.

Le tableau suivant donne le résultat de cet examen en même temps que le poids moyen et la richesse en pulpe se rapportant aux divers lots.

| VARIÉTÉ. | ÉTAT du terrain. | POIDS moyen des fruits (gr.). | PROPORTION p. 100. | | Longueur D. | Grand diamètre transversal $d$. | Petit diamètre transversal $d'$. | $D/d$ | $D/d'$ | $d/d'$ |
|---|---|---|---|---|---|---|---|---|---|---|
| | | | de pulpe. | de noyau. | | | | | | |
| Aglandau ... {Cultivé. | | 3,84 | 78,75 | 21,25 | 2,28 | 1,69 | 1,65 | 1,35 | 1,38 | 1,02 |
| {Inculte . | | 0,92 | 64,75 | 35,25 | 1,47 | 1,04 | 1,01 | 1,40 | 1,45 | 1,02 |
| Salonen ... {Cultivé. | | 4,54 | 77,70 | 23,30 | 2,63 | 1,74 | 1,75 | 1,51 | 1,50 | 0,99 |
| {Inculte. | | 0,91 | 67,50 | 32,50 | 1,64 | 0,94 | 0,94 | 1,74 | 1,74 | 1,00 |

La culture détermine donc chez les fruits : *a*) une notable augmentation de poids et de dimensions; *b*) une rotondité plus accusée (D/$d$ plus petit); 3º un enrichissement en pulpe. Mais, en définitive, aucune modification profonde et permanente altérant dans quelque mesure que ce soit les caractères de la variété.

b. *Influence de la fumure sur la productivité.* — Le tableau suivant a trait à un essai comparatif de fumure portant sur d'importants lots d'oliviers (Expériences du Service de l'oléiculture).

**Récolte exprimée en litres d'olives par arbre.**

| TOTAUX. | TÉMOIN (sans fumure). | ENGRAIS complet (azote fourni par du fumier). | ENGRAIS complet (azote fourni par des tourteaux). | ENGRAIS complet (azote fourni par du nitrate de soude). |
|---|---|---|---|---|
| 1908 ........ | 10,30 | 13,23 | 14,10 | 10,90 |
| 1909 ........ | 14,25 | 9,53 | 8,07 | 0,92 |
| 1910 ........ | 2,30 | 2,30 | 3,78 | 3,67 |
| 1911 ........ | 2,07 | 17,23 | 12,62 | 13,79 |
| Totaux ... | 28,92 | 43,29 | 38,57 | 29,28 |
| Moyennes.. | 7,23 | 10,57 | 9,64 | 7,32 |

Ainsi : 1° *La récolte augmente sous l'effet de fumures complètes ;*
2° *Le résultat n'est bien marqué qu'au bout de plusieurs années ;*
3° *Le nitrate de soude, qui était répandu en couverture au printemps, peut, certaines années, réduire la production en déterminant la coulure ;* par contre, il produit une vigoureuse poussée à bois.

Nous avons relaté dans un autre chapitre (p. 79), nos recherches relatives à l'effet qu'exercent les différents éléments fertilisants sur la richesse en huile des fruits.

Enfin nous avons noté l'influence respective de l'azote, de l'acide phosphorique et de la potasse sur la végétation.

Il ne nous a pas été donné de relever de différences résultant de ces deux derniers éléments. Par contre, un engrais azoté actif a donné lieu à une légère avance de la végétation et à la floraison, mais, comme nous venons de le voir, il a, à diverses reprises, favorisé la coulure et réduit la récolte.

De toute façon, ces dernières constatations ne changent pas les déductions précédentes en ce qui concerne l'influence des fumures sur les caractères des fruits.

*Modifications dans la morphologie interne.* — Au point de vue de la morphologie interne, notre examen comparatif a porté sur le rameau, sur la feuille, sur le pédoncule et sur le mésocarpe du fruit.

La seule remarque que nous ayons pu faire a trait à l'influence du milieu sur la grosseur des éléments ou sur l'importance du système mécanique.

Les organes d'oliviers venus en mauvais terrain et, plus encore, ceux qui étaient prélevés sur des arbres sauvages présentaient des éléments anatomiques plus petits et plus renforcés que ceux d'oliviers bien cultivés; mais ni par le nombre, ni par la disposition on ne pouvait relever de différence entre eux.

Les seules distinctions possibles résultent donc du fait connu de l'adaptation du végétal au milieu, mais ne donnent pas lieu à des distinctions spécifiques.

Conclusions générales.

Nos observations sur les variations de l'olivier peuvent se résumer ainsi :

Le changement de milieu, à conditions culturales semblables, n'entraîne pas de modifications sensibles dans l'ensemble des caractères morphologiques externes et internes d'un type d'olivier considéré : port, taille, forme et disposition des feuilles, floraison, fructification, anatomie.

La culture provoque des changements assez profonds dans l'aspect des arbres, la conformation des fruits, la productivité. Ces changements ont pu faire croire à l'existence de deux espèces, selon que l'on considère l'olivier cultivé ou l'arbre spontané ; mais ils n'offrent aucun signe de permanence; ils disparaissent avec les causes qui les ont produits. C'est ainsi que les oliviers livrés à l'inculture présentent les caractères connus des arbres poussés spontanément dans les lieux incultes, vulgairement dits *Sauvages*, *Ouillastres*, *Ouliviè fé*. Inversement, un quelconque de ces « sauvages » soumis à de bons soins de culture acquiert les attributs d'un olivier cultivé, sans prendre toutefois pour cela les caractères inhérents à la variété. D'ailleurs, tel type dit « sauvage » ici est cultivé, et porte un nom qui lui est propre, là.

Nous avons examiné un grand nombre de ces « sauvages ». Les figures 21 et 22 reproduisent six d'entre eux récoltés parmi de nombreux autres dans un seul domaine à Collioure (Mas Cristine). Leurs caractères fondamentaux correspondent en tous points à ceux des oliviers cultivés. Il n'y a pas plus de différence entre ceux-ci et ceux-là qu'entre deux « sauvages » ou entre deux « cultivés ». On y rencontre, si on les examine

en grand nombre, toute la gamme des intermédiaires sans
qu'apparaisse la moindre solution de continuité.

Aucun signe distinctif n'apparaît donc entre les différentes

Fig. 21 et 22. — Rameaux d'oliviers spontanés dits « sauvages ».

formes de l'olivier, cultivées ou non, étudiées par nous.

Et ainsi nous sommes amené à rejeter la division, en deux
ou plusieurs espèces, des oliviers vivant en France. Nous les
considérerons comme appartenant à un seul type spécifique

auquel le terme en usage d'*Olea Europea* paraît devoir s'appliquer.

Mais cette espèce unique comprend un très grand nombre de formes parfaitement distinctes. Comme nous l'avons vu, en quelque point de son aire géographique que l'on considère une de ces formes, on la retrouve avec ses caractères propres, fidèlement et indéfiniment conservés par la reproduction asexuée, notamment par le greffage, système ordinaire de multiplication de l'olivier. Si, par suite de la différence de milieu, des modifications surviennent, elles sont temporaires, superficielles et parallèles pour l'ensemble des types soumis à ces mêmes influences.

L'individualité de ces formes est donc absolue. On peut, en se basant sur la similitude de certains caractères, établir entre elles des rapprochements, mais on ne saurait les faire dériver, par séries, de variétés mères. Chacune d'elles doit être étudiée à part et constitue bien, à nos yeux, une variété au sens botanique du terme.

Il ne nous a pas été donné de faire des recherches sur l'origine de ces variétés. Mais, en raison de leur nombre et de leur diversité d'aspect, l'olivier nous apparaît comme doué de grande plasticité par reproduction sexuée. Il suffit de comparer les pieds issus d'un semis de graines d'un même arbre pour constater qu'il n'en existe pour ainsi dire pas deux de tout à fait semblables.

Nous ne pensons pas que l'homme, à aucune époque de l'histoire, soit sérieusement intervenu dans la création des variétés d'oliviers qu'il cultive. Il paraît s'être contenté de choisir, parmi celles que la nature lui offrait venues spontanément de graine, celles qui, par l'abondance de leur production ou par la beauté de leurs fruits, lui semblaient dignes de prendre place dans ses plantations, et il les multipliait, dès lors, par greffage ou par bouturage. Certaines de ces variétés, cessant de plaire, ont été ultérieurement remplacées, souvent par surgreffage, au moyen de variétés plus appréciées ou nouvellement remarquées.

Ainsi s'est établie, dans la suite des temps, une sélection culturale des types innombrables d'oliviers nés du pur hasard et,

armi ces types, les cent et quelques variétés régulièrement culti-
ées de nos jours en France constituent une infime proportion.

Si le nombre élevé de variétés d'oliviers rend leur distinction
ifficile, les dénominations vulgaires ne simplifient en rien le
roblème, car elles sont fort nombreuses et confuses. Or, quelque
ésir de simplification que l'on professe, il n'est pas plus indiqué
le dissimuler la multitude des types que de faire le silence sur
es noms employés dans nos campagnes.

La clarté doit résulter d'abord de la véritable distinction des
ypes, basée sur un examen minutieux de tous leurs caractères ;
à la suite de quoi les désignations communes, citées en toute
connaissance de cause, loin d'entretenir l'imbroglio, consti-
tueront de précieux signes d'intelligence.

Et notre plan de travail s'est trouvé tracé ainsi :

1° Diagnostiquer le plus grand nombre possible de variétés;

2° Recueillir toutes les désignations locales se rapportant à chacune d'elles en vue de l'établissement d'une synonymie étendue;

3° Classer ces variétés dans un but d'ordre, d'après la com-
munauté de certains caractères morphologiques.

C'est cette classification que nous allons voir, tout d'abord,
dans le chapitre suivant.


## CHAPITRE II

### CLASSIFICATION DES VARIÉTÉS
### CULTIVÉES EN FRANCE

Trois organes ont particulièrement retenu notre attention en
vue de la classification des variétés : les fruits, les noyaux et les
feuilles.

Pour tous les trois, le caractère qui a servi de base à la
première division de nos tableaux de classification est l'*allongement*, défini par le rapport existant entre la plus grande dimension longitudinale et la plus grande dimension transversale.

Pour déterminer ces dimensions, nous avons fait largement
usage de la mensuration en l'appliquant à de nombreux
exemplaires d'un même organe. La constance des moyennes
obtenues pour un type d'olivier donné nous a montré toute la

valeur de cette méthode dans la recherche et l'identification des variétés.

Sa précision à ce sujet augmente si l'on passe de la feuille au fruit et du fruit au noyau.

C'est effectivement chez ce dernier organe que nous avons trouvé le plus de fixité dans les caractères et, par conséquent, les éléments de diagnose les plus sûrs.

Le deuxième degré de notre classification repose sur la position de la plus grande dimension transversale par rapport à une ligne située à égale distance de la base et du sommet de l'organe considéré.

Cette dimension maximum peut se trouver en effet au voisinage de cette ligne médiane, ou bien reportée vers la base ou plus rapprochée du sommet. Ce caractère s'applique également à la feuille, au fruit et au noyau.

Il n'en est pas de même pour le troisième élément de division de nos tableaux.

Pour les fruits, ce troisième critérium est fourni par l'aspect du sommet qui peut être arrondi sans mucron, mucroné ou atténué en pointe mousse, ou, enfin, terminé en pointe franchement accusée.

Un caractère de même ordre n'aurait pas été applicable aux feuilles, par manque de précision, de même qu'aux noyaux, ceux-ci se trouvant à peu près toujours mucronés.

Pour les feuilles, nous avons eu recours à la forme du limbe qui peut être plat, à bords simplement refoulés ou franchement convexe.

Quant aux noyaux, ils ont été groupés, dans chaque série précédemment établie, d'après le nombre de sillons principaux qui les sculptent : caractère de grande valeur par sa précision et sa constance.

Sauf pour les fruits, sur lesquels devait être établi l'ordre à donner à nos monographies dans la suite de ce travail, il ne nous a pas paru utile de pousser nos tableaux synoptiques au delà des divisions que nous venons de voir. Aussi bien, il serait facile de trouver dans chacune des séries formées de feuilles et de noyaux de différentes variétés, les caractères qui distinguent l'une quelconque de ces variétés des autres.

Classification d'après les caractères de la feuille.

| | Section I. | | | Section II. | | | Section III. | | |
| | La longueur du limbe n'égale pas quatre fois sa largeur. | | | La longueur du limbe égale de quatre à cinq fois sa largeur. | | | La longueur du limbe dépasse cinq fois sa largeur. | | |
| | Maximum de largeur généralement basilaire. | Maximum de largeur généralement médian. | Maximum de largeur généralement supérieur. | Maximum de largeur généralement basilaire. | Maximum de largeur généralement médian. | Maximum de largeur généralement supérieur. | Maximum de largeur généralement basilaire. | Maximum de largeur généralement médian. | Maximum de largeur assez souvent supérieur. |
|---|---|---|---|---|---|---|---|---|---|
| Limbe à peu près plat. | » | Violette (Petite).<br>Germaine. | Tanche.<br>Argental.<br>Sabine.<br>Négret.<br>Amellau.<br>Capelen.<br>Non dénommé.<br>Rapuguier.<br>Pointue. | » | Redonal.<br>Araban (Var).<br>Cayet roux.<br>Cayet rouge.<br>Violette (Grosse).<br>Rouget.<br>Saurin.<br>Brun. | Ribeyro.<br>Reymé.<br>Sanguin. | Verdale (Ardèche). | Berdaneil.<br>Araban (A.-M.)<br>Cayanne.<br>Cayet noir.<br>Gros Ribier.<br>Picholine bâtarde.<br>Verdanel. | Blanquetier.<br>Blavet.<br>Ribière. |
| Limbe à bords refoulés. | » | Baguet. | Callassen.<br>Rose.<br>Daurade. | Dorée (Largentière). | Rougette.<br>Bé de Cézé.<br>Dorée (Aubenas).<br>Corniale.<br>Besses.<br>Bouquetière.<br>Courbeil. | Coucourelle.<br>Ronde.<br>Roudouneil.<br>Cocornadelle.<br>Grosse noire.<br>Pigale.<br>Corgnadou.<br>Damasse. | Sauzen vert. | Argoudeil.<br>Préauron.<br>Caillaou.<br>Michelenque.<br>Olivastre.<br>Varagen.<br>Vermillau. | Redondal.<br>Poumal.<br>Rocaveiren.<br>Cariol. |
| Limbe franchement en goûttière. | » | Cayon.<br>Ubac.<br>Blanchet. | Dorée (Bourg-St-Andéol).<br>Nostral.<br>Corniaou.<br>Bécu.<br>Longue.<br>Cailletier. | » | Redounan.<br>Aglandau.<br>Roubeyrou.<br>Salonen.<br>Rouget (B.-du-R.).<br>Sauzen noir.<br>Salernet.<br>Broutignan blanc.<br>Pruneau.<br>Cayet blanc.<br>Verdale des Baux.<br>Colombale. | Noirette.<br>Saurine.<br>Olivière.<br>Lucques. | » | Verdale (Hérault).<br>Rougeon.<br>Groussan.<br>Broutignan.<br>Belle-fleur.<br>Rouget (Gard).<br>Béchude.<br>Péto-dé-ra. | Espagnen.<br>Picholine. |

## CLASSIFICATION D'APRÈS LES CARACTÈRES DES FRUITS.

*Section I. — Fruits courts.*

La longueur est inférieure à 1,33 fois le plus grand diamètre transverse.

| CARACTÈRES du sommet. | Le plus grand diamètre transverse est plus rapproché de la base que du sommet. | Le plus grand diamètre transverse se confond sensiblement avec la ligne équatoriale. | Le plus grand diamètre transverse est plus rapproché du sommet que de la base. |
|---|---|---|---|
| Sommet arrondi ne portant pas de mucron. | Petits.................. Berdanoil. | Gros................... Verdale (Hér.).<br>Moyens ou petits. / Forme. (Ovoïde. Fruits.) Tronquée......... Redonal. / De grosseur très inégale... Doréé (Bourg-St-Andéol). / Non Compri- de mé slaté- gros- ralement.. Verdale (Ard.). / seur très iné- gale. Non com- primés latérale- ment.. Nostral. | Moyens. / Base et sommet franchement tronqués...... Coucourelle. / Non tronqués... Rougeon.<br>Petits.................... Callassen. |
| Sommet arrondi, mais généralement surmonté d'un léger mucron. | Gros...................... Tanche.<br>Moyens................. Araban (Var).<br>Petits, en grappes........... Préauron. | Gros...................... Groussan.<br>Moyens................. Rondo.<br>Petits. / Assez régulièrement ovoïdes........... Ribeyro. / Cordiformes........ Redouneil. | Gros...................... Redounan.<br>Moyens................. Araban (A.-M.). |
| Sommet atténué en pointe mousse. | Moyens. / Nettement côtelés.. Aglandau. / Côte nulle ou peu marquée.......... Caillaou. / Base nettement tron-quée............. Argoudeil. | Moyens. / Très inégaux...... Broutignan. / Non très inégaux. / Pointe bien formée.... Rougette. / Pointe très mousse.... Belle-fleur. | Moyens, piriformes......... Roubeyrou. |
| Sommet franchement en pointe ou surmonté d'un mucron bien détaché. | » | » | » |

| CARACTÈRES du sommet. | Le plus grand diamètre transverse est plus rapproché de la base que du sommet. | Le plus grand diamètre transverse se confond sensiblement avec la ligne équatoriale. | Le plus grand diamètre transverse est plus rapproché du sommet que de la base. |
|---|---|---|---|
| Sommet arrondi ne portant pas de mucron. |  | Ni côtelés ni comprimés. — Moyens............ Argental. — Petits. { Dépres. péd. large et prof. Sabine. / Dépres. péd. moynt. prof. Bé-dé-Cézé. }<br>Côtelés ou comprimés. — Moyens. { Peu compr., roug. vineux. Cayet roux. / Nett. comp., roug. acajou. Cayet rouge. } — Petits.............. Reymé. | Gros ou moyens. { En poire, surface bosselée........ Salonen. / Non pirif., lisse.. Germaine. }<br>Moyens ou petits, côtelés. { Côte peu accusée. Rouget (B.-du-R.). / Fortement côtelés. Corniaou. } |
| Sommet arrondi, mais généralement surmonté d'un léger mucron. | » | Moyens. { Mucron souvent absent............... Cayanne. / Mucron net. { A peu près ovoïde..... Négrette. / Base tronquée....... Grosse violette. } } | Très gros ou gros........ Ameilau.<br>Gr. ou moy., dépr. péd. { Superficielle.. Cayet noir. / Moyenne..... Broussanel. }<br>Moyens. { En poire, dev. rapide. noir. Michelenque. / En poire, cons. qq. temps la teinte rouge. Courbeil. / Non en poire. Vermillau. }<br>Moy. ou pet., dépr. péd. { Superficielle.. Rouget (Hér.). / Moyenne...... Petite violette. } |
| Sommet atténué en pointe mousse. | Moyens ou gros........ Sauzen noir.<br>Petits.................. Salernet. | Très gros ou gros........... Poumal.<br>Moyens.................. { Cocornadelle. / Capelen. }<br>Petits. { Asymétriques......... Cayon. / Sensiblement ovoïdes.. Baguet. } | Gros ou moyens. { Base arrondie.... Gros-Ribier. / — oblique...... Grosse Noire. / — tronquée.... Dorée (Aubenas). / Fortement côtelés. Picholine bât. }<br>Moyens, dépression pédonculaire. { Superficielle.. Brun. / Moyenne..... Saurin. / Profonde..... Daurade. / Très profonde, Damasse. }<br>Petits, dépres. pédonc. { Superficielle.. Rouget (Gard). / Moyenne..... Noirette. } |
| Sommet franchement en pointe ou surmonté d'un mucron bien détaché. | Moyens.............. Broutignan blanc. | » | Moyens. { Forme irrégulière. Non dénommé. / Côte très saillante. Bécu. / Côte peu accusée. Béchude. } |

| CARACTÈRE du sommet. | Le plus grand diamètre transverse est plus rapproché de la base que du sommet. | Le plus grand diamètre transverse se confond sensiblement avec la ligne équatoriale. | Le plus grand diamètre transverse est plus rapproché du sommet que de la base. |
|---|---|---|---|
| Sommet arrondi ne portant pas de mucron. | » | Moyens. { Cylindracés. { Tiquetés.... Pigale.. / Nontiquetés. Longue. } / Légèrement côtelés.. Olivastre. }<br>Petits...................... Blavet. | Moyens, incurvés.:......... Rapuguier.<br>Moyens ou petits, non incurvés.................. Sanguin. |
| Sommet arrondi, mais généralement surmonté d'un léger mucron. | » | Petits, légèrement asymétriques...................:. Blanquetier. | Gros, asymétriques, dépression pédonculaire profonde.................... Espagnen.<br>Moyens, dépression pédonculaire { Profonde, surface lisse............, Saurine. / Superficielle, surface { Lisse... Rocaveiren. / Tiquetée.... Verdale (B.-du-R.). } }<br>Moyens ou petits, dépression pédonculaire superficielle.................. Cailletier. |
| Sommet atténué en pointe mousse. | Gros ou moyens. { Cylindracès......... Rose. / Nettement asymétriques........... Picholine. }<br>Moyens, base tronquée....... Dorée (largentière).<br>Petits, base arrondie. ....... Péto-dé-ro. | Moyens, dépression pédonculaire superficielle. { Cylindracès.... Ribiéro. / Légèrement asymétriques.. Cariol. / Fortement asymétriques..... Corniale. }<br>Petits, dépression pédonculaire { Superficielle.... Ubac. / Très superficielle......... Besse. } | Très gros ou gros, dépression pédonculaire profonde.................... Pruneau.<br>Moyens, dépression pédonculaire { Superficielle { Très tiquetée...... Varagen. / Peu tiquetée....... Bouquetière. } / Profonde. ........ Cayet blanc. } |
| Sommet franchement en pointe ou surmonté d'un mucron bien détaché. | Gros, dépression pédonculaire profonde................ Colombale.<br>Moyens, dépression pédonculaire { Superficielle, côte accusée, très asymétriques........ Pointue (Ard.). / Profonde, côte peu accusée, peu asymétriques........ Olivière. }<br>Petits, dépression pédonculaire superficielle.......... Verdanel. | » | Gros ou moyens, forme très incurvée................ Lucques.<br>Moyens, dépression pédonculaire { Superficielle { Fortement asymétr. Corgnadou. / Peu asymétriques. Sauzen vert. } / Profonde......... Blanchet. } |

Classification d'après les caractères des noyaux.

| NOMBRE DE SILLONS PRINCIPAUX. | Section I. La longueur est inférieure à deux fois le plus grand diamètre transverse (D). | | | Section II. La longueur égale sensiblement deux fois le plus grand diamètre transverse (D). | | | Section III. La longueur est nettement supérieure à deux fois le plus grand diamètre transverse (D). | | |
|---|---|---|---|---|---|---|---|---|---|
| | D basilaire. | D médian. | D supérieur. | D basilaire. | D médian. | D supérieur. | D basilaire. | D médian. | D supérieur. |
| Généralement huit sillons ou moins de huit. | » | Redonal.<br>Groussan.<br>Germaine.<br>Grosse violette.<br>Salernet.<br>Tanche. | Verdale (Hérault).<br>Préauron.<br>Roudouneil.<br>Araban (Alpes-Maritimes).<br>Roubeyro.<br>Redondal.<br>Damasse. | Argoudeil. | Cayanne.<br>Négret.<br>Cayet noir.<br>Sauzen noir.<br>Gros Ribier.<br>Brun.<br>Béchude. | Reymé.<br>Cocornadelle.<br>Cailletier.<br>Grosse noire.<br>Courbeil. | Broutignan blanc.<br>Dorée (Largentière).<br>Verdanel. | Cariol. | Rouget (Hérault).<br>Capelen.<br>Picholine bâtarde.<br>Rouget (Gard).<br>Sanguin.<br>Verdale des Baux.<br>Péto-de-ra.<br>Ribière.<br>Bessès.<br>Cayet blanc.<br>Lucques,<br>Corgnadou.<br>Sauzen vert.<br>Blanchet. |
| Généralement de huit à dix sillons. | Caillaou. | Rougeon.<br>Ronde.<br>Rougette.<br>Aglandau. | Dorée (Bourg-St-Andéol).<br>Araban (Var).<br>Ribeyro.<br>Bécu.<br>Nostral.<br>Coucourelle.<br>Verdale (Ardèche). | Cayet roux. | Cayet rouge.<br>Baguet.<br>Argental. | Corniaou.<br>Amellau.<br>Michelenque.<br>Petite violette.<br>Dorée (Aubénas).<br>Dorade.<br>Saurin.<br>Bé-dé-Cézé.<br>Salonen. | Colombale.<br>Olivière. | Redounan.<br>Picholine.<br>Ubac.<br>Pruneau.<br>Blanquetier.<br>Blavet. | Cayon.<br>Longue.<br>Rapuguier.<br>Espagnen.<br>Corniale.<br>Bouquetière.<br>Non dénommé.<br>Saurine. |
| Généralement dix sillons ou plus de dix. | » | Berdaneil.<br>Broutignan.<br>Belle-fleur. | Callassen. | Rouget (Bouches-du-Rhône). | Noirette. | Sabine.<br>Pigale.<br>Poumal.<br>Rocaveiren. | » | Varagen. | Vermillau.<br>Olivastre.<br>Rose.<br>Pointue. |

Ainsi qu'on peut le constater par la comparaison du premier terme de ces divers tableaux, il n'existe pas entre eux un parallélisme étroit, et la ressemblance des fruits n'entraîne pas forcément une similitude d'aspect des noyaux et encore moins des feuilles. Cependant ce parallélisme est encore sensible entre la morphologie des fruits et celle des noyaux.

Ainsi, sur vingt-quatre variétés à fruits courts, vingt-trois se retrouvent dans la section des noyaux courts. Parmi les vingt-neuf variétés à noyaux moyennement allongés, on en compte vingt-six à fruits moyennement allongés. Enfin les trente-huit types à noyaux longs en comprennent vingt-neuf à fruits longs.

De même, on relèverait un certain rapport entre, d'une part, l'aspect des olives et, d'autre part, le port de l'arbre et les caractères du pédoncule.

En général, les arbres à fruits arrondis ont des pédoncules courts, robustes, épais, des rameaux raides, redressés, donnant à l'arbre un port érigé ou semi-érigé ; par contre, les olives allongées sont soutenues par des pédoncules longs, minces, pendants, portés eux-mêmes par des rameaux souples et infléchis.

Ces relations ne sont toutefois pas absolues et, pour s'en tenir aux feuilles, on rencontre de très fréquentes divergences entre l'allure de tableaux se rapportant à ces organes et celui qui est établi sur la morphologie des fruits. Ainsi les vingt-quatre variétés à feuilles courtes comprennent quatre variétés à fruits courts, treize à fruits moyens, sept à fruits longs ; les quarante-trois variétés à feuilles moyennes comptent dix types à fruits courts, dix-neuf à fruits moyens, quatorze à fruits longs ; enfin, les trente-trois variétés à feuilles longues se rapportent à onze formes à fruits courts, dix à fruits moyens et douze à fruits longs.

Ici donc tout parallélisme est détruit.

Cette dernière constatation prouve que l'établissement d'un tableau unique qui tiendrait compte à la fois des divers organes de la plante, ne devrait pas nous conduire à la constitution de groupes plus homogènes que ne pouvait le faire l'étude seule du fruit ou du noyau. Nous avons donc renoncé à publier une pareille classification qui n'aurait ajouté aucune précision à la nomenclature des variétés d'oliviers et avons préféré grouper nos variétés selon les tableaux distincts qui précèdent.

Nous adopterons, dans l'étude des variétés qui va suivre, l'ordre établi par la classification des fruits dont les caractères, facilement contrôlables, sont nettement prononcés.

*Les noms vulgaires.* — On aura une idée de la confusion qui peut résulter des dénominations vulgaires en sachant que certaines variétés d'oliviers portent actuellement jusqu'à dix noms différents au moins (Aglandau). Les désignations changent parfois d'un village à l'autre au point qu'à quelques kilomètres de distance les cultivateurs n'arrivent pas à s'entendre. D'autre part, le même nom peut être porté, selon la région considérée, par des types tout autres. Ainsi le terme de *Verdale* est appliqué, à notre connaissance, à sept variétés bien distinctes. Évidemment les arbres ainsi nommés ont des fruits mûrissant tard et conservant leur teinte verdâtre alors que les autres olives ont bruni, mais ils n'ont généralement pas d'autre caractère commun.

De même on compterait de nombreux *Rouget* (arbres à fruits restant longtemps rougeâtres), des *Dorées*, des *Redonales* (à olives renflées), des *Pendoulier* (à rameaux pendants), des *Sauzen* (à port de saule)...

Seule, une enquête précise, faite autant que possible sur place, permettait soit de distinguer telles variétés aux noms identiques, soit de rapporter à un type unique telles dénominations sans lien apparent.

Malgré le soin que nous avons apporté à cette partie synonymique de notre travail, nous ne serons pas surpris de la trouver encore incomplète par la suite, tant les noms vulgaires d'oliviers sont nombreux.

*Variétés non décrites.* — Les plantations d'oliviers françaises sont peuplées à peu près exclusivement d'arbres appartenant à l'une ou à l'autre des cent variétés dont nous allons donner la monographie. Cependant, sans parler des innombrables types isolés ou dont on rencontre çà et là de rares exemplaires, il existe un certain nombre de formes cultivées sur une échelle appréciable au sujet desquelles les circonstances ne nous ont pas permis de faire, pour l'instant, une description propre à figurer dans ce mémoire. Nous tenons du moins à les citer.

BASSES-ALPES. — *Marvillese* ; *Escayonne* (Manosque).

AUDE. — *Menudel* (Sallèles-Cabardès).

CORSE. — *Sarrasine* (Calvi).

GARD. — *Cul-blanc* (Aramon) ; *Singlaou*.

HÉRAULT. — *Sayerne* (Montpellier) ; *Clermontaise* (Clermont-l'Hérault) ; *Moirale* ; *Petite Corniale*.

PYRÉNÉES-ORIENTALES. — *Ourtiquère* (Collioure).

VAR. — *Plant de Belgentier* (Belgentier).

VAUCLUSE. — *Tombarelle* (Gigondas).

# TROISIÈME PARTIE

## MONOGRAPHIE DE VARIÉTÉS FRANÇAISES DE L'OLIVIER

### SECTION I. — FRUITS COURTS

PREMIER GROUPE. — *Fruits à sommet arrondi ne portant pas de mucron.*

### Berdaneil.

*Arbre* vigoureux, se forme naturellement en dôme étalé ; couvert léger ; teinte générale pâle.

Rameaux nombreux, relativement courts, érigés ou horizontaux selon leur position sur l'arbre ; jeunes pousses minces ; angles accusés ; écorce vert grisâtre plaquée de zones ternes ; lenticelles nombreuses et très apparentes ; nœuds peu saillants, inégalement écartés.

*Feuilles* peu divergentes, souvent redressées contre le rameau, moyennes ou petites, droites, fines, souples ; face supérieure vert cendré pâle ; face inférieure blanc argenté.

Limbe lancéolé, étroit, mince, plat ; maximum de largeur à peu près médian ; effilé aux deux bouts ; mucron net, droit, fin ; nervure principale dessinant un sillon très net à la face supérieure, large, un peu aplatie mais bien accusée à la face inférieure ; nervures secondaires visibles sur les deux faces.

Pétiole de longueur moyenne, mince, généralement coudé.

*Pédoncule* moyen ou long, parfois très long, fort, relativement raide ; saillies peu accusées, moyennement écartées ; pédicelles assez longs.

*Fruits* fréquemment par groupes sur le même pédoncule, portés le long des rameaux souvent en mélange avec les feuilles. Drupes petits, presque sphériques ; base large, tronquée ; dépression pédonculaire évasée peu profonde, diamètre maximum inférieur ou médian ; sommet arrondi.

Épicarpe vert franc jusqu'à la véraison, se marbre alors de violet, sans décoloration préalable, passe au noir violacé, légèrement tiqueté ; surface très lisse.

Pulpe peu abondante, ferme, blanchâtre ou rosée, se détache bien du noyau, relativement peu aqueuse, assez riche en huile.

Noyau court, aplati ; ligne suturale saillante ; diamètre

Fig. 23. — Berdaneil.

maximum à peu près médian ; base et sommet également arrondis ; terminé par un très petit mucron ; dix à douze faisceaux ; sillons peu profonds, surface finement rugueuse.

Endocarpe peu épais; loge à section ovale arrondi.

Amande courte, arrondie aux deux extrémités; faisceaux assez larges, moyennement nombreux, à bords sinueux.

Maturité tardive

### Caractéristiques (1).

|          | D.   | d.   | d'.  | D/d. | D/d'. |
|----------|------|------|------|------|-------|
| Feuille  | 4,72 | 0,86 | »    | 5,48 | »     |
| Olive    | 1,55 | 1,26 | 1,23 | 1,23 | 1,26  |
| Noyau    | 1,12 | 0,79 | 0,73 | 1,41 | 1,53  |
| Amande   | 0,73 | 0,44 | »    | 1,66 | »     |

**Composition des olives** (2). — **Pm** 1,33 ; — **Pp** 70,88 ; **Pn** 29,12 ; **Pa** 3,31 ; — **Te** 47,33 ; **Th** 25,78 ; **Tm** 26,89 ; — **Hf** 18,27.

AIRE DE CULTURE. — Pyrénées-Orientales (canton de Sournia).

OBSERVATIONS CULTURALES. — Rustique, résiste bien aux sécheresses prolongées, peu exigeant comme soins, sauf pour la taille qui doit être bien conduite, craint peu le *Dacus Oleæ*, davantage le *Lecanium oleæ* et le *Noir*. Récoltes régulières, satisfaisantes.

(1) Les chiffres que nous consignons sous ce titre pour chaque variété résultent de nombreuses mensurations. Ils constituent des éléments de diagnose extrêmement précieux, mis en pleine valeur par les rapports D/d, D/d'.

Nous désignerons par D la plus grande dimension longitudinale, par *d* la plus grande dimension transversale, par *d'* la plus petite dimension transversale.

*d=d'* lorsque l'organe considéré ne présente pas d'aplatissement.

*D, d, d' sont exprimés en centimètres.*

(2) Les données figurant dans ces tableaux représentent des moyennes résultant de l'étude de lots d'olives de la même variété aussi nombreux et de provenance aussi diverse qu'il nous a été possible de les obtenir. — Pour la composition des olives nous désignerons dans la suite de ce travail par les abréviations conventionnelles suivantes : les indications relatives au poids moyen ; les proportions (p. 100) de pulpe, de noyaux, d'amandes, etc. :

**Pm** = poids moyen en grammes.

**Pp** = proportions (p. 100) de pulpe ; **Pn**, de noyaux ; **Pa**, d'amandes.

**Te** = teneur (p. 100) de la pulpe en eau ; **Th**, en huile ; **Tm**, en matière sèche.

**Hf** = huile (p. 100) des fruits entiers.

### Verdale (Hérault).

SYNONYMES. — *Verdaou* (Hérault) ; *Olive de Ganges, Gangeole, Groussaldo* (Saint-Hippolyte-du-Fort) ; *Redounale* (Saint-Chamas) ; *Grosse ronde* ; *Olive verte.*

*Arbre* petit, peu vigoureux ; port érigé ; se forme en boule ; couvert léger ; teinte vert clair, très cendré.

*Rameaux* généralement érigés, rarement inclinés ou retombants.

*Jeunes pousses* grêles ; angles peu accusés ; écorce jaune gris, pâle ; nœuds peu saillants, moyennement écartés.

*Feuilles* inégalement divergentes, redressées avec le rameau lorsqu'il est érigé, perpendiculaires à lui ou dirigées à contre-

sens lorsqu'il est incliné ; très petites, fines ; face supérieure
vert clair cendré ; face inférieure blanchâtre.

Limbe étroit ; bords refoulés ; forme en gouttière ; obtus à la
base ; maximum de largeur à peu près médian ; sommet légèrement arrondi ; mucron court ; nervures bien apparentes.

Pétiole court, mince, coudé.

Fig. 24. — Verdale (Hérault).

*Pédoncule* moyen, mince ; saillies accusées, assez écartées ;
pédicelles courts.

*Fruits* généralement isolés, gros ou moyens, presque ronds,
parfois légèrement atténués vers la base ; dépression pédonculaire peu profonde ; sommet arrondi.

Épicarpe vert franc, tiqueté jusqu'à la véraison ; se marbre
alors de violet sans se décolorer au préalable ; passe ensuite
au rouge vineux, puis au noir terne.

Pulpe abondante, molle, brune à maturité, adhérente au noyau, riche en huile.

Noyau piriforme, atténué vers le pédoncule, renflé au sommet; ligne suturale bien apparente; mucron nul ou à peine indiqué; six à huit faisceaux; sillons moyennement creusés; surface finement rugueuse.

Endocarpe d'épaisseur moyenne ; section de la loge ovalaire.

Amande grosse, légèrement aplatie, arrondie aux deux extrémités; faisceaux peu nombreux mais très larges, à contour sinueux.

### Caractéristiques.

| | D. | d. | d'. | D/d. | D/d'. |
|---|---|---|---|---|---|
| Feuille ........ | 5,06 | 0,93 | » | 5,44 | » |
| Olive ......... | 2,07 | 0,70 | 1,70 | 1,21 | 1,21 |
| Noyau......... | 1,34 | 0,78 | 0,76 | 1,71 | 1,76 |
| Amande ....... | 1,01 | 0,51 | » | 1,98 | » |

**Composition des olives,** — **Pm** 3,55 ; — **Pp** 82,26 ; **Pn,** 17,74; **Pa** 2,80 ; — **Te** 55,40 ; **Th** 23,90 ; **Tm** 10,70 ; — **Hf** 19,70.

Aire de culture. — Très répandu dans l'Hérault et dans quelques communes du Gard et de l'Aude voisines de ce département ; très rare ailleurs.

Observations culturales. — Assez sensible au froid, exige, pour donner des récoltes abondantes, des terrains de bonne qualité ; son fruit ordinairement confit en vert est apprécié, bien que manquant de finesse; il mûrit tôt et blettit rapidement ; son huile est peu estimée.

### Redonal (Hérault).

Synonyme. — *Redounaou.*

*Arbre* assez grand, vigoureux ; port semi-érigé; se forme en dôme étalé; couvert léger; teinte générale très terne.

Rameaux nombreux, courts, redressés ou obliques, jamais pendants, portant généralement les feuilles en bouquets terminaux; jeunes pousses de grosseur moyenne; angles peu accusés; écorce gris pâle; lenticelles rares, assez apparentes; nœuds peu saillants, assez rapprochés.

*Feuilles* redressées vers la lumière, droites ou arquées, de forme et de dimensions variables, moyennes en général; vert sombre très cendré à la face supérieure, blanchâtre à la face inférieure.

Limbe généralement ovale lancéolé, parfois spatulé, assez épais, à peu près plat; bords légèrement mais régulièrement refoulés; maximum de largeur médian ou un peu supérieur; atténué en pointe ou arrondi au sommet; mucron long, aigu. généralement droit; nervure principale très visible sur la face supérieure, très saillante à la face inférieure.

Pétiole de longueur moyenne, assez mince, ordinairement coudé.

Fig. 25. — Redonal (Hérault).

*Pédoncule* court, gros, raide; saillies très accusées, rapprochées.

*Fruits* isolés ou par deux ou trois sur un même pédoncule, assez souvent au-dessous de la partie feuillue du rameau. moyens ou petits, presque ronds; base élargie, fréquemment tronquée; dépression pédonculaire évasée et très profonde; maximum de largeur à peu près médian; sommet arrondi.

Épicarpe rougeâtre, puis noir violacé, pointillé à maturité.

Pulpe abondante, blanc rosé, riche en eau, pauvre en huile.

Noyau ovoïde, presque symétrique; ligne suturale bien appa-

rente ; base souvent obtuse ; maximum de largeur à peu près
médian ; terminé par une pointe courte ; cinq à sept faisceaux ;
sillons assez profonds, discontinus ; surface tourmentée.

Endocarpe moyennement ou peu épais ; loge à section ovalaire.

Amande très courte, légèrement comprimée, arrondie aux
deux bouts ; faisceaux rares, larges, peu ramifiés.

Maturité assez hâtive ; le fruit tombe très facilement.

### Caractéristiques,

|              | D.   | d.   | d'.  | D/d. | D/d'. |
|--------------|------|------|------|------|-------|
| Feuille      | 4,20 | 0,98 | »    | 4,28 | »     |
| Olive        | 1,66 | 1,40 | 1,40 | 1,18 | 1,18  |
| Noyau        | 1,22 | 0,71 | 0,71 | 1,71 | 1,17  |
| Amande       | 0,85 | 0,42 | »    | 2,02 | »     |

**Composition des olives.** — **Pm** 1,80 ; — **Pp** 79,20 ; **Pn** 20,50 ; **Pa** 4,18 ;
— **Te** 55,60 ; **Th** 20,10 ; **Tm** 24,30 ; — **Hf** 15,91.

Échantillons provenant de l'École nationale d'agriculture de Montpellier.
OBSERVATIONS CULTURALES. — Offre peu d'intérêt à cause de sa production
réduite et du faible rendement en huile de ses fruits.

### Dorée (Ardèche, Bourg-Saint-Andéol).

*Arbre* à couvert léger ; teinte générale très terne. Ramifications
principales allongées, le plus souvent inclinées, horizontales ou
pendantes, portant des brindilles courtes, raides, insérées généralement à angle droit.

Jeunes pousses de grosseur moyenne ; angles irrégulièrement
accusés ; écorce vert jaunâtre ; lenticelles nombreuses, petites ;
nœuds peu saillants, assez accusés.

*Feuilles* insérées dans toutes les directions, parfois à contresens des rameaux qui les portent, moyennes ou petites, larges,
peu épaisses, raides, parcheminées, vert pâle à la face supérieure, blanc presque pur à la face inférieure.

Limbe ovale lancéolé ou spatulé, replié en gouttière, parfois
contourné ; base obtuse ; maximum de largeur vers la partie
médiane ou supérieure ; sommet arrondi ou en pointe peu
prononcée ; mucron très obtus, parfois nul ; nervure principale
étroite mais très saillante à la face inférieure ; nervures secondaires visibles sur cette même face.

Pétiole remarquablement court et fin.

*Pédoncule* généralement moyen ou court, parfois très court, d'épaisseur moyenne; saillies accusées, nombreuses, rapprochées.

*Fruits* souvent groupés, de grosseur extrêmement variable, ovoïdes; les gros fruits, plus allongés que les petits, feraient classer cette variété dans la deuxième section; légère asymétrie; base arrondie ou faiblement tronquée; dépression du

Fig. 26. — Dorée (Ardèche, Bourg-Saint-Andéol).

pédoncule peu profonde; maximum de diamètre à peu près médian; sommet arrondi.

Epicarpe lisse, vert clair, peu tiqueté jusqu'à la véraison, passe au violet finement pointillé de blanc, puis au noir pruiné.

Pulpe assez abondante, molle, tout à fait noire à maturité, aqueuse, pauvre en huile, se meurtrit très facilement.

Noyau de grosseur extrêmement variable, à peu près parfaitement ovoïde; base et sommet également arrondis; quelquefois e sommet est plus renflé ; légère asymétrie ; pointe très courte mais bien détachée ; faisceaux assez nombreux (8 à 10) ; sillons moyennement accusés, longitudinaux, assez abondamment ramifiés ; surface relativement tourmentée.

Endocarpe épais (2 mm.) ; loge réduite, à section ovale.

Amande fine, allongée, légèrement arquée ; faisceaux très fins, rectilignes.

### Caractéristiques.

|              | D.   | d.   | d'.  | D/d. | D/d'. |
|--------------|------|------|------|------|-------|
| Feuille      | 4,88 | 1,32 | »    | 3,69 | »     |
| Olive        | 1,91 | 1,48 | 1,48 | 1,29 | 1,29  |
|              | 2,04 | 1,52 | 1,52 | 1,34 | 1,34  |
| Noyau        | 1,43 | 0,78 | 0,78 | 1,91 | 1,91  |
| Amande       | 1,06 | 0,45 | »    | 2,35 | »     |

**Composition des olives.** — **Pm** 2,46 ; — **Pp** 77,60 ; **Pn** 22,40 ; **Pa** 3,55 ; — **Te** 47,60 ; **Th** 12,90 ; **Tm** 39,50 ; — **Hf** 10,10.

Aire de culture. — Echantillons provenant de Bourg-Saint-Andéol (Ardèche).

### Verdale (Ardèche).

*Arbre* d'assez grandes dimensions, atteignant généralement 5 à 6 mètres de hauteur. Branches principales dirigées dans toutes les directions ; frondaison diffuse ; port en boule ; couvert léger ; teinte gris terne.

Rameaux allongés, divergents, raides, ne portant souvent des feuilles qu'à l'extrémité, redressés, horizontaux ou plus ou moins pendants selon leur position sur l'arbre. Jeunes pousses fortes ; écorce jaune grisâtre ; lenticelles peu nombreuses, peu apparentes ; nœuds saillants, inégalement écartés.

*Feuilles* divergentes, généralement redressées vers la lumière, longues, assez larges, fermes ; vert cendré à la face supérieure, argenté à la face inférieure.

Limbe ovale lancéolé, à peu près plat, quelquefois déprimé selon la nervure médiane à la face supérieure ; bords légèrement refoulés, rarement en toit ; obtus à la base ; maximum de largeur au-dessous de la ligne médiane, doucement atténué vers le sommet qui est arrondi ; mucron court, mais très net, généralement incliné de côté ; nervure principale dessinant un creux à la face supérieure, qui se répercute à la face inférieure

sans que la nervure y soit elle-même très saillante; nervures
secondaires ordinairement visibles à la face inférieure.

Pétiole assez court, robuste, souvent coudé.

*Grappes florales* courtes, pauciflores, assez souvent terminales; boutons moyens, arrondis; calice profond, à bords

Fig. 27. — Verdale (Ardèche).

arrondis; stigmate épais, cornes distinctes, non divergentes.

Floraison tardive.

*Pédoncule* de longueur moyenne ou court, très robuste;
saillies rares, peu accusées.

*Fruits* moyens; côte très marquée, aspect comprimé; presque symétriques par rapport à l'axe; à peu près également
arrondis à la base et au sommet; dépression pédonculaire peu
profonde, régulièrement arrondie; sommet obtus, parfois
tronqué; dépression du stigmate nette.

Epicarpe lisse, vert pâle légèrement tiqueté à la véraison, jaunit à ce moment, passe ensuite au violet très pruiné.

Pulpe abondante, ferme, vert jaunâtre, riche en huile.

Noyau allongé, cylindracé, légèrement asymétrique ; suture des valves peu distincte : base arrondie ; sommet faiblement renflé, terminé par une pointe courte, aiguë, déjetée ; faisceaux nombreux ; sillons nettement creusés, longitudinaux ; ramifications nombreuses ; surface assez tourmentée, rugueuse.

Endocarpe épais ; loge réduite, à section ovalaire.

Amande droite, assez large ; extrémités arrondies ; faisceaux rares, déliés, peu ramifiés.

Caractéristiques.

|  | D. | d. | d'. | D/d. | D/d'. |
|---|---|---|---|---|---|
| Feuille ........ | 6,05 | 1,20 | » | 5,04 | » |
| Olive ......... | 1,84 | 1,52 | 1,43 | 1,21 | 1,29 |
| Noyau......... | 1,38 | 0,72 | 0,71 | 1,91 | 1,94 |
| Amande ....... | 0,89 | 0,39 | » | 2,28 | » |

**Composition des olives.** — **Pm** 2,50 ; — **Pp** 80,85 ; **Pn** 19,15 ; **Pa** 2,72 — **Te** 36,80 ; **Th** 38,60 ; **Tm** 24,60 ; — **Hf** 31,20.

Aire de culture. — Échantillons provenant de Bourg-Saint-Andéo (Ardèche).

Nostral.

Synonymes. — *Noustraou, Sauvage* (Alpes-Maritimes).

*Arbre* élancé, vigoureux, atteignant 8 à 10 mètres de hauteur ; tronc cylindrique ; écorce gris brunâtre, adhérente ; branches principales redressées verticalement, portant les feuilles en bouquets terminaux ; aspect fruste, hérissé ; couvert léger ; teinte vert cendré, terne.

Rameaux relativement peu abondants, assez courts, forts, nettement quadrangulaires ; écorce jaunâtre ; lenticelles nombreuses et bien apparentes ; nœuds proéminents, assez rapprochés.

*Feuilles* dans toutes les directions, quoique souvent redressées dans le sens des rameaux, moyennes ou petites, larges, épaisses, fermes, vert grisâtre à la face supérieure, blanc verdâtre à la face inférieure.

Limbe généralement spatulé, parfois très obtus, en gouttière ; base obtuse ; relativement arrondi à l'extrémité ; mucron court mais bien détaché, aigu; nervure nettement accusée par une ligne blanche à la face supérieure, étroite mais très saillante sur l'autre face.

Pétiole court, robuste, souvent tordu.

*Fleurs* à style court; stigmate en croissant obtus mais bien dessiné.

Pédoncule moyen, robuste, raide ou peu incurvé; saillies nettes, rares, espacées.

*Fruits* généralement isolés, souvent portés sur les parties dénudées des rameaux, au-dessous des feuilles, moyens, ovoïdes, presque symétriques par rapport à l'axe; base arrondie ou légèrement tronquée; dépression pédonculaire profonde: sommet arrondi.

Epicarpe vert franc, légèrement tiqueté avant la véraison, passe au violet presque sans décoloration préalable, puis au violet brun et au noir.

Pulpe assez abondante, violacée, aqueuse.

Noyau moyen, régulièrement ovoïde; valves à peu près égales; non côtelé, à peine plus renflé vers le sommet; sommet arrondi ou portant un mucron très court; faisceaux nombreux (9 à 10); sillons assez peu profonds, ramifications divergentes, anastomosées; surface peu tourmentée.

Endocarpe très épais (2 mm.); loge relativement réduite, à section légèrement allongée.

Amande droite, assez courte; section presque circulaire: faisceaux rares, peu ramifiés, bien déliés, quoique larges.

Caractéristiques.

|  | D. | d. | d'. | D/d. | D/d'. |
|---|---|---|---|---|---|
| Feuille ......... | 4,92 | 1,38 | » | 3,57 | » |
| Olive .......... | 1,86 | 1,45 | 1,45 | 1,28 | 1,28 |
| Noyau......... | 1,35 | 0,79 | 0,78 | 1,71 | 1,73 |
| Amande........ | 0,92 | 0,45 | » | 2,04 | » |

**Composition des olives.** — **Pm** 2,30; — **Pp** 75,65; **Pn** 24,35; **Pa** 3,48.

AIRE DE CULTURE. — Pieds isolés dans diverses localités des Alpes-Maritimes (vallée du Var). Le nom indique qu'il s'agit d'une ancienne variété locale.

OBSERVATIONS CULTURALES. — Cet olivier, vigoureux mais très irrégulièrement productif, n'est plus multiplié de nos jours. On lui a substitué à peu près partout le *Cailletier*, et souvent en greffant sur lui cette dernière variété.

### Coucourelle.

*Arbre* de taille moyenne ou petite, assez vigoureux ; tronc cylindrique couvert d'une écorce gris brunâtre très gerçurée, se détachant en lanières courtes ; se forme en boule ; couvert très dense ; teinte généralement assez sombre.

Rameaux nombreux, longs, très feuillus, sans orientation

Fig. 28. — Coucourelle.

définie, horizontaux, retombants sur les parties latérales de l'arbre. Jeunes pousses minces, angles accusés ; écorce gris verdâtre ; lenticelles grosses, clairsemées ; nœuds moyens, rapprochés.

*Feuilles* nombreuses, divergentes, moyennes, assez épaisses ; vert sombre cendré à la face supérieure, vert clair terne à la face inférieure.

Limbe ovale lancéolé ou légèrement spatulé : bords refoulés, à peine repliés en gouttière ; régulièrement atténué vers la base, accompagnant la nervure ; maximum de largeur légèrement supérieur ; sommet généralement arrondi ; mucron court, mais bien détaché ; nervure principale très saillante à la face inférieure.

Pétiole de longueur moyenne, assez épais, dans le plan du limbe, coudé à l'extrémité.

*Pédoncule* moyen ou court, d'épaisseur moyenne ; saillies fortes, peu écartées ; pédicelles très courts.

*Fruits* souvent par deux ou trois sur le même pédoncule, agglomérés en masses parfois compactes vers l'extrémité des rameaux, moyens, légèrement asymétriques ; faible côte méridienne ; base large, tronquée ; dépression pédonculaire évasée et profonde ; diamètre maximum supérieur ; brusquement arrondis au sommet ; ensemble cylindro-sphérique.

Epicarpe vert glauque jusqu'à la véraison, se marbre ensuite de violet brun pour passer au noir terne à la maturité.

Pulpe abondante, ferme, noir rougeâtre, aqueuse, assez riche en huile.

Noyau court, renflé ; base large, diamètre maximum supérieur ; mucron court et net ; huit à dix faisceaux ; sillons assez accusés.

Endocarpe peu épais ; loge à section nettement ovalaire.

Amande courte, aplatie, ronde aux deux bouts ; un faisceau principal peu ramifié.

Epoque de maturité moyenne.

### Caractéristiques.

|  | D. | d. | d'. | D/d. | D/d'. |
|---|---|---|---|---|---|
| Feuille ........ | 5,01 | 1,15 | » | 4,36 | » |
| Olive ......... | 1,60 | 1,30 | 1,29 | 1,23 | 1,24 |
| Noyau......... | 1,13 | 0,67 | 0,67 | 1,68 | 1,68 |
| Amande ....... | 0,85 | 0,40 | » | 2,01 | » |

Composition des olives. — **Pm** 2 ; — **Pp** 78,50 ; **Pn** 21,50 ; **Pa** 2,73 ; — **Te** 48,50 ; **Th** 30,30 ; — **Hf** 23,94.

AIRE DE CUTLURE. — Environs de Draguignan (Var).

OBSERVATIONS CULTURALES. — De bonne vigueur, redoute peu es parasites, mais exigeant sous le rapport du terrain et des soins culturaux, réclame des tailles d'éclaircissement fréquentes, souffre de la sécheresse en coteaux arides où il nécessite de fréquents labours et des fumures ; en bon sol, au contraire, présente une végétation luxuriante et donne souvent de bonnes récoltes ; les fruits, solidement attachés à l'arbre, cèdent difficilement leur huile ; celle-ci est légèrement verte et fruitée.

### Rougeon (Vaucluse).

Synonyme. — *Rouget.*

*Arbre* vigoureux, moyen ou grand ; port arrondi ; couvert épais ; teinte générale assez sombre.

Rameaux nombreux, allongés, feuillus, horizontaux ou infléchis sur le pourtour de l'arbre ; jeunes pousses de grosseur moyenne, angles très accusés ; écorce grisâtre ; lenticelles peu apparentes ; nœuds peu accusés, assez rapprochés.

*Feuilles* divergentes, généralement redressées à contre-sens du rameau quand celui-ci est penché, moyennes, assez épaisses, fermes, parfois arquées ; vert cendré à la face supérieure, blanc verdâtre à la face inférieure.

Limbe lancéolé, assez étroit, replié en gouttière ; diamètre maximum à peu près médian ; sommet fréquemment porté en arrière, terminé par un mucron en crochet ; nervure principale dessinant un sillon étroit à la face supérieure ; saillie large et accusée sur l'autre face.

Pétiole moyen, généralement hors du plan du limbe.

*Pédoncule* long, épais, raide ; saillies peu accusées, assez écartées.

*Fruits* généralement isolés, portés le long des rameaux, fréquemment entremêlés de feuilles, moyens, courts, légèrement asymétriques ; côte très faible ; base large, tronquée ; dépression pédonculaire assez profonde ; diamètre maximum médian ou légèrement supérieur ; arrondis au sommet.

Epicarpe lisse ; conserve assez longtemps après la véraison une teinte rouge violacée.

Pulpe abondante.

Noyau petit, assez régulièrement ovoïde ; ligne suturale bien indiquée ; base arrondie ; diamètre maximum à peu près médian ; sommet arrondi ; court mucron terminal ; huit à dix faisceaux ; sillons à peine marqués, peu ramifiés ; surface à peu près lisse.

Endocarpe très mince, loge à section presque circulaire.

Amande courte, arrondie aux bouts ; faisceau principal large et assez long ; ramifications étroites et divergentes.

### Caractéristiques.

|  | D. | d. | d'. | D/d. | D/d'. |
|---|---|---|---|---|---|
| Feuille ........ | 4,90 | 0,96 | » | 5,10 | » |
| Olive ......... | 1,75 | 1,38 | 1,38 | 1,27 | 1,27 |
| Noyau........ | 1,20 | 0,66 | 0,66 | 1,82 | 1,82 |
| Amande....... | 0,82 | 0,41 | » | 2,00 | » |

**Composition des olives.** — **Pm** 1,88 ; — **Pp** 81,92 ; **Pn** 18,08 ; **Pa** 2,18.

AIRE DE CULTURE. — Département du Vaucluse (région de Pernes).

OBSERVATIONS CULTURALES. —Vigoureux, susceptible de donner des récoltes très abondantes ; rendement en huile élevé, surtout en raison de la richesse du fruit en pulpe.

### Plant de Callas.

SYNONYMES. — *Callassen, Ribier, Petit-Ribier.*

*Arbre* de taille moyenne ou assez grande, peu vigoureux; port semi-érigé ; se forme en boule ; couvert léger ; teinte générale assez terne.

Rameaux courts nombreux, généralement redressés, mais prenant la position oblique ou horizontale sur les côtés de l'arbre ; feuilles en bouquets terminaux ; jeunes pousses grosses: angles accusés ; écorce grisâtre ; lenticelles nombreuses, bien apparentes ; nœuds peu saillants, à écartement très variable mais souvent rapprochés.

*Feuilles* assez divergentes, moyennes ou petites, assez souples, vert sombre très cendré en dessus, blanchâtres en dessous.

Limbe ovale lancéolé ou spatulé, assez large, à bords faiblement refoulés, généralement droit, accompagne bien le pétiole dès sa naissance ; maximum de largeur plus souvent supérieur ; sommet légèrement arrondi ; mucron bien détaché et assez long ; nervure principale dessinant un étroit sillon à la face supérieure, large et très proéminente à la face inférieure.

Pétiole relativement long et fort, fréquemment tordu.

*Pédoncule* long, gros, raide ; saillies très accusées, assez écartées.

*Fruits* fréquemment groupés sur le même pédoncule, portés le long des rameaux principalement dans les portions dénudées, moyens ou petits, courts ; base généralement tronquée ; dépression pédonculaire assez large, peu profonde ; diamètre maximum légèrement supérieur ; sommet arrondi.

Epicarpe vert foncé, tiqueté jusqu'à la véraison, passe alors rapidement au violet puis au noir terne.

Pulpe moyennement abondante, brun rougeâtre à maturité.

Noyau court, légèrement asymétrique, généralement atténué vers la base; diamètre maximum supérieur; tronqué au sommet; portant un fin mucron; neuf à onze faisceaux; sillons peu accusés; surface relativement lisse.

Endocarpe mince; loge à section presque circulaire.

Fig. 29. — Plant de Callas.

Amande cylindracée, courte, arrondie aux deux extrémités; faisceaux assez nombreux, larges, bien ramifiés. Les cas d'amandes gémellaires sont fréquents.

Maturité précoce.

### Caractéristiques.

| | D. | d. | d'. | D/d. | D/d'. |
|---|---|---|---|---|---|
| Feuille ........ | 4,55 | 1,14 | » | 4,00 | » |
| Olive ......... | 1,62 | 1,25 | 1,24 | 1,29 | 1,30 |
| Noyau......... | 1,18 | 0,72 | 0,71 | 1,64 | 1,66 |
| Amande ....... | 0,74 | 0,45 | » | 1,64 | » |

**Composition des olives.** — **Pm** 1,14 ; — **Pp** 72,80 ; **Pn** 27,20 ; **Pa** 5,22 ; — **Te** 28,40 ; **Th** 44,60 ; **Tm** 30,60 ; — **Hf** 28,54.

Aire de culture. — Département du Var (environs de Callas).

Observations culturales. — S'accommode des plus mauvais terrains et y donne des récoltes satisfaisantes, exige de fréquents émondages, car ses nombreuses brindilles s'épuisent rapidement ; production assez régulière. Le fruit craint peu le *Dacus oleæ* ; il cède difficilement son huile ; celle-ci est verdâtre et manque de finesse.


## SECTION I

Deuxième groupe. — *Fruits à sommet arrondi mais généralement surmontés d'un léger mucron.*


### Tanche.

Synonyme. — *Olive de Nyons* (Carpentras).

*Arbre* vigoureux, de grandes dimensions ; se forme en boule ; couvert moyennement dense ; teinte générale vert cendré, terne ; tronc cylindrique, quelquefois contourné ; écorce gris brunâtre se détachant en lanières longitudinales.

Rameaux vigoureux, assez courts, droits, divergents, sans direction définie, souvent dégarnis de feuilles sur une partie de leur longueur ; jeunes pousses assez fortes ; angles peu accusés ; écorce verdâtre ; lenticelles peu nombreuses mais très apparentes ; nœuds peu saillants, assez écartés.

*Feuilles* divergentes, orientées dans n'importe quelle direction, grandes, larges, peu épaisses, fermes, vert sombre très terne à la face supérieure, blanc argenté à la face inférieure.

Limbe ovale lancéolé ou spatulé, plat, gondolé, ou arqué, régulièrement aminci vers la base ; maximum de largeur généralement supérieur ; assez rapidement atténué au sommet ; mucron court, bien détaché ; nervure inférieure très large et saillante à sa naissance, s'atténue rapidement ; nervures secondaires visibles à la face supérieure.

Pétiole court, assez épais, ordinairement dans le plan du limbe, quelquefois coudé.

*Grappe florale* assez courte, compacte ; douze à quinze boutons.

*Pédoncule* moyennement long, mince ; saillies accusées, rares.

*Fruits* généralement isolés, rarement groupés par deux ou trois, moyens ou gros, cordiformes; base large, tronquée, souvent vallonnée; dépression pédonculaire large, profonde, sillonnée; diamètre maximum inférieur; rapidement atténués au sommet; arrondis ou en pointe très mousse; à peine mucronés.

Epicarpe vert franc légèrement tigré jusqu'à la véraison, se marbre alors de violet, puis passe au violet noir et enfin au noir franc, très pruiné, finement ridé en pleine maturité.

Pulpe assez abondante, onctueuse, brun violacé, riche en huile.

Noyau très gros, moyennement allongé, cylindracé; base élargie, souvent tronquée; maximum de largeur à peu près médian; sommet obtus; mucron aigu; huit faisceaux en moyenne; sillons irréguliers d'allure, profondément creusés; surface très tourmentée, présentant çà et là des dépressions accusées.

Endocarpe très épais; loge à section ovalaire.

Amande grosse, droite, un peu aplatie, arrondie aux deux bouts; faisceaux larges; ramifications à dessin coralloïde.

### Caractéristiques.

|  | D. | d. | d'. | D/d. | D/d'. |
|---|---|---|---|---|---|
| Feuille ........ | 6,03 | 1,56 | » | 3,80 | » |
| Olive ........ | 2,36 | 1,76 | 1,74 | 1,34 | 1,35 |
| Noyau........ | 1,72 | 1,02 | 1,00 | 1,70 | 1,72 |
| Amande. ...... | 1,18 | 0,50 | » | 2,36 | » |

**Composition des fruits.** — **Pm** 4 ; — **Pp** 75,41 ; **Pn** 24,59 ; **Pa** 2,50 ; — **Te** 37,01 ; **Th** 32,95 ; **Tm** 30,04 ; — **Hf** 25,11.

AIRE DE CULTURE. — Très abondant dans l'arrondissement de Nyons (Drôme); çà et là dans les plantations du nord du Vaucluse (région de Carpentras, Orange) et dans quelques communes voisines de l'Ardèche et du Gard.

OBSERVATIONS CULTURALES. — Fertile; se trouve bien de tailles fréquentes et de bons soins culturaux; sensible au *Cycloconium oleaginum*, rarement atteint par le *Dacus oleæ*. Fruit se prêtant admirablement à la préparation des conserves d'olives noires, cède facilement son huile qui est dorée, limpide, douce.

### Araban (Var).

*Arbre* très vigoureux, moyen ou petit, se forme en boule; couvert épais; teinte générale gris argenté.

. Rameaux nombreux, coùrts, divergents, poussant dans toutes les directions, horizontaux et retombants sur le pourtour de l'arbre, portant leurs larges feuilles en bouquets compacts : jeunes pousses assez fortes, presque arrondies ; écorce vert gris très clair ; nœuds peu saillants, très rapprochés.

*Feuilles* divergentes, sans orientation définie, souvent redressées vers la lumière et montrant leur face inférieure,

Fig. 30. — Araban (Var).

très grandes, assez épaisses, souples, souvent gondolées, inéqui-latérales, falciformes ; face supérieure vert sombre finement ponctuée de gris ; face inférieure blanc argenté.

Limbe ovale lancéolé, très large, plat, débordant rapidement la nervure à sa naissance ; maximum de largeur à peu près médian ; sommet en pointe ou légèrement arrondi ; mucron long, aigu, en crochet ; nervure principale en légère saillie à la face supérieure, large et proéminente à sa naissance mais s'effaçant vers l'extrémité à la face inférieure.

Pétiole long et très gros, légèrement coudé, parfois tordu.

*Pédoncule* moyen ou court, assez mince; saillies accusées, peu écartées.

*Fruits* souvent groupés sur le même pédoncule, portés vers l'extrémité des rameaux, au-dessous de la portion feuillue, moyens, courts, renflés, très faiblement côtelés; base large, tronquée; dépression pédonculaire évasée, peu profonde; diamètre maximum basilaire; le fruit s'atténue faiblement jusque vers le sommet qui est brusquement arrondi; mucron court, très net, parfois un peu déjeté.

Epicarpe lisse, noir luisant à maturité.

Pulpe abondante, rose vineux, riche en huile.

Noyau faiblement asymétrique, coupé net à la base, légèrement déprimé vers le tiers inférieur, renflé au-dessus de la ligne médiane, brusquement atténué au sommet; court mucron; huit à dix faisceaux; sillons nettement creusés, longitudinaux.

Endocarpe moyennement épais; section de la loge presque ronde.

Amande cylindracée, à peine atténuée vers le sommet, arrondie aux deux bouts; faisceau principal assez long, peu ramifié.

Maturité hâtive.

### Caractéristiques.

| | D. | d. | d'. | D/d. | D/d'. |
|---|---|---|---|---|---|
| Feuille ........ | 7,42 | 1,66 | » | 4,47 | » |
| Olive ........ | 1,78 | 1,39 | 1,38 | 1,28 | 1,29 |
| Noyau........ | 1,43 | 0,76 | 0,76 | 1,88 | 1,88 |
| Amande ....... | 0,95 | 0,40 | » | 2,38 | » |

**Composition des olives.** — **Pm** 2,18; — **Pp** 77; **Pn** 23; **Pa** 3,45; — Te, 34,40; **Th** 42; **Tm** 23,60; — **Hf** 31,50.

Aire de culture. — Très commun à Seillans (Var) et dans quelques localités avoisinantes.

### Préauron.

*Arbre* vigoureux, assez grand; branches de charpente verticales; port pyramidal; couvert léger; teinte vert clair très terne.

Rameaux nombreux, courts, droits, très érigés, portant les

feuilles en bouquets terminaux ; jeunes pousses assez épaisses ;
angles peu accusés ; écorce gris verdâtre ; lenticelles très
nombreuses, très apparentes ; nœuds moyens, souvent rapprochés.

*Feuilles* ordinairement redressées avec le rameau ou peu
divergentes, moyennes ou petites, droites, assez souples ; vert

Fig. 31. — Préauron.

clair criblé de ponctuations grises à la face supérieure, blanc
verdâtre à la face inférieure.

Limbe de forme régulière, lancéolé, assez étroit, bords légèrement mais uniformément refoulés, déborde rapidement la
nervure à sa naissance ; maximum de largeur à peu près médian ; effilé, rarement arrondi au sommet ; mucron assez long,
peu déjeté ; nervure médiane en saillie bien apparente à la
face supérieure, très proéminente à la face inférieure.

Pétiole court, assez fort, coudé.

*Pédoncule* court ou moyen, robuste ; saillies fines, peu écartées ; pédicelles très courts.

*Fruits* quelquefois isolés mais le plus souvent par trois, quatre et plus sur le même pédoncule, fréquemment agrégés en masses compactes sur les parties dénudées des rameaux, notamment à leur intersection ; moyens ou petits, courts ; base large, arrondie ; dépression pédonculaire superficielle ; diamètre maximum inférieur ou moyen ; sommet terminé par une légère saillie.

Epicarpe lisse, vert clair jusqu'à la véraison, pâlit, jaunit à ce moment-là, se teinte de rose violacé puis devient noir, chargé de pruine à maturité.

Pulpe abondante, violacée, aqueuse, moyennement riche en huile.

Noyau ovoïde, allongé, très régulier, atténué vers la base et le sommet ; diamètre maximum à peine supérieur ; très léger mucron terminal ; quatre à six faisceaux superficiels ; surface presque lisse.

Endocarpe très mince ; loge à section circulaire.

Amande presque ronde, très régulière, arrondie aux deux bouts ; faisceaux nombreux, déliés.

Maturité assez hâtive.

### Caractéristiques.

|            | D.   | $d$. | $d'$. | D/$d$. | D/$d'$. |
|------------|------|------|-------|--------|---------|
| Feuille    | 5,38 | 1,00 | »     | 5,38   | »       |
| Olive      | 1,80 | 1,40 | 1,40  | 1,28   | 1,28    |
| Noyau      | 1,27 | 0,67 | 0,66  | 1,89   | 1,90    |
| Amande     | 0,88 | 0,40 | »     | 2,20   | »       |

**Composition des olives.** — **Pm** 2,11 ; — **Pp** 84,84 ; **Pn** 15,16 ; **Pa** 2,65 ; — **Te** 53,20 ; **Th** 26,87 ; **Tm** 19,93 ; — **Hf** 23,89.

AIRE DE CULTURE. — Très peu répandu ; pieds isolés dans les oliveraies des Arcs et des environs (Var).

OBSERVATIONS CULTURALES. — Vigoureux et rustique ; production assez abondante mais irrégulière.

### Groussan (Bouches-du-Rhône).

*Arbre* vigoureux d'assez grandes dimensions (5 à 6 mètres) ; se forme en boule ; teinte générale sombre ; couvert dense.

Rameaux longs, raides, très feuillus, érigés, souvent groupés par quatre aux points de ramification ; jeunes pousses très fortes, angles assez rapidement effacés, écorce jaune verdâtre; lenticelles peu apparentes ; nœuds très saillants, rapprochés.

*Feuilles* peu divergentes, redressées contre les rameaux, grandes, très arquées, épaisses, très rigides, vert sombre à la face supérieure, blanchâtres à la face inférieure.

Limbe fortement replié en gouttière, relativement étroit; bords presque parallèles sur leur plus grande longueur, quelquefois sinueux, assez régulièrement atténués à la base; sommet également atténué ou arrondi; mucron court mais bien détaché, incliné en arrière; nervure principale marquant un sillon à la face supérieure et une saillie très accusée à la face inférieure; nervures secondaires déterminant des vallonnements très apparents sur les deux faces.

Pétiole long, très fort, oblique par rapport au limbe, toujours coudé.

*Grappe florale* courte, contractée, pauciflore (douze à dix-huit boutons). Floraison moyennement précoce.

*Pédoncule* moyen ou court, très robuste, raide; saillies rares, accusées.

*Fruits* portés tout le long des rameaux, assez souvent dans les parties dénudées, ordinairement isolés, gros, presque sphériques; base large, parfois tronquée; dépression pédonculaire largement évasée et profonde; sommet arrondi ou très faiblement mucroné.

Épicarpe vert franc, tiqueté jusqu'à la véraison, lisse, luisant, noir violacé à maturité.

Pulpe abondante, assez aqueuse, peu riche en huile.

Noyau ovoïde, parfois cylindracé, terminé par un mucron très court, aigu ; huit faisceaux en moyenne; sillons profondément accusés; ramifications secondaires divergentes, déterminant çà et là, des dépressions profondes, d'où une surface tourmentée.

Endocarpe très épais, large, à section faiblement ovalaire.

Amande courte, arrondie aux deux bouts; faisceaux assez étroits, très ramifiés.

Maturité irrégulière.

### Caractéristiques.

| | D. | d. | d'. | D/d. | D/d'. |
|---|---|---|---|---|---|
| Feuille ........ | 6,00 | 1,12 | » | 5,35 | » |
| Olive ......... | 2,15 | 1,85 | 1,85 | 1,16 | 1,16 |
| Noyau......... | 1,43 | 0,83 | 0,82 | 1,72 | 1,74 |
| Amande ........ | 0,98 | 0,44 | » | 2,22 | » |

**Composition des olives.** — Pm 4,16 ; — Pp 82,48 ; Pn 17,52 ; Pa 2,13 ; — Te 55,40 ; Th 22,40 ; Tm 22,20 ; — Hf 18,03.

AIRE DE CULTURE. — Localisé dans la vallée des Baux (Bouches-du-Rhône). Entre pour près du tiers dans les plantations des communes des Baux, Maussane ; plus rare à Mouriès et à Fontvieille.

OBSERVATIONS CULTURALES. — Arbre remarquable par sa belle végétation qu'il faut maîtriser par des tailles fréquentes, annuelles de préférence ; exigeant comme fumure ; redoute la cochenille et le noir ; bien cultivé, donne des récoltes satisfaisantes ; une grande partie de ses fruits est destinée à la confiserie en vert ; son huile est fortement colorée, mais de saveur fine.

## Ronde.

SYNONYME. — *Dorée* (Villeneuve-de-Berg).

*Arbre* à port érigé ; couvert assez dense ; teinte vert clair cendré.

Rameaux robustes, généralement redressés, feuillus ; jeunes pousses raides ; angles accusés ; écorce jaune verdâtre ; nœuds saillants, rapprochés.

*Feuilles* le plus souvent redressées contre les rameaux, moyennes, assez épaisses, fermes, généralement arquées ; vert franc à la face supérieure, blanc verdâtre à la face inférieure.

Limbe lancéolé, assez large, parfois spatulé ; bords refoulés, souvent sinueux ; base régulièrement acuminée, déborde peu le pétiole à sa naissance ; maximum de largeur vers la partie médiane, rarement à la partie supérieure ; sommet atténué en pointe peu prononcée ou légèrement arrondi ; mucron court ; nervure principale nettement saillante surtout à la base ; nervures secondaires apparentes.

Pétiole long, robuste, à peu près dans le plan du limbe.

*Fruits* moyens ou gros, courts, légèrement asymétriques ; base arrondie ou vallonnée ; dépression pédonculaire profonde, large, ovalaire ; maximum de largeur sensiblement médian ; sommet terminé par un court mucron.

Épicarpe lisse, non tiqueté, se dore à la véraison puis passe rapidement au violet.

Pulpe très abondante.

Noyau court, renflé au milieu, atténué en pointe mousse aux deux extrémités ; suture des valves dessinant une côte saillante ; valves légèrement carénées, d'où section du noyau à peu près quadrangulaire ; huit à neuf faisceaux ; sillons accusés, peu ramifiés, surface peu tourmentée.

Endocarpe d'épaisseur moyenne (2 millimètres) ; loge large, à section presque circulaire.

Amande courte, trapue, presque ronde ; faisceaux larges, fortement empâtés à la base ; ramifications rares, divergentes, à dessin coralloïde.

### Caractéristiques.

| | D. | d. | d'. | D/d. | D/d'. |
|---|---|---|---|---|---|
| Feuille ........ | 4,94 | 1,18 | » | 4,18 | » |
| Olive ......... | 1,97 | 1,53 | 1,53 | 1,28 | 1,28 |
| Noyau......... | 1,35 | 0,81 | 0,75 | 1,67 | 1,80 |
| Amande ....... | 0,90 | 0,47 | » | 1,91 | » |

**Composition des olives.** — Pm 2,55 ; — Pp 81,38 ; Pn 18,62 ; Pa 2,83.

AIRE DE CULTURE. — Échantillons provenant de Villeneuve-de-Berg (Ardèche).

### Ribeyro.

SYNONYMES. — *Petit-Ribier*, *Sauvage* (Alpes-Maritimes).

*Arbre* atteignant de 7 à 9 mètres de hauteur ; tronc cylindrique ; port érigé ; branches généralement dégarnies de feuilles dans la partie portant les fruits ; feuilles groupées en bouquets terminaux ; couvert léger ; teinte générale assez terne.

Rameaux nombreux, courts ; jeunes pousses robustes ; lenticelles bien apparentes ; nœuds proéminents, moyennement ou peu écartés.

*Feuilles* généralement redressées dans la direction du rameau ou s'en écartant selon un angle faible et uniforme, moyennes ou grandes, assez larges, relativement épaisses, fermes.

Limbe régulièrement lancéolé, rarement spatulé, plat, à bords légèrement refoulés, débordant peu le pétiole à sa naissance ; atténué en pointe, parfois légèrement arrondi à l'extrémité ;

mucron court mais bien détaché; nervure principale fortement accusée à la face inférieure; teinte vert cendré au-dessus, blanc verdâtre brillant au-dessous.

Pétiole court, robuste, généralement dans le plan du limbe.

*Pédoncule* moyen ou long, mince mais robuste, arqué, pendant; saillies très nettes, assez espacées.

*Fruits* souvent groupés, moyens ou petits, ovale-arrondis,

Fig. 32. — Ribeyro (Alpes-Maritimes).

à peu près symétriques par rapport à l'axe; base arrondie ou tronquée; dépression pédonculaire moyennement évasée et profonde; sommet rond surmonté d'une éminence à peine accusée.

Épicarpe vert franc jusqu'à la véraison, se pigmente alors de violet sans décoloration préalable; passe au violet foncé, puis au noir; pruine abondante.

Pulpe peu abondante, rose vineux à maturité.

Noyau petit ou moyen, très court, ovoïde, valves peu dissemblables ; suture peu marquée ; non côtelé ; à peine plus atténué vers la base ; sommet renflé, terminé par une faible saillie ; faisceaux nombreux (huit à dix) ; sillons moyennement profonds : ramifications anastomosées ; surface peu tourmentée.

Endocarpe moyennement épais (1 mm. 9) ; loge réduite, à section ovale, presque ronde.

Amande courte, obtuse ; section arrondie ; faisceaux rares, mais très larges, ramifications divergentes à dessin coralloïde.

### Caractéristiques.

|  | D. | d. | d'. | D/d. | D/d'. |
|---|---|---|---|---|---|
| Feuille ......... | 6,00 | 1,2 | » | 5,00 | » |
| Olive ......... | 1,49 | 1,23 | 1,21 | 1,21 | 1,23 |
| Noyau......... | 1,09 | 0,72 | 0,72 | 1,51 | 1,51 |
| Amande ....... | 0,70 | 0,40 | » | 1,75 | » |

**Composition des olives.** — Pm 1,14 ; — Pp 70,40 ; Pn 29,60 ; Pa 4,04.

Aire de culture. — Environs de Grasse (Alpes-Maritimes). Rare actuellement.

Observations culturales. — Vigoureux et rustique, mais donnant des fruits petits et pauvres en chair ; moins apprécié que le *Cailletier* qui lui a été généralement substitué par le greffage, comme on l'a fait du *Nostral* en d'autres localités du même département.

### Redouneil.

*Arbre* de vigueur moyenne ; port semi-érigé.

Rameaux épais à la base, s'amincissant notablement vers l'extrémité ; angles peu accusés ; lenticelles peu apparentes ; nœuds moyennement saillants, généralement écartés.

*Feuilles* divergentes, redressées vers la lumière, grandes, épaisses, parfois gondolées ; face supérieure vert clair, face inférieure blanchâtre.

Limbe lancéolé, quelquefois très large, faiblement en gouttière ; maximum de largeur médian ou légèrement supérieur ; sommet arrondi ; mucron long, en crochet rejeté en arrière ; nervure principale large mais peu saillante à la face inférieure ; nervures secondaires visibles à la face supérieure.

Pétiole assez long, moyennement épais, coudé.

*Pédoncule* court, épais ; saillies prononcées, rapprochées.

*Fruits* fréquemment par deux ou trois sur le même pédoncule, moyens, courts, un peu aplatis ; base large à profil souvent vallonné, d'où l'aspect cordiforme ; dépression pédonculaire évasée, moyennement profonde ; maximum de diamètre supérieur ; atténués en pointe mousse avec, au sommet, un mucron obtus, très peu saillant.

Épicarpe lisse, noir à maturité.

Pulpe moyennement abondante, brune, riche en huile.

Noyau asymétrique, aplati, côtelé ; base arrondie ; diamètre maximum supérieur ; atténué en pointe légèrement relevée ; forme générale en bateau ; sept faisceaux environ ; sillons assez profonds, surface rugueuse.

Endocarpe épais ; loge à section ovalaire.

Amande large à la base, atténuée en un sommet arrondi ; un peu plate ; faisceaux assez larges, distincts généralement dès la base, peu ramifiés.

Maturité précoce.

Caractéristiques.

| | D. | d. | d'. | D/d. | D/d'. |
|---|---|---|---|---|---|
| Feuille ........ | 6,30 | 1,38 | » | 4,56 | » |
| Olive.......... | 1,92 | 1,54 | 1,50 | 1,24 | 1,20 |
| Noyau......... | 1,44 | 0,85 | 0,80 | 1,68 | 1,80 |
| Amande ....... | 1,00 | 0,45 | » | 2,22 | » |

**Composition des olives.** — Pm 2,27 ; — Pp 73,30 ; Pn 26,70 ; Pa 2,86 ; — Te 45,80 ; Th 30,10 ; Tm 24,10 ; — Hf 22,07.

Aire de culture. — Canton de Sournia (Pyrénées-Orientales).
Observations culturales. — Rustique, de faible végétation, résistant à la sécheresse, réclame des tailles modérées ; craint peu le *Dacus oleæ*, mais beaucoup le *Lecanium oleæ* et le noir ; production assez régulière ; olives cédant facilement leur huile ; celle-ci est de teinte foncée mais limpide, appréciée dans les pays de production.

Redounan.

Synonymies. — *Plant de Salernes* (Cotignac). — *Bouteillan* (Aups). — *Cayan, Cayanne* (Salernes).

*Arbre* de vigueur moyenne, grand ; tronc cannelé, recouvert d'une écorce gris brunâtre assez adhérente ; port érigé ; se forme en dôme arrondi ou étalé en parasol ; couvert moyen ou léger ; teinte générale vert sombre, cendré.

Rameaux nombreux, courts, raides, robustes, portant souvent

leurs feuilles en bouquets terminaux ; jeunes pousses fortes ; angles rapidement effacés ; écorce jaunâtre, striée de gris ; nœuds peu saillants, rapprochés.

*Feuilles* rapprochées, généralement redressées, moyennes, épaisses, raides, vert sombre très cendré à la face supérieure, vert pâle argenté à la face inférieure.

Limbe ovale-lancéolé, légèrement spatulé, assez nettement replié en gouttière, déborde très rapidement la nervure à la base ; maximum de largeur à peu près médian ; sommet arrondi ; mucron court, souvent incliné latéralement ; nervure principale très saillante à la face inférieure.

Pétiole court, robuste, tordu.

*Pédoncule* moyen ou court, robuste ; saillies rapprochées.

*Fruits* isolés ou par deux, portés généralement au-dessous de la portion feuillue des rameaux, moyens ou gros, courts, ovoïdes ; base large ; dépression pédonculaire profonde ; diamètre maximum à peu près médian ou très légèrement supérieur ; sommet portant un très léger mucron.

Épicarpe franchement vert, tiqueté avant la véraison qui est tardive, passe au rouge vineux, puis au brun violacé faiblement pointillé de gris, pruiné.

Pulpe abondante, blanc lavé de violet, très aqueuse, pauvre en huile.

Noyau relativement long ; base arrondie ou tronquée ; diamètre maximum à peu près médian ; sommet terminé par une pointe courte ; huit à dix faisceaux ; sillons profonds, longitudinaux ; surface très rugueuse.

Endocarpe épais ; loge à section faiblement ovalaire.

Amande légèrement aplatie, arrondie aux deux bouts ; faisceaux larges, très ramifiés.

Maturité assez hâtive.

**Caractéristiques.**

|  | D. | d. | d'. | D/d. | D/d'. |
|---|---|---|---|---|---|
| Feuille ........ | 4,93 | 1,90 | » | 4,61 | » |
| Olive ......... | 2,35 | 1,85 | 1,85 | 1,28 | 1,28 |
| Noyau......... | 1,83 | 0,84 | 0,84 | 2,19 | 2,19 |
| Amande ....... | 1,10 | 0,43 | » | 2,56 | » |

**Composition des olives.** — **Pm** 4,40 ; — **Pp** 83,50 ; **Pn** 16,50 ; **Pa** 1,96 ; — **Te** 61,20 ; **Th** 20,80 ; **Tm** 18 ; — **Hf** 17,72.

Aire de culture. — Cantons de Salernes, Aups, Cotignac (Var).

Observations culturales. — D'apparence peu vigoureuse; cependant rustique; exige des tailles légères et fréquentes, assurant le renouvellement des brindilles, vite épuisées; production assez abondante et régulière; le fruit gros, à chair fine, est souvent confit en vert; donne une huile jaune verdâtre limpide, appréciée dans les lieux de production.

### Arabanier (Alpes-Maritimes).

Synonymes. — *Araban* (Vence); *Araban*, *Abéran* (La Gaude); Olivier de Vence, *Vencet*.

*Arbre* de grandes dimensions, atteignant huit à dix mètres de hauteur; en dôme étalé; tronc puissant, cannelé; écorce assez adhérente; branches principales obliques ou horizontales; frondaison touffue, dense; couvert épais; teinte pâle jaunissante.

Rameaux abondants, étalés ou infléchis vers le sol; jeunes pousses minces, flexibles; angles peu accusés; écorce verdâtre; lenticelles peu visibles; nœuds proéminents, écartés.

*Feuilles* très divergentes, orientées dans n'importe quelle direction, longues, étroites, souples, souvent falciformes; vert jaunâtre clair, légèrement cendré à la face supérieure, blanc à peine verdâtre à la face inférieure.

Limbe lancéolé, plat; bords à peine refoulés, accompagnant bien le pétiole; remarquablement effilé à l'extrémité dans la généralité des cas; mucron mince, long, incliné; nervure large assez peu saillante.

Pétiole long, robuste, ordinairement incurvé.

*Grappes florales* de 2 à 4 centimètres de longueur; 15 à 20 boutons; calice peu profond; style long, mince; stigmate allongé; cornes parallèles, redressées.

Floraison hâtive.

*Pédoncule* assez fort, pendant; saillies nettes, rapprochées.

*Fruits* assez souvent groupés sur le même pédoncule, moyens, ovale-arrondis; côte à peine sensible; presque symétriques par rapport à l'axe; base tronquée; dépression pédonculaire assez large et profonde; diamètre maximum très légèrement au-dessus d la ligne médiane; sommet arrondi, terminé par une saillie à peine sensible, souvent absente.

Épicarpe vert franc jusqu'à la véraison, se marbre alors de violet sans décoloration préalable, passe au violet foncé puis au noir terne finement pointillé; surface lisse.

Pulpe moyennement abondante, violacée, ferme, aqueuse, peu riche en huile.

Noyau atténué vers la base, renflé au sommet, terminé par une pointe très peu saillante; valves presque égales; suture

Fig. 33. — Arabanier (Alpes-Maritimes).

assez nettement indiquée, mais ne formant pas saillie; légèrement comprimé latéralement $(d < d')$; faisceaux peu nombreux: sillons moyennement profonds, divergents, anastomosés; surface moyennement tourmentée.

Endocarpe épais (2 mm. 3); loge très réduite, à section ovale.

Amande droite, à peine comprimée; extrémités arrondies; faisceaux fins, déliés, longitudinaux.

### Caractéristiques.

|  | D. | d. | d'. | D/d. | D/d'. |
|---|---|---|---|---|---|
| Feuille ........ | 7,00 | 0,92 | » | 7,53 | » |
| Olive ........ | 1,77 | 1,41 | 1,41 | 1,25 | 1,25 |
| Noyau........ | 1,44 | 0,79 | 0,81 | 1,82 | 1,78 |
| Amande ....... | 0,88 | 0,40 | » | 2,20 | » |

**Composition des olives.** — **Pm** 1,72-1,78 ; — **Pp** 72,20-74,72 ; **Pn** 27,80-25,28 ; **Pa** 4,30 ; — **Te** 46-56 ; **Th** 22,70-21,11 ; **Tm** 21,30-22,89 ; — **Hf** 16,39-15,77.

AIRE DE CULTURE. — Environs de Vence (Alpes-Maritimes). Constitue le fond des oliveraies de cette commune et de quelques communes voisines ; très rare ailleurs.

OBSERVATIONS CULTURALES. — Paraît assez résistant au froid; redoute la sécheresse; assez peu sensible au *Dacus oleæ* et à l'*Apiosporium oleæ*; nécessite des émondages fréquents en raison de sa ramification très dense ; production plutôt irrégulière ; n'est pas multiplié ; on lui préfère le *Cailletier*. Donne une huile pâle, limpide, de bonne conservation, cependant assez peu appréciée.

## SECTION I

TROISIÈME GROUPE. — *Fruits à sommet atténué en pointe mousse.*

### Aglandau.

SYNONYMES. — *Glandaou, Plant de la Fare, Plant d'Aix* (la plupart des communes des Bouches-du-Rhône) ; *Blanquet, Blanqueto, Berruguet* (vallée des Baux, Tarascon, quelques localités du Gard et de Vaucluse) ; *Verdaou, Verdalo, Olivier commun* (Vaucluse, Basses-Alpes).

*Arbre* de taille moyenne ou petite (3 à 5 mètres), assez vigoureux ; tronc droit, à peu près cylindrique ; écorce grise, finement gerçurée; se détache en minces lanières ; rejets nombreux, puissants ; couvert moyen ou dense; teinte générale terne.

Rameaux assez abondants, de longueur moyenne ou courts, feuillus, érigés ou obliques, quelquefois infléchis mais non pendants; jeunes pousses vigoureuses ; angles accusés ; écorce gris verdâtre ; lenticelles peu apparentes ; nœuds peu saillants, d'écartement moyen ou faible.

*Feuilles* assez divergentes, généralement redressées, moyennes, droites, assez fermes; vert gris un peu sombre à la face supérieure, blanc verdâtre cendré à la face inférieure.

Limbe lancéolé, assez large, en gouttière ; maximum de largeur à peu près médian ; régulièrement atténué vers les deux extrémités, parfois légèrement arrondi au sommet ; mucron obtus ou très obtus, ordinairement incliné latéralement ; nervure principale large et très nette.

Pétiole moyen ou court, assez fort, souvent coudé, mais peu en dehors du plan du limbe.

*Grappes florales* moyennes ou courtes ; 12 à 20 boutons

Fig. 34. — Aglandau.

arrondis, verdâtres ; fleurs assez grandes ; stigmate en croissant peu ouvert, cornes émoussées. Floraison moyennement hâtive.

*Pédoncule* moyen ou court, épais, robuste, relativement rigide ; saillies accusées, assez écartées.

*Fruits* généralement isolés, portés tout le long des brindilles, souvent en mélange avec les feuilles, moyens, courts, faiblement asymétriques, franchement côtelés ; base large généralement tronquée ; dépression du pédoncule évasée, peu profonde ;

maximum de largeur inférieur ; sommet en pointe très obtuse.

Épicarpe très légèrement mamelonné, vert clair, pâlit encore aux approches de la véraison qui est tardive, se marbre alors de rose vineux, passe tardivement au violet plus ou moins foncé, pointillé, très pruiné.

Pulpe assez abondante, ferme, blanchâtre, assez riche en huile.

Noyau comprimé, une valve presque plate, l'autre en fond de bateau ; ligne suturale saillante ; base large généralement arrondie ; maximum de largeur médian ou inférieur ; sommet en pointe relevée ; huit faisceaux en moyenne ; sillons assez profonds ; ramifications nombreuses ; surface finement rugueuse.

Endocarpe assez épais ; loge elliptique.

Amande assez courte, plate, large ; extrémités arrondies ; faisceaux larges, peu ramifiés.

### Caractéristiques.

| | D. | d. | d'. | D/d. | D/d'. |
|---|---|---|---|---|---|
| Feuille ........ | 5,26 | 1,24 | » | 4,24 | » |
| Olive ......... | 1,99 | 1,50 | 1,46 | 1,33 | 1,36 |
| Noyau......... | 1,47 | 0,81 | 0,72 | 1,81 | 2,00 |
| Amande ....... | 0,84 | 0,38 | » | 2,21 | » |

**Composition des olives.** — **Pm** 2,74 ; — **Pp** 76,02 ; **Pn** 23,98 ; **Pa** 2,41 ; — **Te** 48 ; **Th** 30 ; **Tm** 22 ; — **Hf** 23,80.

AIRE DE CULTURE. — Domine dans la plupart des plantations des Bouches-du-Rhône, du Vaucluse et des Basses-Alpes ; cultivé aussi dans quelques localités de la rive droite du Rhône ; très rare ailleurs.

OBSERVATIONS CULTURALES. — Résistant au froid, craint la sécheresse ; sensible aux attaques du *Lecanium oleæ* et à la fumagine ; redoute moins celles du *Dacus oleæ*, réclame des tailles régulières, de bons soins de culture et des engrais, moyennant quoi produit avec régularité mais plutôt bisannuellement ; donne une huile verdâtre, âcre après son extraction, mais s'améliorant par la suite en prenant une saveur fine et fruitée, d'une longue conservation ; fait le fond des huiles d'olives dites « de Provence », « d'Aix ».


### Caillaou.

*Arbre* très vigoureux ; rameaux nombreux, de longueur moyenne, en général redressés ; jeunes pousses assez minces, raides ; angles peu accusés ; écorce gris clair ; lenticelles assez nombreuses, fines ; nœuds peu saillants, écartés.

*Feuilles* peu divergentes, généralement redressées avec le

rameau, grandes, assez souples, vert sombre à la face supérieure, blanc verdâtre à la face inférieure.

Limbe lancéolé, assez large ; bords légèrement sinueux ou ondulés, parfois repliés en gouttière ; régulièrement atténué vers la base ; diamètre maximum médian ou légèrement supérieur ; sommet atténué ou arrondi ; mucron net, aigu, souvent incliné ; nervure principale large et bien saillante.

Pétiole assez long, peu épais, droit ou légèrement coudé.

*Pédoncule* de longueur assez variable, robuste ; saillies nombreuses, rapprochées.

*Fruits* très souvent groupés sur le même pédoncule et portés dans la partie dénudée des rameaux, moyens, légèrement asymétriques ; base large tronquée, parfois oblique ; dépression pédonculaire assez profonde ; maximum de largeur inférieur ; sommet légèrement déjeté, atténué en pointe mousse.

Épicarpe lisse, uniformément violet après la véraison.

Pulpe assez abondante, ferme, blanchâtre, aqueuse, moyennement riche en huile d'une extraction facile.

Noyau légèrement comprimé, asymétrique, en bateau ; suture saillante ; base assez large ; maximum de diamètre inférieur ; atténué en pointe légèrement déjetée à l'extrémité ; huit à neuf faisceaux ; sillons assez profonds, bien ramifiés ; surface tourmentée.

Endocarpe peu épais ; section de la loge presque circulaire.

Amande cylindracée, droite ou légèrement incurvée ; faisceaux peu nombreux, larges, peu ramifiés.

Maturité tardive.

### Caractéristiques.

| | D. | d. | d'. | D/d. | D/d'. |
|---|---|---|---|---|---|
| Feuille ......... | 6,24 | 1,34 | » | 5,40 | » |
| Olive ......... | 1,95 | 1,47 | 1,47 | 1,32 | 1,32 |
| Noyau......... | 1,45 | 0,79 | 0,76 | 1,83 | 1,90 |
| Amande ....... | 1,04 | 0,44 | » | 2,36 | » |

**Composition des olives.** — **Pm** 2,22 ; — **Pp** 76,50 ; **Pn** 23,50 ; **Pa** 3,44 ; — **Te** 55,60 ; **Th** 25,40 ; **Tm** 19 ; — **Hf** 19,43.

AIRE DE CULTURE. — Département du Gard (environs d'Anduze).

OBSERVATIONS CULTURALES. — Peu exigeant, s'accommode des situations les moins bonnes ; réclame des tailles assez fréquentes ; sensible aux attaques du *Lecanium oleæ* et du *noir* ; craint peu le *Dacus oleæ* ; production assez régulièrement bisannuelle, satisfaisante.

### Argoudeil.

SYNONYME. — *Olive à saler* (Collioure).

*Arbre* moyen ou petit, vigoureux, port diffus, se forme en dôme étalé ; couvert relativement léger ; teinte sombre.

Rameaux sans orientation définie, ceux du pourtour horizontaux ou infléchis, mais redressés à l'extrémité ; jeunes

Fig. 35. — Argoudeil.

pousses minces ; angles accusés ; écorce grise ; lenticelles nombreuses, très apparentes ; nœuds très saillants, d'écartement variable.

*Feuilles* généralement redressées vers la lumière, moyennes, souvent arquées, fermes, rudes, parcheminées ; vert sombre à la face supérieure, blanc argenté brillant à la face inférieure ; opposition de teinte très nette entre les deux faces.

Limbe lancéolé ; bords sinueux, refoulés ou repliés en gouttière ; effilé vers le pétiole ; maximum de largeur à peu près médian ; sommet effilé ou légèrement arrondi, terminé par un mucron très aigu, ordinairement en crochet rejeté latéralement ; nervure principale marquée par une ligne blanche très visible à la face supérieure ; saillante à la face inférieure ; nervures secondaires dessinant de légers vallonnements.

Pétiole assez long, robuste, souvent tordu.

*Pédoncule* de longueur moyenne ; saillies très accusées, moyennement écartées.

*Fruits* généralement isolés, moyens, asymétriques ; base large tronquée, souvent oblique ; dépression pédonculaire évasée, moyennement profonde ; diamètre maximum basilaire, sommet atténué en pointe mousse.

Épicarpe vert foncé jusqu'aux approches de la véraison, tourne rapidement au noir en se tigrant de violet à partir de la base, devient noir très foncé, mat, fortement pruiné à maturité.

Pulpe assez abondante, riche en huile.

Noyau nettement asymétrique, naviculaire, comprimé ; base arrondie ou légèrement effilée ; diamètre maximum généralement médian ; sommet en pointe relevée, aiguë ; sept à huit faisceaux ; surface bosselée, rugueuse.

Endocarpe mince ; loge largement ouverte à section presque circulaire.

Amande à base large ; rapidement amincie et légèrement recourbée vers le sommet ; faisceaux très larges, peu ramifiés.

Caractéristiques.

|  | D. | d. | d'. | D/d. | D/d'. |
|---|---|---|---|---|---|
| Feuille ........... | 6,10 | 1,05 | » | 5,81 | » |
| Olive ......... | 2,00 | 1,51 | 1,51 | 1,32 | 1,32 |
| Noyau......... | 1,43 | 0,68 | 0,62 | 2,10 | 2,30 |
| Amande ....... | 0,95 | 0,44 | » | 2,16 | » |

**Composition des olives.** — Pm 2 ; — Pp 74,50 ; Pn 15,50.

AIRE DE CULTURE. — Pyrénées-Orientales, région de Banyuls-sur-Mer.

OBSERVATIONS CULTURALES. — Robuste, résiste bien à la sécheresse ; produit généralement tous les deux ans ; rendement en huile assez élevé. Le fruit est souvent confit lorsqu'il vient de prendre la teinte noire.

### Broutignan.

SYNONYMES. — *Petit Broutignan, Boutignan* (Gard, Bouches-du-Rhône, Vaucluse) ; *Broutignan noir* (Ardèche).

*Arbre* vigoureux de taille relativement élevée (6 à 8 mètres) ; en dôme arrondi ; branches principales dirigées dans tous les sens, celles du milieu verticales, les autres obliques ou horizontales ; couvert moyennement dense ; teinte vert franc.

Rameaux nombreux, assez allongés, portant les feuilles serrées en touffes terminales ; jeunes pousses minces, nettement quadrangulaires ; écorce vert clair tirant sur le jaune :

Fig. 36. — Broutignan.

lenticelles nombreuses ; nœuds rapprochés, moyennement saillants.

*Feuilles* orientées dans n'importe quelle direction, avec tendance à se redresser vers la lumière, grandes, longues, droites ou légèrement arquées, épaisses, robustes ; vert foncé à la face supérieure, vert clair à la face inférieure.

Limbe franchement en gouttière ; bords à peu près parallèles sur la plus grande partie de leur longueur ; débordant le pétiole dès sa naissance ; arrondi à l'extrémité ; mucron court, souvent rejeté en arrière; nervure principale dessinant un sillon à la face supérieure, fortement accusée à la face inférieure.

Pétiole court, robuste, souvent tordu.

*Fleur* à style court; stigmate à cornes peu distinctes.

*Pédoncule* de longueur très variable, d'épaisseur moyenne; saillies relativement peu accentuées, écartées.

*Fruits* très fréquemment groupés sur le même pédoncule, souvent en amas compacts sur les portions dénudées des rameaux, moyens ou petits, remarquables par la diversité de grosseur, courts, presque ronds, à peu près symétriques par rapport à l'axe; base large, arrondie; dépression pédonculaire évasée, peu profonde; sommet atténué en pointe mousse.

Epicarpe lisse, vert pâle jusqu'à la véraison; celle-ci s'opère tôt par l'apparition de la teinte violacée ordinairement vers le sommet du fruit, la base restant verdâtre; à maturité, les fruits sont noirs, unis, luisants.

Pulpe peu abondante, rougeâtre, de richesse moyenne en huile, se ramollit et se blettit rapidement.

Noyau relativement volumineux, mais offrant, comme les fruits, de grandes inégalités, renflé, court, légèrement asymétrique, une valve étant plus bombée que l'autre; suture des valves peu distincte; base à peu près arrondie; extrémité terminée en pointe courte, mais nettement accusée et aiguë; faisceaux très nombreux (10 à 14) : sillons fins, peu creusés; ramifications superficielles, divergentes; surface relativement lisse.

Endocarpe très épais (3 millimètres environ); loge à section ovale.

Amande relativement grosse, courte, aplatie; faisceaux rares, divergents à partir d'une base commune; ramifications anastomosées.

Caractéristiques.

| | D. | a. | a'. | D/d. | D/d'. |
|---|---|---|---|---|---|
| Feuille ......... | 5,52 | 1,02 | » | 5,41 | » |
| Olive ......... | 1,95 | 1,53 | 1,52 | 1,27 | 1,28 |
| Noyau......... | 1,49 | 0,83 | 0,85 | 1,79 | 1,75 |
| Amande ....... | 1,04 | 0,46 | » | 2,26 | » |

Composition des olives. — Pm 2,20 ; — Pp 69 ; Pn 31 ; Pa 4,14 ; — Te 37,22 ; Th 29 ; Tm 83,78 ; — Hf 20,01.

Aire de culture. — Rive droite du Rhône, dans les départements de l'Ardèche et du Gard, surtout à Roquemaure, Aramon, Beaucaire. Se retrouve sur la rive gauche (Vaucluse, Bouches-du-Rhône), mais en bien moindre proportion.

Observations culturales. — Relativement accommodant, occupe souvent les plus mauvais terrains, très sensible cependant aux fumures et aux bons soins de culture; exige des tailles fréquentes à cause de sa ramification touffue, redoute le *Lecanium oleæ*, la *Fumagine* et le *Dacus oleæ*. Les fruits cèdent difficilement leur huile ; celle-ci est jaune, lente à se dépouiller, de bonne conservation, appréciée pour la consommation directe.

### Rougette (Ardèche).

*Arbre* à rameaux longs, inclinés, feuillus ; jeunes pousses assez fortes, généralement inclinées, nettement quadrangulaires ; écorce gris jaunâtre ; lenticelles fines et nombreuses ; nœuds assez saillants.

*Feuilles* redressées vers la lumière, parfois à contre-sens du rameau, assez grandes, peu épaisses, souples ; teinte vert cendré pâle à la face supérieure, blanc verdâtre à la face inférieure.

Limbe lancéolé, droit ou légèrement arqué ; bords refoulés, avec, parfois, la forme en toit ; maximum de largeur médian ; atténué de façon régulière et égale vers la base et le sommet ; mucron long, droit, quelquefois incurvé en avant ; nervure principale étroite, mais bien saillante.

Pétiole moyennement long, très robuste, souvent coudé.

*Pédoncule* long, mince, infléchi ; saillies peu accusées, nombreuses, rapprochées.

*Fruits* ordinairement isolés, insérés tout le long des rameaux, moyens, légèrement asymétriques, côtelés ; base large, tronquée ; dépression pédonculaire assez profonde, peu évasée ; maximum de largeur tantôt en dessus, tantôt en dessous de la ligne médiane ; sommet atténué en pointe mousse, déjetée ; dépression du style nette.

Epicarpe vert pâle avant la véraison, prend alors une teinte rouge vineux tigré, fortement marbrée de vert, puis devient complètement violet brun, tiqueté.

Pulpe moyennement abondante, très ferme, demeure longtemps blanc verdâtre même quand l'épicarpe est complètement violet, très riche en huile.

Noyau assez allongé, aplati, une valve plus bombée que l'autre, en forme de bateau, côtelé ; suture des valves saillante : maximum de largeur à distance à peu près égale des deux extrémités ; également atténué vers la base et le sommet : terminé en pointe ; huit à neuf faisceaux ; sillons moyennement

Fig. 37. — Rougette (Ardèche).

creusés, longitudinaux ; fines ramifications ; surface peu tourmentée.

Epicarpe assez épais (2 mm. 5) ; section de la loge aplatie.

Amande comprimée, large, sommet arrondi ; faisceaux longitudinaux, assez fins, déliés, peu ramifiés.

### Caractéristiques.

|  | D. | d. | d . | D/d. | D/d'. |
|---|---|---|---|---|---|
| Feuille ..…… | 5,74 | 1,34 | » | 4,28 | » |
| Olive ……… | 1,98 | 1,57 | 1,52 | 1,26 | 1,30 |
| Noyau.…… | 1,55 | 0,80 | 0,74 | 1,93 | 2,09 |
| Amande …… | 0,94 | 0,45 | » | 2,08 | » |

**Composition des olives.** — **Pm** 2,05 ; — **Pp** 73,55 ; **Pn** 26,45 ; **Pa** 2,70 ; — **Te** 34,80 ; **Th** 39,10 ; **Tm** 26,10 ; — **Hf** 28,75.

Aire de culture. — Échantillons provenant de Bourg-Saint-Andéol (Ardèche).

### Belle-fleur.

*Arbre* à rameaux longs, assez minces, robustes ; angles très accusés ; lenticelles peu apparentes ; nœuds saillants, écartés.

Fig. 38. — Belle-fleur.

*Feuilles* assez grandes et longues, épaisses, fermes, quelquefois arquées ou légèrement falciformes ; vert gris cendré à la face supérieure, blanc verdâtre à la face inférieure.

Limbe lancéolé, en gouttière ; bords parfois sinueux ; très régulièrement acuminé vers le pétiole ; accompagnant bien la nervure ; maximum de largeur à peu près médian ; ordinairement effilé au sommet ; mucron obtus ; nervure principale dessinant un sillon étroit mais net à la face supérieure, une saillie accusée à la face inférieure.

*Pétiole* court, assez gros, faiblement coudé.

*Pédoncule* court, très gros, raide ; saillies larges, fortes, rapprochées.

*Fruits* isolés ou par deux, fréquemment groupés au-dessous de la portion feuillue des rameaux, moyens ou gros, ovoïdes, côtelés ; base large, tronquée ; dépression pédonculaire évasée, profonde ; diamètre maximum à peu près médian ; sommet atténué en une pointe mousse, presque arrondi.

Epicarpe violacé à la véraison, puis rapidement noir, légèrement pointillé de blanc, très pruiné.

Pulpe peu abondante, noirâtre, peu aqueuse, riche en huile.

Noyau assez gros, comprimé, parfois franchement aplati ; base arrondie ; maximum de largeur à peu près médian ; sommet terminé par une pointe courte, aiguë ; dix faisceaux en moyenne ; sillons longitudinaux assez marqués.

Endocarpe très épais ; loge à section presque arrondie.

Amande large, relativement courte, arrondie aux deux bouts ; faisceaux rares, larges, bien déliés.

Maturité précoce.

### Caractéristiques.

| | D. | d. | d′. | D/d. | D/d′. |
|---|---|---|---|---|---|
| Feuille | 5,86 | 1,04 | » | 5,63 | » |
| Olive | 2,10 | 1,66 | 1,56 | 1,26 | 1,34 |
| Noyau | 1,50 | 0,91 | 0,82 | 1,64 | 1,82 |
| Amande | 0,95 | 0,45 | » | 2,11 | » |

Composition des olives. — **Pm** 2,12 ; — **Pp** 72,30 ; **Pn** 27,70 ; **Pa** 3,80 ; — **Te** 42 ; **Th** 29,60 ; **Tm** 28,40 ; — **Hf** 21,40.

Aire de culture. — Localisé dans le Var, aux environs de Draguignan.

### Roubeyrou (Var).

*Arbre* à rameaux longs, feuillus, souples, horizontaux ou retombants ; jeunes pousses minces ; angles moyennement accusés ; écorce gris verdâtre ; lenticelles grosses, très clairsemées ; nœuds peu saillants, écartés.

*Feuilles* sans orientation définie, tantôt retombantes avec le rameau, tantôt redressées à contre-sens, grandes, épaisses, vert sombre à la face supérieure, blanc verdâtre à la face inférieure.

Limbe lancéolé ou ovale-lancéolé, assez large ; bords refou-

lés, parfois sinueux; forme en gouttière fréquente ; maximum
de largeur à peu près médian ; sommet un peu arrondi ; mucron
en crochet aigu, rejeté en arrière; nervure principale déterminant à la face supérieure une dépression qui se répercute en
saillie en dessous sans que la nervure elle-même soit très
accusée; nervures secondaires en relief.

Pétiole court, épais; à peu près dans le plan du limbe.

Fig. 39. — Roubeyron (Var).

*Pédoncule* court, mince; saillies faibles, peu écartées.

*Fruits* assez fréquemment groupés sur le même pédoncule,
généralement portés dans les parties dénudées, parfois en
amas compacts, moyens ou petits, ovoïdes, peu asymétriques,
légèrement atténués vers la base; dépression pédonculaire
superficielle; diamètre maximum supérieur, sommet arrondi ou
atténué en pointe très obtuse.

Epicarpe faiblement mamelonné, noir violacé, très pruiné
à maturité.

Pulpe blanchâtre ou rosée, moyennement abondante, assez aqueuse, riche en huile.

Noyau court, atténué, arrondi à la base; diamètre maximum supérieur; très renflé au sommet; mucron à peine perceptible; six faisceaux; sillons peu accusés; surface finement rugueuse, non tourmentée.

Endocarpe mince; loge à section ovalaire.

Amande très courte, aplatie; large base; sommet assez aigu: faisceaux peu nombreux, très larges, à contour sinueux. •

Maturité de moyenne époque.

### Caractéristiques.

|  | D. | d. | d'. | D/d. | D/d'. |
|---|---|---|---|---|---|
| Feuille ........ | 5,86 | 1,26 | » | 4,65 | » |
| Olive ......... | 1,70 | 1,35 | 1,35 | 1,26 | 1,26 |
| Noyau......... | 1,25 | 0,80 | 0,79 | 1,56 | 1,38 |
| Amande ....... | 0,88 | 0,51 | » | 1,72 | » |

**Composition des olives.** — **Pm** 1,58 ; — **Pp** 74,88 ; **Pn** 25,12; **Pa** 4,90 ; — **Te** 47,50 ; **Th** 30,23 ; **Tm** 22,27 ; — **Hf** 22,64.

AIRE DE CULTURE. — Canton de Fayence (Var) et quelques communes avoisinantes de l'arrondissement de Grasse (Alpes-Maritimes).

## SECTION II. — FRUITS MOYENNEMENT ALLONGÉS

PREMIER GROUPE. — *Fruits à sommet arrondi ne portant pas de mucron.*

### Argental.

*Arbre* vigoureux, de taille moyenne; port arrondi, à demi retombant; frondaison touffue; couvert épais; teinte gris blanc argenté.

Rameaux de longueur moyenne, vigoureux, feuillus, généralement infléchis; jeunes pousses fortes; angles très accusés; écorce gris clair; lenticelles nombreuses, très apparentes; nœuds assez proéminents, moyennement écartés.

*Feuilles* très divergentes, sans orientation définie, moyennes, épaisses, assez souples; vert sombre très cendré à la face supérieure, blanc argenté brillant à la face inférieure.

Limbe spatulé, épais, à peu près plat, acuminé et accompagnant bien le pétiole vers la base; maximum de largeur supérieur ; arrondi au sommet ; mucron court, bien détaché, ordinairement en crochet ; nervure principale nettement apparente sur la face supérieure, large et saillante à la face inférieure ; nervures secondaires dessinées sur la face supérieure.

Pétiole assez court, fort, ordinairement tordu, hors du plan du limbe.

Fig. 40. — Argental.

*Pédoncule* moyen ou long, fort, quadrangulaire ; saillies accusées, écartées ; pédicelles courts.

*Fruits* souvent par deux ou trois sur le même pédoncule, mélangés ordinairement aux feuilles, moyens, régulièrement ovale allongé, à peine côtelés ; base arrondie ou légèrement tronquée ; dépression du pédoncule étroite, régulièrement circulaire, profonde ; maximum de largeur à peu près médian ; sommet généralement arrondi.

Epicarpe lisse, noir très foncé, légèrement pointillé de blanc, très pruiné à maturité.

Pulpe assez abondante, très ferme.

Noyau allongé, cylindracé; diamètre maximum médian; à peu près également arrondi aux deux bouts; terminé par un mucron court; dix faisceaux; sillons profonds, longitudinaux, peu ramifiés.

Endocarpe moyennement épais; loge à section presque circulaire.

Amande droite, très peu aplatie; base et sommet également arrondis; faisceaux nombreux, larges, bien déliés, longitudinaux.

Maturité assez précoce.

### Caractéristiques.

|            | D.   | d.   | d'.  | D/d. | D/d'. |
|------------|------|------|------|------|-------|
| Feuille    | 4,50 | 1,40 | »    | 3,20 | »     |
| Olive      | 2,09 | 1,42 | 1,42 | 1,47 | 1,47  |
| Noyau      | 1,48 | 0,72 | 0,72 | 2,05 | 2,05  |
| Amande     | 1,10 | 0,45 | »    | 2,44 | »     |

Composition des olives. — Pm 2,10 ; — Pp 75,24 ; Pn 24,76 ; Pa 4,80.

Aire de culture. — Hérault ; rare.

Observations culturales. — Peu fertile ; remarquable par sa belle végétation et son feuillage argenté.

### Sabine.

*Arbre* de grande vigueur, atteint une taille imposante, se forme en dôme étalé supporté par un tronc énorme si le pied est isolé; couvert épais; teinte générale sombre.

Rameaux nombreux, longs, feuillus, horizontaux ou pendants sur le pourtour de l'arbre; jeunes pousses robustes; angles très accusés; écorce gris verdâtre; lenticelles rares; nœuds très saillants, écartés.

*Feuilles* très divergentes, redressées sur les rameaux pendants, moyennes ou petites, larges, minces, souples; vert foncé cendré à la face supérieure, vert pâle à la face inférieure.

Limbe ovale lancéolé ou spatulé, plat ou faiblement replié en gouttière, parfois ondulé, atténué vers la base, mais débordant rapidement le pétiole; maximum de largeur supérieur; en pointe obtuse ou arrondi au sommet; mucron court; nervure principale en saillie nette et accusée à la face inférieure, nervures secondaires souvent apparentes.

Pétiole court, robuste, oblique par rapport au limbe.

*Pédoncule* long ou très long, moyennement épais, robuste; saillies aiguës assez écartées; pédicelles longs.

*Fruits* assez fréquemment groupés sur le même pédoncule, pendants le long des rameaux, souvent entremêlés de feuilles, petits, ovoïdes ou cylindracés; base assez large, obtuse, souvent tronquée; dépression pédonculaire évasée, profonde; diamètre maximum à peu près médian; sommet arrondi ou à peine atténué en pointe mousse.

Epicarpe lisse, vert clair jusqu'à la véraison, se marbre alors de violet sans décoloration très sensible, passe au noir violacé, puis au noir franc à maturité.

Pulpe moyennement abondante, rouge brun, riche en huile.

Noyau assez allongé, à peine comprimé ou côtelé, atténué vers la base; diamètre maximum supérieur, sommet arrondi surmonté d'un mucron net aigu; dix faisceaux; sillons peu accusés; surface presque lisse.

Endocarpe extrêmement mince; loge à section circulaire.

Amande courte, arrondie; faisceaux très larges; ramifications nombreuses, à contour sinueux.

Maturité assez hâtive.

### Caractéristiques.

|  | D. | d. | d'. | D/d. | D/d'. |
|---|---|---|---|---|---|
| Feuille ........ | 4,83 | 1,43 | » | 3,37 | » |
| Olive ......... | 1,65 | 1,18 | 1,18 | 1,39 | 1,39 |
| Noyau......... | 1,32 | 0,63 | 1,61 | 2,09 | 2,17 |
| Amande ....... | 0,92 | 0,41 | » | 2,24 | » |

Composition des olives. — **Pm** 1,35 ; — **Pp** 74,70 ; **Pn** 25,30 ; **Pa** 5,30 ; — **Te** 23,40 ; **Th** 49,48 ; **Tm** 27,12 ; — **Hf** 34,62.

Aire de culture. — Forme le fond de nombreuses oliveraies en Corse.

Observations culturales. — Extrêmement vigoureux, atteint des dimensions remarquables, paraît résistant au froid; sujet à la cochenille et au noir, ainsi qu'au ver du fruit; peu exigeant au point de vue des soins de culture, sensible cependant au travail du sol et à la fumure; se trouverait bien de tailles d'éclaircissage; production normalement bisannuelle et abondante; huile d'extraction facile, très limpide, dorée.

### Bé-dé-cézé.

*Arbre* à rameaux nombreux, courts, portant généralement leurs feuilles en bouquets terminaux ; jeunes pousses de vigueur moyenne ; angles accusés ; écorce grise ; nœuds moyens, peu écartés.

*Feuilles* moyennes, régulières, peu épaisses, assez souples.

Limbe ovale lancéolé, faiblement mais régulièrement replié en gouttière ; maximum de largeur à peu près médian ; sommet régulièrement atténué, à peine arrondi ; mucron obtus ; nervure principale étroite, saillante.

Pétiole de longueur moyenne, fin, droit, dans le plan du limbe ou faiblement coudé.

*Pédoncule* assez long, arqué ; saillies rares, écartées.

*Fruits* moyens ou petits, régulièrement ovoïdes, symétriques par rapport à l'axe ; base arrondie ou tronquée ; dépression pédonculaire moyennement profonde ; diamètre maximum à peu près médian ; sommet arrondi ou en pointe très mousse.

Epicarpe lisse, brun violacé après la véraison.

Pulpe peu abondante.

Noyau allongé, légèrement aplati et asymétrique, atténué vers la base ; diamètre maximum supérieur ; sommet arrondi ou atténué, terminé par une pointe très peu saillante ; huit faisceaux en moyenne ; sillons très superficiels ; surface à peu près lisse.

Endocarpe peu épais ; loge à section ovalaire.

Amande droite, légèrement aplatie, assez aiguë au sommet ; faisceaux rares, larges, peu ramifiés.

### Caractéristiques.

| | D. | d. | d'. | D/d. | D/d'. |
|---|---|---|---|---|---|
| Feuille . . . . . . . . | 5,16 | 1,14 | » | 4,53 | » |
| Olive . . . . . . . . | 1,73 | 1,28 | » | 1,35 | » |
| Noyau . . . . . . . . | 1,34 | 0,68 | 0,65 | 1,98 | » |
| Amande . . . . . . . | 0,92 | 0,42 | » | 2,19 | » |

**Composition des olives.** — **Pm** 1,27 ; — **Pp** 71,66 ; **Pn** 28,34 ; **Pa** 5,28.

Aire de culture. — Échantillons provenant d'Aubenas (Ardèche).

### Cayet roux.

Synonymes. — *Cayet* (Figanières) ; *Plant de Figanières* ; *Figaneiren* ; *Cayette* (environs de Draguignan).

*Arbre* très vigoureux, de petite taille; écorce du tronc gris clair, adhérente; branches principales dirigées obliquement; forme générale en boule; couvert épais; teinte vert gris argenté.

Rameaux nombreux, très robustes, souples, feuillus, sans orientation définie, infléchis sur le pourtour de l'arbre; jeunes pousses épaisses; angles peu accusés; écorce gris verdâtre;

Fig. 41. — Cayet roux.

lenticelles assez nombreuses; nœuds moyennement saillants, d'écartement variable.

*Feuilles* très divergentes, poussant dans n'importe quelle direction, parfois groupées au sommet des rameaux, moyennes; vert sombre très atténué par des ponctuations grises à la face supérieure, blanc argenté à la face inférieure.

Limbe lancéolé, assez large, parfois arqué ou falciforme, mince, parcheminé, sans raideur, plat ou déprimé supérieurement le long de la nervure médiane; maximum de largeur à peu près médian ; régulièrement atténué aux deux bouts ; sommet légèrement arrondi ; mucron assez court, bien détaché, droit ou incliné latéralement ; nervure principale accusée par une dépression générale de la feuille à la face supérieure ; peu saillante par elle-même.

Pétiole moyennement long, assez mince, généralement coudé.

*Pédoncule* court, peu épais ; saillies faiblement accusées.

*Fruits* isolés ou groupés par deux ou trois sur le même pédoncule, portés le long des rameaux souvent entremêlés de feuilles, se détachant très facilement, moyens ou gros, régulièrement ovoïdes, presque symétriques ; base arrondie ou très faiblement tronquée ; dépression du pédoncule peu évasée, très profonde ; diamètre maximum à peu près médian ; sommet arrondi ; dépression stigmatique accusée.

Epicarpe lisse, vert clair jusqu'aux approches de la véraison, prend alors une teinte jaune-paille légèrement dorée puis se marbre de rose vineux, enfin, la teinte violette gagne toute la surface sans être jamais très foncée.

Pulpe abondante, blanchâtre ou rosée, moyennement riche en huile.

Noyau asymétrique, côtelé ; base généralement large, arrondie ; diamètre maximum inférieur ; sommet en pointe légèrement déjetée ; huit à dix faisceaux ; sillons nettement accusés ; surface rugueuse.

Endocarpe épais ; loge à section ovalaire.

Amande assez courte et large, un peu aplatie, arrondie aux deux bouts ; faisceaux très rares, peu ramifiés.

Maturité précoce ou moyennement précoce.

### Caractéristiques.

|            | D.   | d.   | d'.  | D/d. | D/d'. |
|------------|------|------|------|------|-------|
| Feuille    | 5,48 | 1,20 | »    | 4,53 | »     |
| Olive      | 2,12 | 1,56 | 1,54 | 1,36 | 1,38  |
| Noyau      | 1,53 | 0,79 | 0,79 | 1,95 | 1,95  |
| Amande     | 0,87 | 0,40 | »    | 2,17 | »     |

**Composition des olives.** — **Pm** 2,70 ; — **Pp** 78,75 ; **Pn** 21,25 ; **Pa** 2,13 ; — **Te** 41,10 ; **Th** 25,90 ; **Tm** 23 ; — **Hf** 22,85.

AIRE DE CULTURE. — Commun dans l'arrondissement de Draguignan (Var), où on l'a beaucoup multiplié par le greffage en substitution de variétés moins méritantes ; rare ailleurs.

OBSERVATIONS CULTURALES. — Vigoureux, supporte bien es sécheresses ; réussit dans les plus mauvaises situations ; peu exigeant comme taille ; redoute le ver de l'olive, surtout dans les lieux bas. Ses fruits ont, en outre, le défaut de tomber tôt et très facilement ; ils sont appréciés pour la table dans les lieux de production ; ils cèdent facilement leur huile ; celle-ci est dorée, très limpide, de saveur douce et fine.

### Cayet rouge (Var).

*Arbre* très vigoureux ; couvert dense ; teinte générale sombre. Rameaux longs, souples, feuillus, horizontaux ou pendants ;

Fig. 42. — Cayet rouge.

jeunes pousses minces ; angles accusés, persistants ; écorce vert gris terne ; lenticelles nombreuses, petites ; nœuds peu saillants, à écartement très variable.

*Feuilles* divergentes, généralement redressées verticalement, assez grandes, fermes, parcheminées, souvent arquées ou contournées ; vert sombre à la face supérieure, blanc brillant à la face inférieure.

Limbe lancéolé, assez large, plat ou même déprimé à la face supérieure selon la nervure médiane, déborde assez rapidement le pétiole à sa naissance; maximum de largeur médian ou légèrement inférieur; sommet faiblement arrondi, parfois tout à fait effilé; mucron long, à peu près droit; nervure principale large, bien marquée à la face supérieure, très étroite mais nette à la face inférieure; nervures secondaires dessinant de légers mouvements visibles sur les deux faces.

Pétiole assez long, robuste, coudé.

*Pédoncule* moyen, assez fort, raide; saillies peu accusées, rapprochées.

*Fruits* généralement isolés, portés tout le long des rameaux souvent entremêlés de feuilles, moyens ou assez gros, ovoïdes allongés, à peu près symétriques par rapport à l'axe, légèrement comprimés; base arrondie; dépression pédonculaire peu évasée, assez profonde; diamètre maximum à peu près médian; sommet arrondi ou en pointe très mousse.

Epicarpe lisse, violet rouge persistant après la véraison, passe ensuite au brun rouge foncé.

Pulpe moyennement abondante, très ferme, blanchâtre, peu aqueuse, se détachant bien du noyau, assez riche en huile.

Noyau cylindracé, légèrement aplati; base obtuse; sommet rapidement atténué en pointe; neuf à dix faisceaux; sillons bien marqués, longitudinaux.

Endocarpe moyennement épais; loge à section nettement ovalaire.

Amande un peu aplatie, rarement arquée, atténuée au sommet; faisceaux nombreux; ramifications anastomosées.

Caractéristiques.

| | D. | d. | d'. | D/d. | D/d'. |
|---|---|---|---|---|---|
| Feuille ........ | 5,82 | 1,24 | » | 4,69 | » |
| Olive ......... | 1,92 | 1,42 | 1,37 | 1,35 | 1,40 |
| Noyau......... | 1,48 | 0,75 | 0,70 | 1,97 | 2,11 |
| Amande ....... | 0,85 | 0,36 | » | 2,36 | » |

**Composition des olives.** — **Pm** 2; — **Pp** 72,50; **Pn** 27,50; **Pa** 2,50; **Te** 39; **Th** 28; **Tm** 33; — **Hf** 20,30.

Aire de culture. — Localisé aux environs de Draguignan.

## Reymé.

*Arbre* de vigueur moyenne; tronc aplati ou cannelé; écorce gris clair, très adhérente, peu gerçurée; port semi-érigé; ensemble arrondi; couvert assez épais.

Rameaux diversement orientés; selon leur position, horizontaux ou retombants autour de l'arbre; jeunes pousses minces;

Fig. 43. — Reymé.

angles accusés; écorce jaunâtre, finement striée; nœuds peu saillants, assez écartés.

*Feuilles* très divergentes, sans orientation définie, grandes, minces, assez souples; vert sombre à la face supérieure, blanc brillant à la face inférieure.

Limbe lancéolé ou légèrement spatulé, à peu près plat; bords refoulés; accompagne bien le pétiole à sa base; maximum de largeur supérieur; sommet atténué en pointe ou arrondi; mucron bien détaché, incliné en arrière; nervure principale dessinant un sillon à la face supérieure, proéminente à la face inférieure; nervures secondaires parfois visibles à la face inférieure.

Pétiole assez long, moyennement épais, dans le plan du limbe, mais souvent tordu.

*Pédoncule* moyen ou court; saillies fines, peu accusées, assez rapprochées.

*Fruits* souvent par trois ou quatre sur le même pédoncule, agglomérés en masses compactes au-dessous de la portion feuillue des rameaux, petits, cylindracés; côte accusée; base tronquée; dépression pédonculaire moyennement profonde; diamètre maximum à peu près médian; sommet arrondi.

Epicarpe lisse, vert clair avant la véraison, se marbre alors de violet sans décoloration préalable, devient brun violacé presque noir à maturité.

Pulpe moyennement abondante, ferme, blanchâtre ou rosée, assez aqueuse, riche en huile.

Noyau allongé, cylindracé, peu asymétrique, parfois faiblement comprimé latéralement; diamètre maximum un peu supérieur; sommet arrondi, portant une saillie courte, aiguë, très légèrement déjetée; six à huit faisceaux; sillons peu profonds; surface peu tourmentée.

Endocarpe très mince; loge à section circulaire.

Amande droite, amincie aux deux extrémités; faisceaux larges fortement empâtés à la base; ramifications nombreuses, à dessin coralloïde.

Maturité de moyenne époque.

### Caractéristiques.

| | D. | d. | d'. | D/d. | D/d'. |
|---|---|---|---|---|---|
| Feuille ....... | 5,70 | 1,26 | » | 4,52 | » |
| Olive ......... | 1,75 | 1,22 | 1,20 | 1,43 | 1,46 |
| Noyau ........ | 1,33 | 0,66 | 0,68 | 2,01 | 1,97 |
| Amande ....... | 0,89 | 0,40 | » | 2,22 | » |

**Composition des olives.** — **Pm** 1,59 ; — **Pp** 75,15; **Pn** 24,85 ; **Pa** 4,02 ; **Te** 46,70 ; **Th** 31,60 ; **Tm** 21,70 ; — **Hf** 23,76.

AIRE DE CULTURE. — Échantillons provenant de La Motte (Var).

OBSERVATIONS CULTURALES. — Rustique, s'accommodant des situations les moins favorables; doit être fréquemment taillé, car il se charge de brindilles mortes ou affaiblies; redoute peu les parasites; production satisfaisante, parfois très abondante, mais la récolte est lente car les fruits sont petits.

### Salonen.

Synonymes. — *Salonenque*, *Plant de Salon*, *Selounen* (la plupart des localités des Bouches-du-Rhône) ; *Sauren*, *Sauzen* (La Fare, Velaux et quelques communes voisines).

*Arbre* moyen ou petit (3 à 5 mètres) ; tronc nettement can-

Fig. 44. — Salonen.

nelé chez les arbres âgés ; port retombant ; couvert léger ; teinte générale vert gris assez clair.

Rameaux longs, souples, peu ramifiés, pendants ; jeunes pousses minces, angles accusés ; écorce vert jaunâtre ou grise ; nœuds peu saillants, assez écartés.

*Feuilles* divergentes, généralement redressées vers la lumière, quelquefois pendantes avec le rameau, moyennes, vert clair cendré à la face supérieure, blanchâtres à la face inférieure.

Limbe assez étroit, droit ou peu arqué, le plus souvent

replié en gouttière; maximum de largeur à peu près médian; atténué ou légèrement arrondi à la base; arrondi au sommet; mucron nettement détaché, mais court; nervure bien saillante à la face inférieure.

Pétiole court et mince, souvent coudé.

*Grappes florales* longues, très lâches; pédoncule fin, pédicelles longs, déliés; douze à vingt boutons, petits, allongés, d'un blanc presque pur; fleurs petites, blanches, stigmate en croissant bien ouvert, à pointes effilées.

Floraison assez hâtive, généralement successive.

*Pédoncule* du fruit mince, long, incurvé; saillies aiguës écartées.

*Fruits* le plus souvent isolés, pendants, portés le long du rameau en mélange avec les feuilles, moyens ou assez gros, allongés, fréquemment piriformes, rétrécis vers le tiers inférieur; base étroite, tronquée; dépression pédonculaire évasée et profonde à bords irréguliers; diamètre maximum supérieur; sommet arrondi; dépression stigmatique accusée.

Epicarpe mamelonné, non tiqueté, vert clair jusqu'à la véraison, pâlit sensiblement à ce moment, passe au violet de plus en plus foncé, finement pointillé de blanc.

Pulpe abondante, blanchâtre, tardivement rose, peu aqueuse, très riche en huile.

Noyau piriforme, à peine côtelé; base arrondie; maximum de largeur supérieur; sommet arrondi, portant un léger mucron; dix faisceaux en moyenne; sillons nettement accusés dans le sens longitudinal.

Endocarpe très épais; loge réduite, à section ovalaire.

Amande relativement petite, droite; sommet arrondi, parfois légèrement acuminé; nombreux faisceaux.

### Caractéristiques.

| | D. | d. | d'. | D/d. | D/d'. |
|---|---|---|---|---|---|
| Feuille | 4,54 | 0,92 | » | 4,93 | » |
| Olive | 2,12 | 1,49 | 1,47 | 1,42 | 1,44 |
| Noyau | 1,57 | 0,79 | 0,77 | 1,99 | 2,04 |
| Amande | 0,89 | 0,39 | » | 2,28 | » |

Composition des olives. — **Pm** 2,84 ; — **Pp** 78,56 ; **Pn** 21,44 ; **Pa** 1,96 — **Te** 39,90 ; **Th** 37,58 ; **Tm** 22,52 ; — **Hf** 29,14.

AIRE DE CULTURE. — En mélange avec l'*Aglandau* constitue le fond des oliveraies des arrondissements d'Aix-en-Provence et d'Arles ; domine notamment dans la région de Mouriès et au nord des Bouches-du-Rhône. Pieds isolés dans les communes voisines de ce département, dans le Var et le Vaucluse.

OBSERVATIONS CULTURALES. — L'une des meilleures variétés cultivées en France, rustique, s'accommode des plus mauvais terrains, craint peu la sécheresse ; se trouve bien de tailles annuelles, à condition d'être bien cultivé et fumé. Assez sensible au ver de l'olive, plus résistant à la cochenille et au noir ; production satisfaisante ; rendement en huile élevé ; huile fine, douce, limpide, vert pâle à reflets dorés, se conservant un peu moins bien que celle d'*Aglandau*.

### Germaine.

*Arbre* vigoureux, de taille élevée ; port pyramidal ; couvert dense ; teinte générale sombre.

Rameaux nombreux, longs, flexueux, retombants autour de l'arbre ; jeunes pousses grêles ; angles très accusés ; écorce gris clair ; lenticelles petites ; nœuds peu accusés, très écartés.

*Feuilles* très divergentes, grandes, épaisses, vert sombre lustré à la face supérieure, blanc verdâtre à la face inférieure.

Limbe ovale-lancéolé ou légèrement spatulé, très large ; diamètre maximum médian ou supérieur ; sommet en pointe légèrement obtuse, ou arrondi ; mucron généralement court, bien détaché, parfois en crochet rejeté en arrière ; nervure principale en saillie étroite mais très accusée à la face inférieure ; nervures secondaires visibles sur la même face.

Pétiole moyen, robuste, souvent coudé.

*Fruit* moyen ou assez gros, très régulièrement ovoïde légèrement atténué vers le pédoncule ; base arrondie ; dépression pédonculaire peu profonde ; diamètre maximum supérieur ; parfaitement arrondi au sommet.

Epicarpe lisse, noir violacé, pruiné après la véraison.

Pulpe assez abondante, se détachant bien du noyau, noirâtre à maturité, riche en huile.

Noyau allongé, presque symétrique, atténué en cône vers la base ; dépression circulaire à peine sensible au tiers inférieur ; ligne suturale bien apparente ; sommet arrondi, surmonté d'un mucron très petit, aigu ; six faisceaux en moyenne ; sillons peu accusés ; ramifications divergentes ; surface assez lisse.

Endocarpe moyennement épais; loge à section ovalaire.

Amande droite, assez mince, légèrement aplatie, atténuée vers le sommet; faisceaux rares, minces, déliés.

### Caractéristiques.

| | D. | d. | d'. | D/d. | D/d'. |
|---|---|---|---|---|---|
| Feuille ........ | 6,60 | 1,65 | » | 4,00 | » |
| Olive ......... | 2,01 | 1,48 | 1,48 | 1,36 | 1,36 |
| Noyau......... | 1,50 | 0,80 | 0,76 | 1,75 | 1,97 |
| Amande ....... | 1,01 | 0,39 | » | 2,58 | » |

**Composition des olives** (1). — Pm 2 ; — Pp 75 ; Pn 25 ; Pa 3 ; — Te 9,62; Th 59,92 ; Tm 30,46 ; — Hf 39,27.

AIRE DE CULTURE. — Corse.

OBSERVATIONS CULTURALES. — Vigoureux, productif; fruit assez gros, propre à la confiserie en vert ; rendement en huile inférieur à celui de la *Sabine* ; huile moins appréciée dans les lieux de production.

### Rouget (Bouches-du-Rhône).

*Arbre* de taille moyenne ou élevée; port en dôme arrondi; couvert dense ; teinte vert-sombre cendré.

Rameaux abondants, vigoureux, feuillus, généralement érigés ou plus ou moins obliques, jamais pendants; jeunes pousses assez minces ; écorce vert jaunâtre finement striée ; lenticelles peu apparentes ; nœuds peu saillants, écartés.

*Feuilles* très divergentes, droites, robustes, assez raides; vert sombre très cendré à la face supérieure; blanc verdâtre à la face inférieure.

Limbe ovale lancéolé; bords refoulés; parfois assez franchement en gouttière; maximum de largeur à peu près médian, également atténué aux deux bouts ; sommet faiblement arrondi; mucron net; nervure principale large, saillante à sa naissance, presque effacée à l'extrémité.

Pétiole assez court, moyennement épais, très souvent coudé.

*Grappe florale* de longueur moyenne, assez lâche, pauciflore (12 à 20 boutons), fréquemment portée au sommet du rameau; boutons gros, oblongs; stigmate obtus, presque arrondi, d'où

(1) Fruits très ridés, presque secs.

s'échappent, au sommet, les cornes rapprochées à leur base, mais divergentes.

Floraison moyennement hâtive.

*Pédoncule* long, mince, souvent arqué ; saillies très nettes.

*Fruits* généralement isolés, pendants, portés le long des rameaux, en mélange avec les feuilles, moyens ou petits, ovoïdes, asymétriques, côtelés ; dépression pédonculaire su-

Fig. 45. — Rouget (Bouches-du-Rhône).

perficielle ; diamètre maximum supérieur ; sommet arrondi.

Epicarpe vert franc, très légèrement tiqueté jusqu'à la véraison, se marbre alors de rouge violacé, sans décoloration préalable bien sensible, passe ensuite au violet, puis tardivement au noir pruiné.

Pulpe abondante, rouge vineux, assez aqueuse, moyennement riche en huile.

Noyau comprimé d'un côté, côtelé ; base arrondie ; diamètre maximum moyen ou inférieur ; sommet formant une pointe relevée ; dix faisceaux en moyenne ; sillons peu profonds ; surface peu tourmentée.

Endocarpe peu épais ; loge à section presque circulaire.

Amande petite, courte, aplatie, arrondie aux deux extrémités ; faisceaux étroits et déliés.

Maturité inégale, tardive dans l'ensemble.

### Caractéristiques.

|  | D. | d. | d'. | D/d. | D/d'. |
|---|---|---|---|---|---|
| Feuille ........ | 5,69 | 1,20 | » | 4,74 | » |
| Olive ......... | 1,90 | 1,33 | 1,32 | 1,43 | 1,44 |
| Noyau......... | 1,43 | 0,73 | 0,66 | 1,96 | 2,16 |
| Amande ....'... | 0,76 | 0,40 | » | 1,90 | » |

**Composition des olives.** — **Pm** 2 ; — **Pp** 78 ; **Pn** 22 ; **Pa** 2,55 ; — **Te** 45 ; **Th** 27,78 ; **Tm** 27,22 ; — **Hf** 21,67.

AIRE DE CULTURE. — Localisé aux environs immédiats de Marseille (Allauch).

OBSERVATIONS CULTURALES. — Assez sensible à la sécheresse ; mais, en bon terrain et convenablement traité, se développe vigoureusement et porte des récoltes abondantes ; se trouve bien de tailles fréquentes, redoute les attaques de la cochenille et du noir, très peu celles du ver de l'olive.

### Corniaou (Vaucluse).

SYNONYME. — *Curniaou.*

*Arbre* vigoureux, grand, se forme en boule ; couvert épais ; teinte générale assez sombre.

Rameaux courts, nombreux, très feuillus, orientés dans n'importe quelle direction, verticaux dans les parties supérieures, inclinés latéralement ; jeunes pousses épaisses, presque arrondies ; écorce gris jaunâtre ; lenticelles clairsemées ; nœuds saillants, rapprochés.

*Feuilles* très divergentes, redressées généralement vers la lumière, petites, droites, raides ; vert sombre à la face supérieure, blanc brillant à la face inférieure.

Limbe ovale ou spatulé, rarement lancéolé ; bords refoulés ; légèrement en toit ou en cuillère s'il est court ; déborde nettement la nervure dès sa naissance ; maximum de largeur supérieur ; ordinairement arrondi au sommet ; mucron très court ; nervure principale dessinant un léger sillon sur la face supérieure, très large et très saillante sur l'autre face.

Pétiole court, très épais.

*Pédoncule* moyen ou long, épais, raide; saillies peu accusées, écartées.

*Fruits* isolés, rarement par deux, pendants, portés tout le long du rameau, souvent entremêlés de feuilles, moyens, ovoïdes, très régulièrement côtelés, atténués vers la base; dépression pédonculaire peu profonde; diamètre maximum supérieur; arrondis au sommet.

Epicarpe légèrement mamelonné, vert franc avant la véraison.

Pulpe moyennement abondante.

Noyau assez long, légèrement asymétrique et côtelé, atténué vers la base; diamètre maximum supérieur; sommet en pointe; neuf faisceaux en moyenne; sillons longitudinaux, fins, peu accusés, très peu ramifiés; surface à peu près lisse.

Endocarpe mince; loge à section nettement ovalaire.

Amande aplatie, droite; base large; atténuée en pointe au sommet; faisceau principal long; ramifications rares.

### Caractéristiques.

|  | D. | d. | d'. | D/d. | D/d'. |
|---|---|---|---|---|---|
| Feuille ........ | 4,00 | 1,28 | » | 3,12 | » |
| Olive ......... | 2,06 | 1,44 | 1,33 | 1,43 | 1,54 |
| Noyau......... | 1,41 | 0,69 | 0,68 | 2,04 | 2,07 |
| Amande ....... | 0,96 | 0,40 | » | 2,15 | » |

**Composition des olives.** — **Pm** 2 ; — **Pp** 75,50 ; **Pn** 24,50 ; **Pa** 3.

AIRE DE CULTURE. — Environs de Carpentras, Pernes (Vaucluse); peu répandu.

OBSERVATIONS CULTURALES. — Très vigoureux, rustique, exige de fréquentes tailles d'éclaircissage; production régulière, satisfaisante.


## SECTION II

DEUXIÈME GROUPE. — *Fruits à sommet arrondi mais générale-ment surmonté d'un léger mucron.*


### Cayanne (Bouches-du-Rhône).

*Arbre* vigoureux, de dimensions moyennes (4 à 6 mètres); rejets nombreux; tronc cylindrique; écorce tôt gerçurée, se soulevant en plaques rectangulaires; branches de charpente tortueuses; couvert léger; teinte gris argenté.

Rameaux longs, assez peu ramifiés, infléchis, presque retombants, mais redressés à l'extrémité; jeunes pousses minces, assez flexibles; angles accusés; extrémité souvent aplatie: écorce jaune verdâtre, lenticelles nombreuses, peu saillantes; nœuds effacés, rapprochés.

*Feuilles* divergentes ou très divergentes, généralement redressées et montrant leur face inférieure, moyennes ou

Fig. 46. — Cayanne (Bouches-du-Rhône).

petites, droites, rigides, vert cendré à la face supérieure, blanchâtre à la face inférieure, garnissant les rameaux sur une bonne partie de leur longueur.

Limbe lancéolé, plat, ferme; maximum de largeur à peu près médian, régulièrement atténué aux deux extrémités; mucron aigu, en crochet rejeté en arrière; nervure principale en saillie à la face supérieure, mince mais nette à la face inférieure.

Pétiole moyen, droit, dans le plan du limbe.

*Grappe florale* composée de 25 à 35 boutons serrés, très petits, oblongs, verdâtres; stigmate en croissant bien formé; floraison tardive.

*Pédoncule* long, mince; saillies fines, écartées.

*Fruits* isolés, quelquefois par deux ou trois sur le même pédoncule, pendants, moyens, régulièrement ovoïdes, à peine asymétriques; base arrondie; dépression pédonculaire peu profonde; diamètre maximum à peu près médian; sommet arrondi, avec souvent un soupçon de saillie terminale.

Epicarpe très lisse, vert clair non tiqueté jusqu'à la véraison, pâlit encore, se dore, puis se teinte uniformément de rose violacé à ce moment-là, passe au noir violacé finement pointillé à maturité.

Pulpe abondante, blanc lavé de rose, aqueuse, assez riche en huile.

Noyau allongé, légèrement comprimé, asymétrique; ligne suturale saillante; base arrondie; diamètre maximum médian ou inférieur; sommet atténué en une pointe déjetée; six faisceaux en moyenne; sillons moyennement creusés; ramifications divergentes; surface assez tourmentée.

Endocarpe mince; loge faiblement ovalaire.

Amande un peu comprimée, droite, arrondie aux deux bouts; faisceaux très étroits, sinueux.

Caractéristiques.

|  | D. | d. | d'. | D/d. | Dd'. |
|---|---|---|---|---|---|
| Feuille ........ | 4,50 | 0,90 | » | 5,00 | » |
| Olive ......... | 2,02 | 1,42 | » | 1,41 | » |
| Noyau........ | 1,40 | 0,71 | 0,69 | 1,96 | 2,02 |
| Amande ....... | 0,98 | 0,42 | » | 2,33 | » |

**Composition des olives.** — **Pm** 2,55 ; — **Pp** 81,57 ; **Pn** 18,43 ; **Pa** 2,88 ; — **Te** 48,66 ; **Th** 34,16 ; **Tm** 17,18 ; — **Hf** 27,76.

AIRE DE CULTURE. — Environs de Marseille et littoral des Bouches-du-Rhône : Cassis, La Ciotat et localités voisines du Var.

OBSERVATIONS CULTURALES. — Résistant à la sécheresse, s'accommodant des plus mauvais terrains, exige des tailles régulières et fréquentes, assez sujet au ver de l'olive, peu à la cochenille et au noir ; production très satisfaisante.

Négrette.

SYNONYMES. — *Négret, Petite Noire, Noirette* (environs de Nîmes).

*Arbre* vigoureux, de taille moyenne; couvert dense; teinte générale gris terne.

Rameaux. abondants, courts, feuillus, plus ou moins infléchis, mais tendant à se redresser à l'extrémité; jeunes pousses robustes, raides, angles accusés; écorce jaunâtre; lenticelles rares, bien apparentes; nœuds très saillants, rapprochés.

*Feuilles* insérées dans toutes les directions, généralement

Fig. 47. — Négret.

redressées vers la lumière, parfois à contresens du rameau, moyennes, assez larges, épaisses, fermes; teinte vert gris, très cendré à la face supérieure, blanc brillant à la face inférieure.

Limbe spatulé, à peu près plat, parfois arqué, ondulé ou à bords refoulés, déborde rapidement la nervure à sa naissance; maximum de largeur généralement supérieur; sommet arrondi, rarement atténué en pointe; mucron bien détaché; nervure principale large et saillante à la base, s'efface graduellement vers le sommet; nervures secondaires parfois visibles à la face inférieure.

Pétiole robuste, court, rarement dans le plan du limbe.

*Pédoncule* court, fort, raide ; saillies rares, accusées.

*Fruits* portés sur toute la longueur du rameau, souvent en mélange avec les feuilles, parfois groupés sur le même pédoncule, moyens, à peu près régulièrement ovoïdes, légèrement côtelés, atténués vers la base; dépression pédonculaire étroite mais profonde; sommet arrondi, surmonté généralement d'une pointe mousse; surface finement mamelonnée.

Epicarpe vert franc, tiqueté avant la véraison, passe ensuite sans décoloration sensible au violet marbré, puis au violet noir pointillé et enfin au noir très pruiné.

Pulpe assez abondante, très ferme, brun noirâtre à maturité, riche en huile.

Noyau moyen, assez régulièrement ovale allongé, légèrement asymétrique, une valve plus bombée que l'autre; ligne suturale très apparente, dessinant une faible côte ; sept faisceaux, quelquefois moins; sillons assez profondément creusés ; ramifications divergentes, accentuées ; surface tourmentée.

Endocarpe épais; loge à section allongée.

Amande droite, aplatie; base assez large ; sommet arrondi; faisceaux peu nombreux, larges, peu ramifiés.

### Caractéristiques.

| | D. | d. | d'. | D/d. | D/d'. |
|---|---|---|---|---|---|
| Feuille ........ | 4,96 | 1,34 | » | 3,70 | » |
| Olive ......... | 1,88 | 1,39 | 1,38 | 1,35 | 1,36 |
| Noyau........ | 1,44 | 0,75 | 0,73 | 1,92 | 1,97 |
| Amande ....... | 0,98 | 0,41 | » | 2,39 | » |

**Composition des olives.** — **Pm** 2,30 ; — **Pp** 76,80 ; **Pn** 23,20 ; **Pa** 2,74 ; — **Te** 33 ; **Th** 36,20 ; **Tm** 30,80 ; — **Hf** 27,80.

AIRE DE CULTURE. — Gard et Ardèche ; ordinairement à l'état de pieds isolés au milieu d'autres variétés ; dans le Gard, notamment, on lui substitue la *Picholine* par le greffage.

OBSERVATIONS CULTURALES. — Robuste, s'accommode des plus mauvais terrains, se contente de tailles espacées ; production satisfaisante.

### Grosse violette.

*Arbre* à rameaux courts, très robustes, généralement érigés ; jeunes pousses épaisses; angles fortement accusés ; écorce gris verdâtre ; lenticelles bien apparentes ; nœuds très larges, saillants inégalement écartés.

*Feuilles* assez divergentes, généralement redressées, assez grandes ou grandes, très souvent arquées, épaisses, cartilagineuses.

Limbe ovale allongé, parfois lancéolé, ordinairement replié en gouttière, arrondi aux deux extrémités ; mucron court ;

Fig. 48. — Grosse violette.

nervure principale nettement marquée à la face supérieure, très large mais peu saillante à la face inférieure.

Pétiole moyennement long, très robuste, coudé.

*Pédoncule* court, robuste, rigide : saillies rares, proéminentes.

*Fruits* souvent groupés sur le même pédoncule et mélangés aux feuilles, moyens ou gros, faiblement asymétriques et côtelés ; base large, ordinairement tronquée ; diamètre maximum à peu près médian ; mucron court.

Epicarpe violacé après la véraison qui est très tardive.

Pulpe peu abondante, ferme, blanchâtre, pauvre en huile.

Noyau assez gros, de forme variable, ordinairement cylindracé, arrondi aux deux extrémités; sommet légèrement déjeté, terminé par une pointe courte; quatre à cinq faisceaux; sillons très profondément creusés; relief fortement accusé.

Endocarpe épais; loge à section nettement ovalaire.

Amande obtuse, aplatie; base et sommet arrondis; faisceaux larges assez nombreux, divergents; ramifications rares, anastomosées.

**Caractéristiques.**

|  | D. | d. | d'. | D/d. | D/d'. |
|---|---|---|---|---|---|
| Feuille ......... | 5,50 | 1,28 | » | 4,29 | » |
| Olive ......... | 1,99 | 1,41 | 1,40 | 1,41 | 1,42 |
| Noyau......... | 1,40 | 0,79 | 0,77 | 1,77 | 1,81 |
| Amande ....... | 0,97 | 0,48 | » | 2,00 | » |

**Composition des olives.** — Pm 1,92 ; — Pp 71,70 ; Pn 28,30 ; Pa 3,64 ; — Te 37,60 ; Th 25,20 ; Tm 37,20 ; — Hf 18,07.

Aire de culture. — Échantillons provenant de Largentière (Ardèche).


**Amellau (Hérault).**

SYNONYMES. — *Amenlaou*; *Amellenque.*

*Arbre* peu vigoureux, de dimensions moyennes, se forme en dôme étalé; couvert léger; teinte pâle; tronc à écorce gris argenté très gerçurée, soulevée.

Rameaux divergents, courts, raides, sans orientation définie, assez souvent dégarnis de feuilles sur le bois de deux ans; jeunes pousses assez fortes; écorce vert grisâtre; lenticelles rares, très apparentes; nœuds assez saillants, peu écartés.

*Feuilles* divergentes, moyennes ou petites, parcheminées, vert cendré à la face supérieure, blanc argenté à la face inférieure.

Limbe ovale lancéolé ou spatulé, plat, parfois contourné, déborde rapidement la nervure à la base; maximum de largeur supérieur, rapidement atténué en pointe ou légèrement arrondi au sommet; mucron obtus, peu détaché; nervure principale peu saillante; nervures secondaires visibles sur la face supérieure.

Pétiole court, souvent coudé.

*Pédoncule* court, très épais, raide; saillies très marquées, rapprochées.

*Fruits* isolés, rarement par deux sur le même pédoncule, gros, amygdaliformes; côte très saillante; arrondis ou tronqués à la base; dépression du pédoncule profonde; maximum de

Fig. 49. — Amellau.

largeur médian ou supérieur; sommet arrondi ou faiblement mucroné.

Epicarpe irrégulièrement mamelonné, franchement vert jusqu'à la véraison, pâlit très peu à ce moment, se marbre de rose vineux, passe enfin au noir violacé, pointillé, très pruiné.

Pulpe abondante, ferme, assez adhérente au noyau, peu riche en huile.

Noyau gros, cylindracé ou piriforme, souvent comprimé: ligne suturale bien apparente, en saillie; atténué vers le pédoncule, arrondi au sommet ; mucron à peine marqué ; huit à dix faisceaux ; sillons longitudinaux, profonds ; surface très finement rugueuse.

Endocarpe épais ; loge à section ovalaire.

Amande relativement longue et étroite, droite, un peu aplatie, arrondie aux deux bouts ; faisceaux larges, nombreux, très ramifiés.

Maturité assez précoce.

Caractéristiques

|  | D. | d. | d'. | D/d. | D/d'. |
|---|---|---|---|---|---|
| Feuille ......... | 4,66 | 1,30 | » | 3,58 | » |
| Olive .......... | 2,51 | 1,73 | 1,66 | 1,44 | 1,51 |
| Noyau........... | 1,83 | 0,89 | 0,84 | 2,05 | 2,16 |
| Amande ......... | 1,15 | 0,41 | » | 2,80 | » |

**Composition des olives.** — Pm 4,28 ; — Pp 79,64 ; Pn 20,36 .

Aire de culture. — Assez répandu dans l'Hérault, notamment aux environs d'Aniane et de Gignac.

Observations culturales. — Peu vigoureux, peu fertile, sans grande résistance aux attaques des parasites, particulièrement sensible au *Cycloconium oleaginum* ; fruit généralement confit en vert ; manque de finesse mais apprécié pour l'exportation à cause de sa grosseur.

Cayet noir (Var).

*Arbre* vigoureux ; port érigé ; ensemble pyramidal ; branches principales élancées, nues ; couvert léger ; teinte assez terne.

Rameaux nombreux, redressés verticalement ; obliques ou horizontaux seulement sur le pourtour de l'arbre, dégarnis de feuilles sur leur plus grande longueur ; jeunes pousses fortes ; angles peu accusés, écorce vert jaunâtre ; nœuds très proéminents, très rapprochés.

*Feuilles* divergentes, sans orientation définie, généralement en bouquets à l'extrémité des rameaux, moyennes ou petites ; face supérieure terne, face inférieure vert blanchâtre.

Limbe lancéolé, droit, presque plat ; bords légèrement refoulés ; maximum de largeur à peu près médian, régulièrement atténué vers les deux extrémités ; sommet faiblement arrondi ; mucron court, assez obtus ; nervure principale en saillie à la face supérieure, mince et très proéminente à la face inférieure.

Pétiole très court, moyennement épais, coudé.

*Pédoncule* moyen, assez gros; saillies très accusées, rapprochées.

*Fruits* souvent groupés par deux sur le même pédoncule et agrégés sur les parties dénudées des rameaux, surtout à leur bifurcation, moyens ou assez gros, ovale allongé; base arrondie ou légèrement tronquée; dépression pédonculaire peu profonde; diamètre maximum moyen ou faiblement supérieur;

Fig. 50. — Cayet noir (Var).

sommet arrondi ou terminé par une saillie à peine sensible.

Epicarpe lisse, vert foncé jusqu'à la véraison, se marbre alors de violet sans décoloration préalable et devient tout à fait noir à maturité.

Pulpe assez abondante, très aqueuse, peu riche en huile.

Noyau presque symétrique, nettement renflé au milieu, régulièrement atténué aux deux bouts; diamètre maximum médian ou légèrement supérieur; sommet en pointe; sept à huit fais-

ceaux en moyenne ; sillons profondément marqués, régulièrement longitudinaux ; ramifications peu accusées.

Endocarpe très épais ; loge à section presque circulaire.

Amande droite, arrondie aux deux extrémités ; faisceaux
nombreux, peu larges, déliés.

Maturité de moyenne époque.

### Caractéristiques.

|  | D. | d. | d'. | D/d. | D/d. |
|---|---|---|---|---|---|
| Feuille ......... | 4,60 | 0,90 | » | 5,11 | » |
| Olive ......... | 2,15 | 1,51 | 1,50 | 1,42 | 1,43 |
| Noyau......... | 1,61 | 0,80 | 0,79 | 2,01 | 2,03 |
| Amande ......... | 1,05 | 0,42 | » | 2,50 | » |

**Composition des olives.** — **Pm** 2,78 ; — **Pp** 72,95 ; **Pn** 27,05 ; **Pa** 2,42 ;
— **Te** 58,20 ; **Th** 20 ; **Tm** 21,80 ; — **Hf** 16.

AIRE DE CULTURE. — Environs de Draguignan, Les Arcs (Var).

OBSERVATIONS CULTURALES. — Vigoureux, rustique, mais de faible production ; fruit peu sujet au ver, se prêtant mal aux travaux de l'huilerie.

### Broussanel.

SYNONYME. — *Redondal*.

*Arbre* vigoureux, de taille moyenne ; port érigé ; se forme en
boule ; couvert léger ; teinte sombre.

Rameaux nombreux, généralement courts, robustes, redressés ; jeunes pousses épaisses ; angles peu accusés ; écorce vert
jaunâtre ; lenticelles très apparentes ; nœuds ordinairement
rapprochés, saillants.

*Feuilles* peu divergentes, souvent redressées avec le rameau,
moyennes ou grandes, épaisses, raides, fermes ; vert cendré à
la face supérieure, blanc brillant à la face inférieure.

Limbe lancéolé, rarement spatulé, assez étroit, refoulé sur
les bords, assez régulièrement atténué vers la base ; maximum
de largeur médian ou supérieur, semble vouloir s'arrondir au
sommet, mais celui-ci s'allonge finalement en une pointe prolongée d'un mucron aigu, incliné latéralement ; nervure principale dessinant un fort sillon à la face supérieure, en saillie
très marquée à la face inférieure ; nervures secondaires accu-
sant le relief sur les deux faces.

Pétiole très long, robuste, ordinairement coudé.

*Fleur* à stigmate en croissant à cornes émoussées.

*Pédoncule* court, épais, raide ; saillies fortes, rapprochées.

*Fruits* ordinairement isolés, moyens ou gros, ovoïdes, côtelés ; base arrondie ; dépression pédonculaire moyennement profonde ; diamètre maximum à peu près médian ; léger mucron terminal.

Epicarpe noir violacé ou tout à fait noir à maturité.

Pulpe assez abondante, brun rougeâtre, donnant une pâte onctueuse, odorante à la trituration, d'une richesse en huile moyenne.

Noyau ovoïde, ordinairement aminci vers la base ; ligne suturale bien marquée ; diamètre maximum supérieur ; sommet arrondi portant un très léger mucron ; six à huit faisceaux ; sillons assez profonds, peu ramifiés ; surface tourmentée, rugueuse.

Endocarpe moyennement épais ; loge franchement ovalaire.

Amande plate, large, arrondie à la base, atténuée au sommet ; faisceaux étroits, rares ; ramifications peu nombreuses, divergentes, anastomosées.

Moyenne époque de maturité.

### Caractéristiques.

| | D. | d. | d'. | D/d. | D/d'. |
|---|---|---|---|---|---|
| Feuille | 7,00 | 1,14 | » | 6,14 | » |
| Olive | 1,95 | 1,46 | » | 1,34 | » |
| Noyau | 1,47 | 0,81 | 0,80 | 1,81 | 1,83 |
| Amande | 1,07 | 0,43 | » | 2,49 | » |

**Composition des olives.** — **Pm** 2 ; — **Pp** 72 ; **Pn** 28 ; **Pa** 4,10.

AIRE DE CULTURE. — Aude (Minervois) ; constitue le fond de certaine oliveraies (Cabrespine).

OBSERVATIONS CULTURALES. — Estimé dans l'Aude ; production assc régulièrement bisannuelle, abondante ; fruits se prêtant bien à l'extractio de l'huile.

### Olive de Saint-Michel.

SYNONYMES. — *San-Michelenque, Michelenque.*

*Arbre* à rameaux longs, très minces, flexueux, infléchis angles assez accusés ; lenticelles fines, nombreuses ; nœud très peu saillants, écartés.

*Feuilles* moyennes ou petites, fines, droites, assez souples.

Limbe régulièrement lancéolé, presque plat, bords à peine refoulés, atténué à la base, accompagne le pétiole ; maximum de largeur à peu près médian ; sommet en pointe ou légèrement arrondi ; mucron long, aigu, en crochet ; nervure principale formant un étroit sillon à la face supérieure, mince mais nettement accusée à la face inférieure.

Pétiole long, mince, droit ou faiblement coudé.

*Pédoncule* long, très mince ; saillies aiguës, moyennement écartées.

*Fruits* pendants, portés tout le long des rameaux, souvent en mélange avec les feuilles, moyens, ovoïdes, atténués à la base, renflés vers le sommet, terminés par un court mamelon.

Epicarpe passant rapidement au noir pruiné après la véraison, souvent flétri.

Pulpe moyennement abondante, molle, brune, assez riche en huile.

Noyau nettement piriforme, légèrement arqué et comprimé, très aminci vers la base ; diamètre maximum supérieur ; renflé au sommet, terminé par un mucron très court ; huit à dix faisceaux ; sillons bien dessinés, longitudinaux ; ramifications fines, divergentes, surface peu tourmentée.

Endocarpe moyennement épais ; loge à section ovalaire.

Amande un peu aplatie, assez large à la base, incurvée ; faisceaux larges.

Maturité précoce.

### Caractéristiques.

| | D. | d. | d'. | D/d. | D/d'. |
|---|---|---|---|---|---|
| Feuille ........ | 5,04 | 0,90 | » | 5,60 | » |
| Olive ......... | 2,01 | 1,35 | 1,31 | 1,48 | 1,52 |
| Noyau......... | 1,49 | 0,76 | 0,72 | 1,96 | 2,06 |
| Amande ....... | 1,07 | 0,45 | » | 2,38 | » |

**Composition des olives.** — **Pm** 1,75 ; — **Pp** 73,30 ; **Pn** 26,70 ; **Pa** 4,11 ; — **Te** 34,40 ; **Th** 36,40 ; **Tm** 29,20 ; — **Hf** 26,68.

AIRE DE CULTURE. — Disséminé dans quelques localités de la rive droite du Rhône, aux environs d'Aramon (Gard).

OBSERVATIONS CULTURALES. — Variété tendant à disparaître ; ses fruits, très précoces, sont mûrs et tombent avant l'époque habituelle de la récolte ; ils se vendaient facilement autrefois sur les marchés locaux, fin septembre et octobre, pour la consommation directe ; la *Picholine* est actuellement préférée.

### Courbeil.

*Arbre* moyen ou petit, très vigoureux; port étalé; couvert dense; teinte générale tirant vers le jaune cendré.

Rameaux généralement redressés, sauf sur le pourtour de l'arbre où ils s'étalent horizontalement, longs, insérés à angle aigu, robustes, garnis de feuilles sur grande partie de leur

Fig. 51. — Courbeil.

longueur; écorce jaunâtre; lenticelles nombreuses, bien apparentes; nœuds peu saillants, moyennement écartés.

*Feuilles* redressées le long des rameaux, assez grandes, épaisses, vert cendré jaunâtre à la face supérieure, blanc verdâtre à la face inférieure.

Limbe assez régulièrement lancéolé, effilé vers la base; maximum de largeur à peu près médian; bords fréquemment sinueux, refoulés ou pliés en gouttière; sommet effilé ou légèrement arrondi; mucron nettement détaché, fin, aigu, incliné en arrière ; nervure étroite mais saillante à la face inférieure.

Pétiole de longueur moyenne, généralement droit.

Pédoncule moyen, mince ; saillies petites mais aiguës, peu écartées.

*Fruits* pendants, quelquefois groupés par deux ou trois sur le même pédoncule, moyens, ovoïdes, légèrement asymétriques ; base arrondie, un peu oblique ; dépression pédonculaire très superficielle ; diamètre maximum supérieur ; sommet arrondi, surmonté d'un léger mamelon.

Epicarpe lisse, pâlit et se dore à la véraison pour passer ensuite au rouge vermillon, puis au noir franc, luisant.

Noyau relativement volumineux, très régulièrement allongé, piriforme, effilé ou légèrement arrondi à la base ; diamètre maximum supérieur ; sommet arrondi, terminé par une pointe fine ; généralement huit faisceaux, exceptionnellement six ou sept ; sillons superficiels, finement ramifiés ; surface presque lisse.

Endocarpe épais, loge à section ovalaire.

Amande droite ; base arrondie ; régulièrement atténuée en pointe ; faisceaux rares, larges, peu ramifiés.

Caractéristiques.

| | D. | d. | d'. | D/d. | D/d'. |
|---|---|---|---|---|---|
| Feuille ........ | 6,20 | 1,30 | » | 4,77 | » |
| Olive ......... | 2,13 | 1,57 | 1,55 | 1,36 | 1,37 |
| Noyau......... | 1,50 | 0,75 | 0,71 | 2,00 | 2,11 |
| Amande ....... | 1,05 | 0,44 | » | 2,38 | » |

**Composition des olives.** — **Pm** 2,38 ; — **Pp** 81,94 ; **Pn** 18,06.

Aire de culture. — Région de Banyuls-sur-Mer (Pyrénées-Orientales).
Observations culturales. — Variété très résistante à la sécheresse, peu sensible aux maladies, productive, mais de faible rendement en huile.

Vermillau.

*Arbre* à rameaux moyens ou courts, nombreux, feuillus, souples ; jeunes pousses minces ; angles assez accusés ; lenticelles fines et nombreuses ; nœuds moyennement écartés.

*Feuilles* divergentes, sans orientation définie ; assez grandes, longues, souvent arquées.

Limbe lancéolé ou faiblement spatulé, régulièrement aminci

vers la base ; diamètre maximum médian ou à peine supérieur ; sommet en pointe ou légèrement arrondi ; mucron long, très aigu, en crochet généralement rejeté en arrière ; nervure mince, moyennement accusée.

Pétiole moyen, assez souvent coudé.

*Pédoncule* long, mince ; saillies rares.

*Fruits* portés le long des rameaux, pendants, souvent en mélange avec les feuilles, moyens, ovale-lancéolés, à peine symétriques ; base arrondie ; dépression du pédoncule superficielle ; diamètre maximum médian ou un peu supérieur ; sommet arrondi, souvent terminé par un très léger mucron.

Epicarpe lisse, reste quelque temps rouge vif après la véraison, puis passe au noir violacé, luisant.

Pulpe moyennement abondante, ramollie à complète maturité, rouge brun, aqueuse, pauvre en huile.

Noyau ovoïde, parfois cylindracé, asymétrique ; base tronquée ; diamètre maximum supérieur ; sommet arrondi portant un mucron court, aigu ; dix faisceaux en moyenne ; sillons longitudinaux assez profonds.

Endocarpe moyennement épais ; section de la loge ovale arrondi.

Amande allongée, cylindracée, légèrement incurvée ; faisceaux fins, très déliés.

### Caractéristiques.

|  | D. | d. | d'. | D/d. | D/d'. |
|---|---|---|---|---|---|
| Feuille | 6,00 | 1,12 | » | 5,35 | » |
| Olive | 1,96 | 1,47 | 1,47 | 1,33 | 1,33 |
| Noyau | 1,55 | 0,71 | 0,71 | 2,18 | 2,18 |
| Amande | 1,07 | 0,41 | » | 2,61 | » |

**Composition des olives.** — **Pm** 1,88 ; — **Pp** 75 ; **Pn** 25 ; **Pa** 4,46 ; — **Te** 44,80 ; **Th** 23 ; **Tm** 32,20 ; — **Hf** 17,25.

Aire de culture. — Quelques localités du Gard voisines du Rhône (Aramon) ; rare sur la rive gauche du fleuve.

Observations culturales. — Redoute les sécheresses estivales, très sensible à la bonne culture et aux fumures, se trouve bien de tailles légères et fréquentes, craint la cochenille et le noir, un peu moins le ver de l'olive ; production assez régulièrement bisannuelle, satisfaisante ; fruits estimés pour la préparation de conserves à l'état de demi-maturité, appréciés dans la région comme olives à ragoût ; se prêtent bien à l'extraction de l'huile ; celle-ci est dorée, limpide, très douce et fine.

**Rouget** (Hérault).

SYNONYME. — *Rougette.*

*Arbre* vigoureux, grand ; port semi-érigé ; se forme naturellement en boule ; couvert dense ; teinte générale vert sombre.

Rameaux nombreux, divergents, redressés, obliques ou horizontaux, peu retombants ; jeunes-pousses minces ; angles

Fig. 52. — Rouget (Hérault).

peu accusés ; écorce grise ; lenticelles nombreuses, fines ; nœuds saillants, inégalement écartés.

*Feuilles* très divergentes, généralement abondantes, moyennes, assez épaisses, fermes ; face supérieure vert sombre légèrement cendré, face inférieure blanc verdâtre.

Limbe lancéolé, assez large, plat ; bords à peine refoulés, souvent ondulés ; maximum de largeur à peu près médian ; également aminci vers les deux extrémités ; mucron court mais bien détaché ; nervure inférieure peu saillante.

Pétiole court, d'épaisseur moyenne, généralement dans le plan du limbe, parfois tordu.

*Pédoncule* long, parfois très long, d'épaisseur moyenne ; saillies peu accusées, distantes ; pédicelles longs.

*Fruits* assez fréquemment groupés sur le même pédoncule et accumulés sur la portion dénudée des rameaux, pendants, moyens ou petits, ovoïdes, atténués vers la base ; dépression pédonculaire très superficielle ; diamètre maximum supérieur ; sommet renflé, arrondi, terminé parfois par un léger mucron.

Epicarpe vert franc, légèrement tiqueté jusqu'à la véraison, pâlit à peine à ce moment-là, prend ensuite une teinte rouge vineux assez persistante, passe enfin au violet foncé et au noir finement pointillé, peu pruiné, luisant.

Pulpe moyennement abondante, se détachant bien du noyau, blanchâtre, aqueuse, pauvre en huile.

Noyau ovoïde, aminci vers la base ; maximum de largeur supérieur ; sommet terminé par une pointe courte, bien détachée ; cinq à huit faisceaux ; sillons peu accusés ; surface relativement lisse.

Endocarpe peu épais ; loge à section ovalaire.

Amande très peu aplatie, atténuée aux deux extrémités, non aiguë ; faisceaux larges, accolés sur une bonne partie de leur longueur.

Maturité tardive.

### Caractéristiques.

| | D. | d. | d'. | D/d. | D/d'. |
|---|---|---|---|---|---|
| Feuille ......... | 5,41 | 1,37 | » | 4,62 | » |
| Olive ......... | 1,70 | 1,22 | 1,22 | 1,39 | 1,39 |
| Noyau......... | 1,63 | 0,74 | 0,74 | 2,20 | 1,20 |
| Amande ....... | 0,90 | 0,40 | » | 2,25 | » |

**Composition des olives.** — Pm 2,27 ; — Pp 74,50 ; Pn 25,50 ; Pa 2,15 ; — Te 60 ; Th 19,10 ; Tm 30,90 ; — Hf 14,23.

Aire de culture. — Département de l'Hérault, notamment dans la région de Montpellier.

Observations culturales. — Rustique ; résiste aux hivers rigoureux ; se contente de très mauvais terrains ; peu sensible aux parasites, notamment au ver de l'olive ; récoltes satisfaisantes ; faible rendement en huile.

### Petite violette.

*Arbre* à rameaux nombreux, courts, érigés, feuillus ; jeunes pousses robustes, rigides, fortes ; angles peu accusés ; nœuds moyennement saillants, rapprochés.

*Feuilles* peu divergentes, généralement redressées avec le rameau, petites, courtes, raides ; teinte générale terne.

Fig. 53. — Petite violette.

Limbe ovale allongé, plat ; maximum de largeur à peu près médian ; arrondi aux deux extrémités ; mucron court, bien détaché, fréquemment porté en avant ; nervure principale peu saillante.

Pétiole court, moyennement épais, le plus souvent dans le plan du limbe.

Pédoncule court, très fort, raide ; saillies accusées, rapprochées.

*Fruits* souvent groupés sur le même pédoncule et mélangés

aux feuilles, moyens ou petits, ovoïdes, légèrement asymétriques et côtelés; base arrondie ou tronquée; dépression pédonculaire moyennement profonde; à peine plus renflés au-dessus de la ligne médiane; sommet arrondi portant un léger mucron.

Epicarpe lisse, violet brun tiqueté après la véraison.

Pulpe peu abondante, vert teinté de rose, assez riche en huile.

Noyau relativement gros, ovoïde allongé, légèrement plus bombé d'un côté, plus ou moins rapidement atténué vers la base, avec, souvent, une dépression circulaire; maximum de largeur un peu supérieur, terminé par une pointe courte; sept à dix faisceaux; sillons assez profonds, peu ramifiés; surface moyennement tourmentée.

Endocarpe peu épais; loge à section nettement ovalaire.

Amande à peu près droite, légèrement aplatie; base large, sommet assez aigu; faisceaux très rares, larges, divergents, peu ramifiés.

### Caractéristiques.

|  | D. | d. | d'. | D/d. | D/d'. |
|---|---|---|---|---|---|
| Feuille ........ | 3,68 | 1,04 | » | 3,54 | » |
| Olive ......... | 1,80 | 1,24 | 1,20 | 1,45 | 1,50 |
| Noyau........ | 1,47 | 0,73 | 0,70 | 2,00 | 2,10 |
| Amande ....... | 0,96 | 0,46 | » | 2.08 | » |

Composition des olives. — Pm 1,43; — Pp 70; Pn 30; Pa 4,75; — Te 37,20; Th 31,80; Tm 31; — Hf 22,26.

AIRE DE CULTURE. — Échantillons provenant de Largentière (Ardèche).


## SECTION II

TROISIÈME GROUPE. — *Fruits à sommet atténué en pointe mousse.*


### Sausen noir (Ardèche).

*Arbre* à rameaux nombreux, allongés, généralement incurvés ou retombants, portant les feuilles en bouquets terminaux; jeunes pousses minces; angles peu marqués; écorce vert jaunâtre; lenticelles nombreuses, bien apparentes.

*Feuilles* divergentes, généralement redressées, grandes, longues, assez larges, souvent arquées, épaisses, fermes; vert franc à la face supérieure, vert très clair à la face inférieure.

Limbe franchement en gouttière, acuminé à la base; bords à peu près parallèles sur leur plus grande longueur; sommet arrondi; mucron saillant, en crochet rejeté en arrière; nervure principale dessinée à la face supérieure, large et saillante à la face inférieure.

Pétiole fort, souvent dans le plan du limbe.

*Pédoncule* long ou moyen, mince, arqué; saillies assez nettes, écartées; se colore en rose violacé aux approches de la maturité.

*Fruits* généralement isolés, portés le long des rameaux, grands ou moyens, légèrement asymétriques, plus bombés d'un côté; faible côte; base tronquée, parfois obliquement; dépression pédonculaire peu profonde; sommet atténué en pointe mousse, déjeté.

Épicarpe lisse, vert pâle à la véraison, tourne rapidement au rouge vineux, puis au violet et au noir luisant.

Pulpe abondante, aqueuse, brun rougeâtre à maturité, moyennement riche en huile.

Noyau moyen ou grand, allongé, nettement aplati, en forme de bateau; suture des valves saillante; maximum de largeur à peu près médian; base arrondie ou légèrement acuminée; sommet en pointe redressée; six à huit faisceaux; sillons de profondeur moyenne ou superficiels; surface peu tourmentée.

Épicarpe épais; loge à section ovalaire.

Amande allongée, droite, légèrement aplatie; faisceaux nombreux, fins, déliés, longitudinaux.

### Caractéristiques.

| | D. | d. | d'. | D/d. | D/d'. |
|---|---|---|---|---|---|
| Feuille ........ | 6,00 | 1,30 | » | 4,61 | » |
| Olive ......... | 2,24 | 1,62 | 1,61 | 1,38 | 1,09 |
| Noyau........ | 1,74 | 0,86 | 0,75 | 2,02 | 2,32 |
| Amande....... | 1,03 | 0,40 | » | 2,57 | » |

Composition des olives. — Pm 2,43; — Pp 78; Pn 22; — Te 45,40; Th 29,80; Tm 24,80; — Hf 23,24.

AIRE DE CULTURE. — Échantillons provenant de Bourg-Saint-Andéol (Ardèche).

### Salernet.

*Arbre* à rameaux longs, divergents, infléchis ; jeunes pousses minces ; angles peu accusés ; écorce grise ; lenticelles rares ; nœuds assez rapprochés, peu saillants.

*Feuilles* inégalement divergentes, généralement redressées avec le rameau, moyennes ou grandes, quelquefois arquées,

Fig. 54. — Salernet.

assez souples ; vert sombre à la face supérieure, vert cendré à la face inférieure.

Limbe ovale lancéolé, rarement spatulé, replié en gouttière : déborde rapidement le pétiole ; maximum de largeur à peu près médian ; acuminé aux deux extrémités ou légèrement arrondi, surtout au sommet ; mucron court, mais bien détaché, en crochet rejeté en arrière ; nervure principale très saillante à la face inférieure.

Pétiole relativement court et mince.

*Pédoncule* moyen ou court, assez mince, arqué ; saillies très accentuées, rapprochées.

*Fruits* généralement isolés, portés tout le long des rameaux, souvent entremêlés de feuilles ; moyens ou petits, côtelés ; base élargie ; dépression pédonculaire superficielle ; maximum de largeur médian ou inférieur ; sommet atténué en pointe très mousse.

Épicarpe très noir et pruiné à maturité.

Pulpe peu abondante, blanchâtre, pauvre en huile.

Noyau relativement gros, ovoïde, légèrement asymétrique ; diamètre maximum médian ou faiblement supérieur ; atténué vers la base ; sommet généralement arrondi ; mucron court, aigu ; faisceaux rares ; sillons longitudinaux ; surface assez tourmentée.

Endocarpe peu épais ; section de la loge à peu près ovalaire.

Amande droite, courte, relativement aplatie, arrondie aux deux extrémités ; faisceaux rares, larges, divergents, peu ramifiés.

Caractéristiques.

| | D. | d. | d'. | D/d. | D/d'. |
|---|---|---|---|---|---|
| Feuille ......... | 5,76 | 1,24 | » | 4,64 | » |
| Olive ......... | 1,61 | 1,17 | 1,15 | 1,37 | 1,40 |
| Noyau......... | 1,22 | 0,68 | 0,68 | 1,79 | 1,79 |
| Amande ....... | 0,89 | 0,40 | » | 2,22 | » |

**Composition des olives.** — Pm 1,03 ; — Pp 67,20 ; Pn 32,80 ; Pa 5,43 ; — Te 39,40 ; Th 26,60 ; Tm 44 ; — Hf 17,87.

Aire de culture. — Échantillons provenant de Largentière (Ardèche).

Poumal.

*Arbre* très vigoureux, atteignant d'assez grandes dimensions ; port étalé ou retombant ; couvert dense ; feuillage vert franc.

Rameaux longs, inclinés, portant souvent les feuilles en bouquets terminaux ; jeunes pousses assez minces ; angles accusés ; écorce jaune grisâtre ; lenticelles rares ; nœuds proéminents, écartés.

*Feuilles* divergentes, sans orientation définie, redressées vers la lumière, souvent à contresens du rameau, moyennes ou grandes, longues, parfois falciformes, fermes ; vert franc à la face supérieure, blanc verdâtre à la face inférieure.

Limbe lancéolé ou faiblement spatulé ; bords refoulés ; forme légèrement en gouttière ; régulièrement atténué vers la base ; diamètre maximum un peu supérieur ; sommet arrondi ; mucron obtus ; nervure principale très saillante à sa naissance sur la

Fig. 55. — Poumal.

face inférieure, s'atténue et s'efface presque complètement au sommet.

Pétiole moyen, généralement coudé.

*Pédoncule* moyennement long ou long, robuste, arqué ; saillies très accusées, assez écartées.

*Fruits* généralement isolés, quelquefois par deux opposés par la base, pendants, portés sur les parties dénudées des rameaux, moyens ou gros, ovoïdes, à peine asymétriques ; base assez large, arrondie ou légèrement tronquée ; dépression pédonculaire très régulièrement circulaire, profonde ; diamètre maximum à peu près médian ; sommet arrondi ou atténué en une pointe à peine marquée ; dépression stigmatique nette.

Épicarpe lisse, vert franc jusqu'à la véraison, passe ensuite au violet foncé presque noir.

Pulpe peu abondante, très ferme, assez riche en huile.

Noyau très gros, de forme assez irrégulière, généralement ovoïde, asymétrique, aplati, tantôt atténué, tantôt arrondi vers la base ; ligne suturale nette ; pointe accusée au sommet ; dix à onze faisceaux ; sillons profonds ; surface tourmentée.

Endocarpe très épais ; section de la loge ovale-allongée.

Amande longue, aplatie, de forme assez variable ; faisceaux larges, peu nombreux, peu ramifiés. Les cas d'amandes gémellaires sont fréquents.

Maturité assez hâtive.

### Caractéristiques.

|  | D. | d. | d'. | D/d. | Dd'. |
|---|---|---|---|---|---|
| Feuille ........ | 5,76 | 1,06 | » | 5,43 | » |
| Olive ......... | 2,34 | 1,61 | 1,60 | 1,45 | 1,46 |
| Noyau........ | 1,81 | 0,97 | 0,92 | 1,86 | 1,96 |
| Amande ....... | 1,07 | 0,45 | » | 2,38 | » |

**Composition des olives.** — Pm 2,70 ; — Pp 69,10 ; Pn 30,90 ; Pa 3,11 ; — Te 48,80 ; Th 24,30 ; Tm 26,90 ; — Hf 16,79.

AIRE DE CULTURE. — Roussillon ; constitue, dans certaines localités, le fond des plantations (Sournia).

OBSERVATIONS, CULTURALES. — Convient aux terres de bonne qualité ; s'y développe avec une grande vigueur qu'il faut maîtriser par la taille, craint la sécheresse, sujet aux attaques du *Dacus oleæ*, redoute également le *Lecanium* et le noir ; production régulière et assez abondante ; gros fruit souvent confit vert ; huile jaune clair, limpide, douce, estimée.

### Cocornadelle.

*Arbre* de petite taille ; port érigé ; ensemble étalé ; couvert de densité moyenne ; teinte générale vert cendré clair.

*Rameaux* peu vigoureux, courts, redressés : jeunes pousses minces ; angles très nets ; écorce gris jaunâtre, striée ; lenticelles rares, très apparentes ; nœuds rapprochés, peu saillants.

*Feuilles* redressées contre le rameau, de dimensions moyennes, épaisses, raides, souvent arquées, vert cendré à la face supérieure, plus clair à la face inférieure.

Limbe lancéolé, à bords refoulés, effilé vers le pétiole ; maximum de largeur un peu supérieur ; atténué en pointe obtuse ou arrondi au sommet ; mucron court, obtus, droit ou faiblement rejeté de côté ; nervure principale en creux à la face supérieure, large, peu saillante à la face inférieure.

Pétiole de longueur moyenne, droit ou légèrement tordu.

*Pédoncule* moyen, raide, robuste ; saillies rares, peu accusées, écartées.

*Fruits* souvent groupés sur le même pédoncule, moyens, allongés, cylindro-coniques, presque symétriques, légèremen côtelés ; surface mamelonnée ; base arrondie ou tronquée ; dépression pédonculaire étroite mais profonde ; diamètre maximum basilaire ou médian ; sommet atténué en pointe, non mucroné.

Épicarpe blanc verdâtre jusqu'à la véraison qui est tardive ; pulpe moyennement abondante, très ferme, blanchâtre.

Noyau allongé, à peu près symétrique ; base arrondie ou tronquée ; diamètre maximum supérieur ; légère dépression circulaire vers le sommet qui est atténué en pointe non aiguë ; six à huit faisceaux ; sillons nettement accusés, mais seulement à la base.

Endocarpe épais ; loge réduite, à section ovalaire.

Amande allongée, bien droite, un peu aplatie ; base arrondie, sommet aigu ; trois à quatre faisceaux bien déliés, rapidement effacés.

Maturité tardive.

### Caractéristiques.

| | D. | d. | d'. | D/d. | D/d'. |
|---|---|---|---|---|---|
| Feuille | 5,78 | 1,38 | » | 4,18 | » |
| Olive | 2,13 | 1,49 | 1,48 | 1,44 | 1,45 |
| Noyau | 1,58 | 0,75 | 0,69 | 2,10 | 2,28 |
| Amande | 1,05 | 0,37 | » | 2,82 | » |

**Composition des olives.** — **Pm** 2,50 ; — **Pp** 78 ; **Pn** 22.

Aire de culture. — Pyrénées-Orientales, environs de Millas. Peu répandu Le nom, d'origine catalane, indique une grande sensibilité aux atteintes d ver de l'olive.

### Capelen.

Synonyme. — *Capelengue.*

*Arbre* de vigueur moyenne ; port érigé, un peu buissonnant se forme en dôme arrondi ; couvert léger.

Rameaux nombreux, courts, raides, en général redressés; jeunes pousses assez fortes; angles peu accusés; écorce vert gris; lenticelles nombreuses, fines, très peu apparentes; nœuds saillants, rapprochés.

*Feuilles* assez divergentes, petites, minces, raides, parfois arquées; vert sombre à la face supérieure, blanc à peine verdâtre à la face inférieure.

Fig. 56. — Capelen.

Limbe ovale lancéolé ou spatulé, très plat; maximum de largeur généralement supérieur; régulièrement atténué vers la base, souvent arrondi au sommet; mucron court, parfois incliné latéralement; nervure principale assez large, peu saillante à la face inférieure.

Pétiole long, très mince, droit ou faiblement coudé.

*Pédoncule* moyen ou court, très robuste, raide; saillies rares, très accusées.

*Fruits* très souvent groupés sur le même pédoncule, ces

grappes rapprochées formant des amas compacts au-dessous de la portion feuillue des rameaux ; moyens, assez régulièrement ovoïdes, presque symétriques ; base arrondie ou légèrement tronquée ; dépression pédonculaire superficielle ; diamètre maximum à peu près médian ; sommet atténué en pointe très mousse, presque arrondi.

Épicarpe tigré, noir très pruiné à maturité.

Pulpe peu abondante, jaune verdâtre, assez riche en huile.

Noyau plus ou moins allongé, asymétrique, faiblement incurvé ; ligne suturale saillante ; base arrondie ; maximum de largeur supérieur ; sommet terminé par une pointe courte ; sept à neuf faisceaux ; sillons accusés ; surface assez tourmentée, déprimée par endroits.

Endocarpe très épais ; loge à section nettement ovalaire.

Amande aplatie ; base large ; sommet nettement aigu ; faisceau principal peu ramifié.

Moyenne époque de maturité.

### Caractéristiques.

| | D. | d. | d'. | D/d. | D/d'. |
|---|---|---|---|---|---|
| Feuille | 4,36 | 1,12 | » | 3,89 | » |
| Olive | 2,16 | 1,48 | 1,48 | 1,46 | 1,46 |
| Noyau | 1,72 | 0,81 | 0,79 | 2,12 | 2,17 |
| Amande | 1,05 | 0,50 | » | 2,10 | » |

Composition des olives. — Pm 2,27 ; — Pp 71,10 ; Pn 28,90 ; Pa 2,95 ; — Te 41,60 ; Th 30,50 ; Tm 27,90 ; — Hf 21,69.

AIRE DE CULTURE. — Commun dans le nord-ouest du département du Gard (Anduze).

OBSERVATIONS CULTURALES. — Très rustique, assez résistant aux parasites, fertile ; production généralement bisannuelle ; huile de facile extraction, jaune verdâtre à reflets dorés, limpide, fruitée, de bonne conservation, appréciée par le commerce local.

### Cayon (Var).

SYNONYMES. — *Cayoun, Plant d'Entrecasteaux, Entrecasteler* (Draguignan), *Race de Montfort* (Tavernes).

*Arbre* peu vigoureux, de petite taille ; port érigé ; tronc souvent cannelé ; écorce gris clair, finement gerçurée, assez adhérente ; port étalé, en champignon ; couvert très léger, teinte grisâtre, très terne.

Rameaux nombreux, souvent dégarnis sur leur plus grande longueur; jeunes pousses assez grosses; angles peu accusés écorce gris verdâtre; lenticelles nombreuses, petites; nœuds peu saillants, assez écartés.

*Feuilles* peu divergentes, généralement redressées avec le rameau, petites ou moyennes, arquées, épaisses, fermes; vert

Fig. 57. — Cayon (Var).

clair cendré à la face supérieure, blanc verdâtre terne à la face inférieure.

Limbe ovale spatulé, large, fortement replié en gouttière, parfois en cuillère, déborde très rapidement le pétiole à sa naissance; maximum de largeur à peu près médian; généralement arrondi au sommet; mucron court, en crochet rejeté en arrière; nervure principale en saillie claire à la face supérieure, fine, peu proéminente à la face inférieure.

Pétiole court, peu épais, hors du plan du limbe, coudé.

*Pédoncule* très long, assez gros ; saillies moyennement accusées, très écartées; pédicelles longs.

*Fruits* isolés, quelquefois par deux, pendants, portés le long des rameaux généralement dans les parties dénudées, petits, ovoïdes allongés, légèrement asymétriques, un peu plus bombés d'un côté ; base arrondie ; dépression pédonculaire superficielle ; diamètre maximum à peu près médian ; sommet atténué en pointe mousse.

Épicarpe lisse, vert clair jusqu'à la véraison, pâlit à ce moment, puis jaunit légèrement et se teinte de rose violet vif, passe ensuite au rouge vineux, enfin au noir à peine violacé, luisant.

Pulpe assez abondante, blanchâtre ou rosée, moyennement aqueuse, assez riche en huile.

Noyau asymétrique, faiblement comprimé ; ligne suturale bien apparente; atténué vers la base; diamètre maximum un peu supérieur ; pointe fine et courte au sommet; huit à dix faisceaux très superficiels ; surface presque lisse.

Endocarpe très mince; loge à section presque circulaire.

Amande petite, mince, cylindracée, arrondie aux deux extrémités ; faisceaux larges, peu nombreux.

Moyenne époque de maturité.

Caractéristiques.

|  | D. | d. | d'. | D/d. | D/d'. |
|---|---|---|---|---|---|
| Feuille | 4,00 | 1,30 | » | 3,07 | » |
| Olive | 1,83 | 1,32 | 1,32 | 1,39 | 1,39 |
| Noyau | 1,37 | 0,62 | 0,59 | 2,19 | 2,30 |
| Amande | 0,93 | 0,31 | » | 3,00 | » |

**Composition des olives.** — **Pm** 1,74 ; — **Pp** 77,25 ; **Pn** 22,75; **Pa** 2,95; — **Te** 48,82 ; **Th** 28,15 ; **Tm** 23,03 ; — **Hf** 21,72.

AIRE DE CULTURE. — Répandu dans le Var ; forme le fond de nombreuse plantations des arrondissements de Brignoles et de Toulon.

OBSERVATIONS CULTURALES. — Bien que sans grande vigueur, s'accom mode des plus mauvais terrains, réclame des tailles légères mais fréquente assurant le renouvellement de ses brindilles vite épuisées, sensible à la plupa des parasites de l'olivier ; production assez régulière et abondante ; frui cédant aisément leur huile ; celle-ci est jaune pâle, parfois légèrement verdâtr limpide, douce, fine, très appréciée.

### Baguet.

*Arbre* à rameaux nombreux, courts, raides, généralement érigés; teinte générale très terne; jeunes pousses robustes, fortes; angles accusés; écorce jaunâtre; nœuds saillants, très rapprochés.

*Feuilles* très divergentes, de longueur moyenne, larges,

Fig. 58. — Baguet.

raides; vert cendré à la face supérieure, gris argenté à la face inférieure.

Limbe ovale lancéolé ou spatulé, très plat, mince, débordant rapidement la nervure à la base; maximum de largeur médian ou supérieur; sommet plus ou moins arrondi; mucron court, bien détaché; nervure principale très peu saillante, nervures secondaires bien visibles à la face supérieure.

Pétiole de longueur moyenne, assez fort, comprimé, généralement dans le plan du limbe.

*Fleur* à stigmate allongé ; cornes déliées, peu divergentes.

*Pédoncule* long, robuste, arqué ; saillies très proéminentes, écartées.

*Fruits* assez souvent groupés sur le même pédoncule et mélangés aux feuilles, petits, assez régulièrement ovoïdes, faiblement côtelés ; base légèrement élargie ; dépression pédonculaire peu profonde ; sommet arrondi ou atténué en pointe mousse.

Épicarpe lisse, peu tiqueté, vert franc jusqu'à la véraison, passe sans décoloration préalable au violet, puis au violet noir à peine pointillé, très pruiné.

Pulpe ferme, peu abondante, violacée, aqueuse, assez pauvre en huile.

Noyau relativement gros, ovoïde, légèrement asymétrique ; maximum de diamètre médian ou supérieur ; régulièrement atténué en pointe aux deux extrémités ; suture des valves très peu distincte ; neuf à dix faisceaux ; sillons peu profonds, longitudinaux ; ramifications peu divergentes ; surface peu tourmentée.

Endocarpe de faible épaisseur ; loge bien ouverte, régulièrement ovalaire.

Amande droite, arrondie aux deux bouts ; section presque circulaire ; faisceaux généralement nombreux, fins, déliés, sinueux.

Caractéristiques.

| | D. | d. | d'. | D/d. | D/d'. |
|---|---|---|---|---|---|
| Feuille ......... | 4,94 | 1,30 | » | 3,80 | » |
| Olive ......... | 1,59 | 1,18 | 1,18 | 1,35 | 1,35 |
| Noyau......... | 1,25 | 0,66 | 0,66 | 1,90 | 1,90 |
| Amande ....... | 0,94 | 0,40 | » | 2,35 | » |

**Composition des olives.** — **Pm** 1,03 ; — **Pp** 69 ; **Pn** 31 ; **Pa** 5,82 ; — **Te** 46,40 ; **Th** 25,20 ; **Tm** 28,40 ; — **Hf** 19,39.

Aire de culture. — Échantillons provenant de Largentière (Ardèche).

Gros Ribier (Var).

*Arbre* de grandes dimensions ; tronc puissant, cylindrique ; écorce gris brun, gerçurée longitudinalement ; se détachant en grosses lanières ; port semi-érigé ; se forme en boule ou en parasol ; couvert léger ; teinte générale terne.

Rameaux nombreux, courts, droits, portant généralement leurs feuilles en bouquets terminaux ; jeunes pousses à angles peu accusés ; écorce gris jaunâtre ; lenticelles clairsemées ; nœuds peu saillants, rapprochés.

*Feuilles* divergentes, moyennes ; vert clair terne à la face supérieure, blanc verdâtre à la face inférieure.

Limbe lancéolé, presque plat ; bords refoulés, souvent sinueux ; accompagne bien la nervure à sa naissance ; maximum de largeur à peu près médian ; sommet en pointe ou faiblement arrondi ; mucron obtus ; nervure principale dessine à la face supérieure un sillon qui se répercute en saillie sur l'autre face ; nervures secondaires parfois accusées par le relief de la feuille.

Pétiole court, de grosseur moyenne, dans le plan du limbe à sa naissance, coudé à l'extrémité.

*Pédoncule* assez long, robuste ; saillies accusées, rapprochées.

*Fruits* généralement isolés, sur les portions dénudées des rameaux, moyens ou gros, allongés, à peu près symétriques ; base assez large, tronquée ; dépression pédonculaire superficielle ; diamètre maximum moyen ou légèrement supérieur ; sommet en pointe mousse.

Epicarpe lisse, vert clair avant la véraison, noir violacé, puis tout à fait noir pointillé de blanc, très pruiné à maturité.

Pulpe assez abondante, brun rouge, pauvre en huile.

Noyau allongé, faiblement asymétrique, atténué vers la base ; diamètre maximum médian ou un peu supérieur ; sommet en pointe obtuse ; six à huit faisceaux ; sillons profonds ; surface rugueuse.

Endocarpe épais ; loge à section ovalaire.

Amande assez allongée, légèrement aplatie ; sommet atténué mais arrondi ; faisceaux nombreux, étroits, déliés.

Maturité tardive.

### Caractéristiques.

| | D. | d. | d'. | D/d. | D/d'. |
|---|---|---|---|---|---|
| Feuille | 5,80 | 1,14 | » | 5,08 | » |
| Olive | 2,10 | 1,52 | 1,52 | 1,38 | 1,38 |
| Noyau | 1,60 | 0,80 | 0,80 | 2,00 | 2,00 |
| Amande | 1,10 | 0,40 | » | 2,75 | » |

**Composition des olives.** — **Pm** 2,67 ; — **Pp** 75,50 ; **Pn** 24,50 ; **Pa** 2,79 ; — **Te** 49,20 ; ; **Th** 24,60 ; **Tm** 26,20 ; — **Hf** 19,26.

Aire de culture. — Canton de Cotignac (Var).

Observations culturales. — Craint la sécheresse, exigeant comme soins et fumures, réclame des tailles légères ; production irrégulière si la culture est négligée ; fruits rarement véreux, cédant assez difficilement leur huile ; celle-ci est verte, fruitée, lente à se clarifier, d'excellente conservation.

### Grosse noire.

*Arbre* à rameaux horizontaux ou pendants, souvent dégarnis de feuilles sur la plus grande partie de leur longueur ; jeunes pousses assez fortes, nettement quadrangulaires ; écorce vert jaunâtre strié de gris ; lenticelles bien apparentes ; nœuds saillants, d'écartement variable.

*Feuilles* généralement redressées ; moyennes, assez larges, robustes, parcheminées ; vert terne à la face supérieure, blanc brillant argenté à la face inférieure.

Limbe ovale lancéolé, rarement spatulé, presque plat, sauf les bords qui sont le plus souvent refoulés et parfois sinueux ; régulièrement aminci vers la base ; maximum de largeur au-dessus de la ligne médiane ; atténué en pointe vers le sommet ; mucron court ; nervure principale fortement accusée ; nervures secondaires souvent apparentes sur les deux faces.

Pétiole long, moyennement épais, fréquemment droit, dans le plan du limbe.

*Grappe florale* assez longue, portant quinze à vingt-cinq boutons arrondis de grosseur moyenne ; stigmate allongé, épais ; cornes peu distinctes ; floraison hâtive.

*Pédoncule* moyen ou court, très robuste, rigide ; saillies très accusées, écartées.

*Fruits* ordinairement isolés, souvent mélangés aux feuilles, gros, courts, renflés, à peu près également atténués vers la base et le sommet ; base tronquée obliquement ; dépression pédonculaire profonde, à bords vallonnés ; maximum de largeur médian ou légèrement supérieur ; sommet en pointe mousse.

Epicarpe lisse, peu tiqueté, se décolore faiblement à la véraison, se marbre de rose violacé et passe rapidement au violet puis au noir.

Pulpe abondante assez riche en huile, tout à fait noire à maturité.

Noyau moyen, ovale allongé, légèrement aplati par l'inégal

développement des valves; ligne suturale bien visible; valves
carénées; section quadrangulaire; maximum d'épaisseur au-
dessus de la ligne médiane; régulièrement atténué vers la base;
base arrondie; sommet en pointe aiguë et bien détachée; huit

Fig. 59. — Grosse noire.

faisceaux en moyenne; sillons profonds; ramifications rares
mais accentuées; surface tourmentée.

Endocarpe assez épais; loge à section ovale allongé.

Amande large, généralement aplatie, droite, quelquefois
arquée vers le sommet; faisceaux principaux réunis sur une partie de leur parcours; ramifications peu nombreuses, divergentes,
anastomosées.

Caractéristiques.

| | D. | d. | d'. | D/d. | D/d'. |
|---|---|---|---|---|---|
| Feuille ........ | 5,15 | 1,25 | » | 4,12 | » |
| Olive ......... | 2,47 | 1,84 | 1,80 | 1,34 | 1,37 |
| Noyau......... | 1,64 | 0,83 | 0,80 | 1,97 | 2,05 |
| Amande ....... | 1,08 | 0,52 | » | 2,04 | » |

**Composition des olives.** — **Pm** 2,44 ; — **Pp** 78,90 ; **Pn** 21,10 ; **Pa** 2,27 ; — **Te** 38,80 ; **Th** 34,30 ; **Tm** 26,90 ; — **Hf** 26,98.

Aire de culture. — Échantillons provenant de Bourg-Saint-Andéol (Ardèche).

### Dorée (Aubenas).

*Arbre* à rameaux très robustes, généralement inclinés ; écorce gris verdâtre ; lenticelles assez nombreuses et apparentes ; saillies des nœuds moyennes, inégalement écartées.

*Feuilles* moyennes, fermes, vert cendré à la face supérieure, blanc brillant à la face inférieure.

Limbe lancéolé, assez large ; bords sinueux, refoulés ; régulièrement atténué à la base ; maximum de largeur médian ou à peine supérieur ; sommet légèrement arrondi ; mucron à peu près nul ; la forme en gouttière est fréquente ; nervure principale dessinant souvent un sillon étroit à la face supérieure ; saillie correspondante à la face inférieure, accentuant le relief déjà accusé de la nervure.

Pétiole de longueur moyenne, robuste, droit ou coudé, ordinairement dans le plan du limbe.

*Pédoncule* très long, pendant, robuste ; saillies aiguës, très écartées.

*Fruits* généralement écartés, pendants, gros, renflés, un peu asymétriques ; base assez large et tronquée ; dépression pédonculaire assez profonde ; diamètre maximum supérieur ; sommet en pointe mousse, à peine déjetée.

Epicarpe noir, à reflets violets à maturité.

Pulpe assez abondante, charnue, ferme, très riche en huile.

Noyau asymétrique, atténué vers la base ; diamètre maximum supérieur ; pointe bien détachée et aiguë ; ligne suturale saillante ; valves carénées ; section quadrangulaire ; sept à neuf faisceaux ; sillons nettement accusés ; surface tourmentée.

Endocarpe moyennement épais ; section de la loge ovalaire.

Amande droite ou légèrement incurvée, arrondie aux deux extrémités ; section à peu près circulaire ; faisceaux rares, ramifications divergentes, anastomosées.

### Caractéristiques.

|  | D. | d. | d'. | D/d. | D/d'. |
|---|---|---|---|---|---|
| Feuille ........ | 5,00 | 1,08 | » | 4,63 | » |
| Olive ......... | 2,20 | 1,57 | » | 1,40 | » |
| Noyau......... | 1,64 | 0,96 | 0,80 | 1,90 | 2,05 |
| Amande ....... | 0,97 | 0,49 | » | 2,00 | » |

**Composition des olives.** — **Pm** 2,58 ; — **Pp** 76,75 ; **Pn** 23,25 ; **Pa** 2,79 — **Te** 35,20 ; **Th** 37,50 ; **Tm** 27,30 ; — **Hf** 28,79.

Aire de culture. — Échantillons provenant d'Aubenas (Ardèche).

### Picholine bâtarde (Gard).

*Arbre* à rameaux longs, robustes, souples, feuillus, redressés ou horizontaux ; jeunes pousses fortes ; angles très accusés ; lenticelles bien apparentes, assez écartées.

*Feuilles* peu divergentes, orientées dans le sens du rameau ou redressées, longues, étroites, parfois légèrement incurvées, assez fermes, vert cendré à la face supérieure, blanchâtres à la face inférieure.

Limbe lancéolé, plat ; bords à peine refoulés, sinueux ; effilé aux deux extrémités, accompagnant le pétiole à sa base ; diamètre maximum à peu près médian ; mucron obtus ; nervure principale en légère saillie à la face supérieure, fortement accusée à la face inférieure ; nervures secondaires quelquefois visibles à la face supérieure.

Pétiole assez long, robuste, généralement droit.

*Pédoncule* long, de grosseur moyenne ; saillies très accusées, écartées.

*Fruits* pendants, isolés, parfois par deux, portés le long des rameaux, assez souvent en mélange avec les feuilles, moyens ou gros, allongés, asymétriques, côtelés ; base large, souvent tronquée, dépression du pédoncule assez profonde ; diamètre maximum médian ou supérieur ; sommet en pointe mousse.

Épicarpe vert franc, tiqueté jusqu'à la véraison, qui est tardive.

Pulpe très abondante, ferme, verdâtre, assez riche en huile.

Noyau long, asymétrique, piriforme, très effilé vers la base, légèrement côtelé ; diamètre maximum supérieur ; sommet en pointe redressée ; six à huit faisceaux ; sillons fins, longitudinaux ; surface presque lisse.

Endocarpe très mince; loge à section ovalaire.

Amande relativement courte; base large; sommet aigu, parfois un peu incurvé; faisceau principal peu ramifié.

Maturité très tardive.

### Caractéristiques.

| | D. | d. | d'. | D/d. | D/d'. |
|---|---|---|---|---|---|
| Feuille ......... | 6,36 | 1,10 | » | 5,78 | » |
| Olive .......... | 2,23 | 1,51 | 1,44 | 1,47 | 1,54 |
| Noyau......... | 1,70 | 0,70 | 0,66 | 2,43 | 2,57 |
| Amande ....... | 1,12 | 0,41 | » | 2,73 | » |

**Composition des olives.** — **Pm** 2,56 ; — **Pp** 83,40 ; **Pn** 16,60 ; **Pa** 2,42 ; — **Te** 38,60 ; **Th** 33,90 ; **Tm** 27,50 ; — **Hf** 28,27.

AIRE DE CULTURE. — Département du Gard (Aramon).

OBSERVATIONS CULTURALES. — Craint la sécheresse, exigeant comme fumure et soins culturaux, supporte des tailles sévères, sensible aux attaques de la cochenille et du ver du fruit, assez productif; l'olive se prête mal au travail de l'huilerie; huile peu colorée, limpide, fruitée, de bonne conservation.

### Brun.

*Arbre* très vigoureux, atteignant de grandes dimensions; tronc cannelé, recouvert d'une écorce brune se détachant en fines lanières; se forme naturellement en dôme arrondi; couvert moyennement épais; teinte gris argenté.

Rameaux vigoureux, divergents, horizontaux ou infléchis sur les parties latérales de l'arbre, mais non franchement retombants; jeunes pousses minces; angles peu accusés; écorce jaunâtre; lenticelles clairsemées, bien apparentes; nœuds très peu saillants, écartés.

*Feuilles* très divergentes, souvent redressées verticalement, moyennes, minces, souples, parfois falciformes; face supérieure vert sombre criblé de ponctuations gris cendré donnant une tonalité très terne au feuillage; face inférieure blanc argenté.

Limbe lancéolé, plat; maximum de largeur à peu près médian; régulièrement aminci vers les deux extrémités; accompagne bien la nervure à la base, généralement terminé en pointe aiguë au sommet; mucron aigu prolongeant le limbe, souvent rejeté en arrière; nervure principale en légère saillie à la face supérieure, large, très proéminente à sa naissance sur la face inférieure, mais progressivement effacée, presque nulle au sommet; nervures secondaires visibles à la face supérieure.

Pétiole moyennement long, épais, dans le plan du limbe sauf l'extrémité qui est coudée.

*Pédoncule* assez long ou long, de grosseur moyenne, raide ; saillies écartées.

*Fruits* ordinairement isolés, quelquefois par deux sur le même pédoncule, portés le long des rameaux, assez souvent en mélange avec les feuilles, moyens, allongés, faiblement asymétriques, légèrement côtelés ; base arrondie ou tronquée, souvent oblique ; dépression pédonculaire superficielle ; diamètre maximum très légèrement supérieur ; sommet atténué en pointe.

Épicarpe vert clair jusqu'à la véraison, se décolore à peine, passe rapidement au brun violet, puis au noir luisant piqué de rares ponctuations blanches.

Pulpe abondante, brun rougeâtre à maturité, peu aqueuse, assez riche en huile.

Noyau ovale allongé, légèrement asymétrique, peu côtelé ; ligne suturale apparente ; diamètre maximum à peu près médian ; également atténué vers les deux bouts ; terminé en pointe ; sept à huit faisceaux ; sillons moyennement accusés, ramifications divergentes ; surface assez peu tourmentée.

Endocarpe moyennement épais ; loge à section à peu près ovalaire.

Amande droite, arrondie aux deux bouts ; faisceaux larges, peu ramifiés.

Maturité précoce.

### Caractéristiques.

| | D. | d. | d'. | D/d. | D/d'. |
|---|---|---|---|---|---|
| Feuille ........ | 5,22 | 1,13 | » | 4,62 | » |
| Olive ......... | 2,06 | 1,48 | 1,48 | 1,39 | 1,39 |
| Noyau......... | 1,44 | 0,73 | 0,71 | 1,98 | 2,02 |
| Amande ....... | 1,03 | 0,41 | » | 2,51 | » |

Composition des olives. — Pm 2,26 ; — Pp 80,06 ; **Pn** 19,94 ; **Pa** 3,85 ; — **Te** 42,50 ; **Th** 29,60 ; **Tm** 27,90 ; — **Hf** 23,84.

Aire de culture. — Répandu dans l'arrondissement de Toulon (Var) ; rare ailleurs.

Observations culturales. — Rustique, supporte de forts abaissements de température, assez résistant aux parasites, mais de production irrégulière ; donne une huile jaune dorée, moins appréciée que celle du *Cayon*, variété cultivée dans la même région.

### Saurin (Var).

*Arbre* vigoureux, atteignant d'assez grandes dimensions : tronc cannelé, couvert d'une écorce gris sombre peu adhérente ; port semi-érigé ; se forme en dôme arrondi ; couvert léger ; teinte générale gris argenté très pâle.

Rameaux courts, minces, droits, poussant dans toutes les

Fig. 60. — Saurin (Var).

directions, dégarnis de feuilles sur leur plus grande longueur ; jeunes pousses très grêles, angles peu accusés ; écorce vert grisâtre ; lenticelles très nombreuses ; nœuds moyennement saillants, écartés.

*Feuilles* peu abondantes, en bouquets à l'extrémité des rameaux, très divergentes, moyennes ou grandes, souvent arquées, parcheminées ; vert cendré très terne à la face supérieure, blanc argenté brillant à la face inférieure.

Limbe large, très plat, mince ; bords parfois sinueux.

débordant rapidement la nervure à sa naissance; diamètre maximum à peu près médian; atténué en pointe, parfois très légèrement arrondi au sommet; mucron court, obtus; nervure principale dessinant une dépression à la face supérieure, très peu saillante à la face inférieure; nervures secondaires bien visibles.

Pétiole court et fort, dans le plan du limbe, coudé à l'extrémité.

*Pédoncule* mince, moyennement long; saillies nettes, écartées.

*Fruits* généralement isolés, pendants, régulièrement disséminés sur les courtes brindilles, moyens, légèrement asymétriques, côtelés; base large, tronquée; dépression pédonculaire évasée, peu profonde; diamètre maximum très légèrement supérieur; sommet atténué en pointe très mousse, surmonté d'un léger mucron.

Epicarpe lisse, vert franc, légèrement tiqueté avant la véraison, passe rapidement au noir luisant.

Pulpe moyennement abondante, rougeâtre, aqueuse, pauvre en huile.

Noyau cylindracé; base tronquée; diamètre maximum géné ralement supérieur, mais à peine indiqué; sommet obtus, faiblement déjeté, surmonté d'un petit mucron; huit à dix faisceaux; sillons nettement marqués, longitudinaux.

Endocarpe moyennement épais; loge ovalaire.

Amande aplatie; base large; atténuée au sommet; faisceau principal très large; ramifications fines, déliées.

Maturité hâtive.

**Caractéristiques,**

| | D. | d. | d'. | D/d. | D/d'. |
|---|---|---|---|---|---|
| Feuille ........ | 5,66 | 1,40 | » | 4,04 | » |
| Olive ......... | 1,93 | 1,40 | 1,37 | 1,37 | 1,40 |
| Noyau......... | 1,53 | 0,78 | 0,74 | 1,96 | 2,06 |
| Amande ....... | 1,09 | 0,43 | » | 2,52 | » |

**Composition des olives.** — **Pm** 2,29; — **Pp** 75,51; **Pn** 24,49; **Pa** 3,25; — **Te** 55,80; **Th** 26; **Ta** 18,20; — **Hf** 20,85.

AIRE DE CULTURE. — Variété cultivée dans les environs de Draguignan, particulièrement sur le territoire des Arcs (Var).

OBSERVATIONS CULTURALES. — Vigoureux, rustique, mais de production très irrégulière.

**Daurade** (Aubenas). (1).

*Arbre* à rameaux forts, rigides, portant les feuilles en bouquets terminaux ; jeunes pousses robustes ; écorce verdâtre ; saillies très accusées, assez rapprochées.

*Feuilles* petites, courtes, fermes, cartilagineuses ; face supérieure gris cendré ; face inférieure blanc argenté.

Limbe ovale lancéolé ou spatulé, plat ; bords à peine refoulés ; atténué vers la base ; sommet atténué ou plus ou moins arrondi ; mucron court mais bien détaché ; nervure principale peu saillante à la face inférieure ; nervures secondaires parfois apparentes à la face supérieure.

Pétiole moyen, droit, parfois coudé, généralement dans le plan du limbe.

*Pédoncule* moyen ou court, fort, raide.

*Fruits* souvent groupés sur le même pédoncule, légèrement asymétriques et côtelés ; base assez large ; dépression pédonculaire profonde, parfois vallonnée radialement ; diamètre maximum légèrement supérieur ; sommet en pointe très mousse.

Épicarpe noir, pruiné à maturité.

Pulpe assez abondante, brune, molle.

Noyau relativement gros, quelquefois incurvé, atténué vers la base, rarement arrondi ; maximum de diamètre supérieur ; sommet terminé par une pointe courte assez nettement détachée ; huit à dix faisceaux ; sillons peu ramifiés mais profonds.

Endocarpe peu épais ; section de la loge presque ronde.

Amande allongée, légèrement incurvée ; section à peu près circulaire ; faisceaux principaux rares mais donnant naissance à de nombreuses ramifications anastomosées.

### Caractéristiques.

| | D. | d. | d'. | D/d. | D/d'. |
|---|---|---|---|---|---|
| Feuille ........ | 4,44 | 1,12 | » | 4,00 | » |
| Olive ......... | 2,16 | 1,51 | » | 1,43 | » |
| Noyau......... | 1,59 | 0,83 | 0,82 | 1,93 | 1,95 |
| Amande ....... | 0,97 | 0,42 | » | 2,30 | » |

**Composition des olives.** — **Pm** 2,40 ; — **Pp** 75,83 ; **Pn** 24,17 ; **Pa** 3,75.

Aire de culture. — Échantillons provenant d'Aubenas (Ardèche).

(1) Cette variété ne diffère que par des caractères morphologiques secondaires de la *Dorée* (Aubenas) (p. 204).

### Damasse.

*Arbre* à rameaux robustes, souvent redressés ; jeunes pousses fortes ; écorce grisâtre ; lenticelles bien apparentes ; nœuds moyennement écartés.

*Feuilles* de dimensions moyennes, raides, cartilagineuses.

Limbe ovale lancéolé ou spatulé ; bords généralement sinueux, refoulés, quelquefois repliés en gouttière ; régulièrement atténué vers la base ; diamètre maximum au-dessus de la ligne médiane ; mucron court, obtus ; nervure principale assez saillante à la face inférieure.

Pétiole de longueur moyenne, épais, droit, dans le plan du limbe.

*Pédoncule* moyen ou court ; saillies fortes, écartées.

*Fruits* moyens ou grands, renflés ; base tronquée ; dépression pédonculaire profonde ; diamètre maximum légèrement supérieur ; sommet en pointe mousse.

Epicarpe lisse, noir à reflets violacés à maturité.

Pulpe très abondante, brune, molle, assez riche en huile.

Noyau relativement petit, renflé ; valves légèrement carénées ; section quadrangulaire ; ligne suturale saillante ; ordinairement atténué vers la base ; maximum de largeur supérieur ; sommet déjeté, terminé par une pointe courte, bien détachée, aiguë ; six à huit faisceaux ; sillons assez profonds ; surface tourmentée.

Epicarpe mince ; loge bien ouverte à section presque arrondie.

Amande courte, généralement droite, cylindracée ; faisceaux assez larges, peu nombreux ; ramifications divergentes, anastomosées.

### Caractéristiques.

| | D. | d. | d'. | D/d. | D/d'. |
|---|---|---|---|---|---|
| Feuille | 5,04 | 1,18 | » | 4,28 | » |
| Olive | 1,95 | 1,43 | » | 1,36 | » |
| Noyau | 1,41 | 0,80 | 0,74 | 1,76 | 1,90 |
| Amande | 0,84 | 0,45 | » | 1,87 | » |

Composition des olives. — Pm 1,91 ; — Pp 79,45 ; Pn 20,55 ; Pa 3,45 ; — Te 34,60 ; Th 34,80 ; Tm 30,60 ; — Hf 27,65.

Aire de culture. — Échantillons provenant d'Aubenas (Ardèche).

### Rougette (Gard).

SYNONYMES. — *Rouget*; *Olive rouge*.

*Arbre* à rameaux nombreux, courts, minces; angles vite effacés; lenticelles nombreuses, peu apparentes; nœuds saillants, à écartement variable.

*Feuillés* assez divergentes, petites, droites, fermes.

Limbe lancéolé, assez étroit; franchement en gouttière; maximum de largeur à peu près médian; bords parallèles sur une bonne longueur; également aminci aux deux extrémités; mucron long, aigu, généralement en crochet; nervure principale dessinant un sillon à la face supérieure, fine mais saillante à la face inférieure.

Pétiole assez long, mince, droit, dans le plan du limbe, parfois coudé.

*Pédoncule* assez long, grêle; saillies nettes, écartées.

*Fruits* pendants, moyens ou petits, régulièrement ovoïdes, légèrement atténués vers la base; base arrondie; dépression pédonculaire peu profonde; maximum de largeur supérieur; sommet arrondi ou en pointe mousse.

Epicarpe lisse, rouge vineux, tiqueté à la véraison, passe ensuite au violet foncé.

Pulpe abondante, blanc lavé de rose, assez riche en huile.

Noyau allongé, piriforme, asymétrique, comprimé latéralement, aminci vers la base; diamètre maximum supérieur, terminé en pointe assez aiguë; trois à six faisceaux; sillons bien accusés; surface assez tourmentée.

Endocarpe peu épais; loge à section ovalaire.

Amande droite, légèrement aplatie; base assez large, sommet aigu; faisceau principal large, peu ramifié.

### Caractéristiques.

|  | D. | d. | d'. | D/d. | D/d'. |
|---|---|---|---|---|---|
| Feuille | 4,82 | 0,90 | » | 5,35 | » |
| Olive | 1,77 | 1,30 | 1,29 | 1,36 | 1,37 |
| Noyau | 1,55 | 0,70 | 0,72 | 2,21 | 2,15 |
| Amande | 1,01 | 0,40 | » | 2,52 | » |

**Composition des olives.** — Pm 1,69; — Pp 78,50; Pn 21,50; Pa 4; — Te 36,80; Th 30,90; Tm 32,30; — Hf 24,26.

AIRE DE CULTURE. — Échantillons provenant d'Aramon (Gard).

**Noirette** (Ardèche).

*Arbre* à rameaux feuillus, généralement érigés ; jeunes pousses robustes ; écorce gris cendré ; lenticelles bien apparentes ; nœuds peu saillants, rapprochés.

*Feuilles* faiblement divergentes, le plus souvent redressées avec le rameau, moyennes ou grandes, épaisses, rigides, souvent arquées.

Limbe ovale lancéolé ou spatulé, replié en gouttière ; base atténuée ou arrondie ; maximum de largeur à peu près médian ou très faiblement supérieur ; sommet légèrement arrondi ; mucron en crochet rejeté en arrière ; nervure principale en sillon creux à la face supérieure, étroite, mais nettement saillante jusqu'à l'extrémité du limbe à la face inférieure.

Pétiole moyen ou court, très fort, souvent coudé.

*Pédoncule* moyen ou court, arqué ; saillies très fortes, moyennement écartées.

*Fruits* à peu près régulièrement ovoïdes, faiblement côtelés ; base assez large, arrondie ; dépression pédonculaire de profondeur moyenne ; maximum de largeur médian ou très légèrement supérieur ; sommet en pointe très mousse.

Epicarpe très noir, luisant à maturité.

Pulpe peu abondante, d'un noir violacé, assez riche en huile.

Noyau de dimensions très variables, cylindracé, légèrement asymétrique, rapidement atténué à la base et au sommet ; ligne suturale à peine saillante ; pointe terminale courte, aiguë ; neuf à onze sillons moyennement accusés ; ramifications assez divergentes, surface rugueuse.

Epicarpe moyennement épais ; section de la loge régulièrement ovale.

Amande obtuse, peu comprimée, arrondie aux deux bouts ; faisceaux rares, déliés dès la base, peu ramifiés.

Les cas de graines gémellaires sont fréquents.

**Caractéristiques.**

|  | D. | d. | d'. | D/d. | D/d'. |
|---|---|---|---|---|---|
| Feuille ......... | 5,26 | 1,16 | » | 4,53 | » |
| Olive ......... | 1,76 | 1,30 | 1,29 | 1,35 | 1,36 |
| Noyau......... | 1,47 | 0,77 | 0,75 | 1,91 | 1,96 |
| Amande ......... | 0,95 | 0,44 | » | 2,30 | » |

**Composition des olives.** — **Pm** 1,15 ; — **Pp** 64,88 ; **Pn** 35,12 ; **Pa** 6,95 ; — **Te** 27,08 ; **Th** 28,33 ; **Tm** 24,59 ; — **Hf** 18,38.

AIRE DE CULTURE. — Échantillons provenant d'Aubenas (Ardèche).

## SECTION II

QUATRIÈME GROUPE. — *Fruits à sommet franchement en pointe ou surmontés d'un mucron bien détaché.*

### Broutignan blanc (Ardèche).

*Arbre* à rameaux nombreux, érigés, de longueur à peu près égale, portant les feuilles en bouquets terminaux ; jeunes pousses assez minces ; angles peu accusés ; écorce blanc verdâtre ; lenticelles peu visibles ; nœuds assez saillants, peu écartés.

*Feuilles* redressées vers la lumière, de longueur moyenne, assez larges, épaisses, souvent arquées.

Limbe franchement en gouttière ; bords à peu près parallèles sur une partie de leur longueur ; débordant le pétiole dès sa naissance ; sommet arrondi ; mucron bien détaché, généralement rejeté de côté ; nervure principale large, bien apparente à la face supérieure, à peine saillante à la face inférieure.

Pétiole de longueur et d'épaisseur moyennes.

*Pédoncule* moyen ou long, assez fort, arqué, pendant ; saillies rapprochées.

*Fruits* généralement isolés, rarement mélangés aux feuilles, moyens ou grands, allongés, presque symétriques, faiblement côtelés ; base large, souvent tronquée ; dépression pédonculaire superficielle ; maximum de largeur au-dessous de la ligne médiane ; extrémité régulièrement atténuée en pointe parfois déjetée.

Epicarpe lisse, non tiqueté, vert pâle, puis rose vineux, enfin violet noir, très pruiné.

Pulpe moyennement abondante, jaune brun teinté de violet, riche en huile.

Noyau fusiforme, asymétrique, une valve presque plate, l'autre en fond de bateau ; suture des valves formant une côte saillante ; maximum de largeur au-dessous de la ligne médiane ;

atténué vers les deux extrémités, mais, tandis que la base reste à peu près arrondie, le sommet se termine en pointe aiguë : faisceaux peu nombreux (6 à 8) ; sillons principaux moyennement accusés, relativement courts ; rami-

Fig. 61. — Broutignan blanc (Ardèche).

fications divergentes, anastomosées ; surface peu tourmentée.

Endocarpe assez épais ; loge réduite, à section nettement ovalaire.

Amande allongée, droite, aplatie ; extrémité assez aiguë ; faisceaux larges mais bien déliés, peu ramifiés.

### Caractéristiques.

|  | D. | d. | d'. | D/d. | D/d'. |
|---|---|---|---|---|---|
| Feuille ........ | 5,00 | 1,20 | » | 4,16 | » |
| Olive ......... | 2,10 | 1,43 | 1,40 | 1,47 | 1,50 |
| Noyau......... | 1,69 | 0,79 | 0,73 | 2,14 | 2,31 |
| Amande ....... | 1,05 | 0,42 | » | 2,50 | » |

**Composition des olives.** — Pm 2,15 ; — Pp 74,21 ; Pn 25,79 ; Pa 3,27 ; — Te 39,80 ; Th 35,90 ; Tm 24,30 ; — Hf 26,24.

AIRE DE CULTURE. — Échantillons provenant de Bourg-Saint-Andéol (Ardèche).

## Variété non dénommée (Var).

*Arbre* petit ou moyen, assez vigoureux ; tronc cannelé, couvert d'une écorce gris argenté, fendillée en lanières longitu-

Fig. 62. — Non dénommé, Saint-Raphaël (Var).

dinales ; port semi-érigé, se forme naturellement en boule ; couvert léger ; teinte générale terne.

Rameaux peu nombreux, verticaux ou plus ou moins inclinés selon leur position sur l'arbre ; jeunes pousses grosses, angles bien accusés ; écorce gris argenté ; lenticelles très apparentes ; nœuds proéminents, assez écartés.

*Feuilles* très divergentes, sans orientation définie, parfois à contresens des ramifications retombantes ou portées en bouquets terminaux et s'écartant alors en rosaces ; larges, assez épaisses ; vert sombre très pointillé de gris à la face supérieure, vert gris pâle à la face inférieure.

Limbe court, spatulé, plat, parfois gondolé, très obtus à sa base; maximum de largeur supérieur, quelquefois atténué en pointe au sommet, le plus souvent arrondi; mucron bien détaché, aigu, incliné latéralement; nervure principale en étroit sillon à la face supérieure, nettement accusée quoique peu saillante à la face inférieure.

Pétiole moyen, ordinairement contourné.

*Inflorescence* assez longue, portant 24 à 30 fleurs; boutons gros, arrondis; fleurs à calice assez profond, denté; stigmate épais, obtus; cornes non dégagées. Floraison hâtive.

*Pédoncule* assez long ou long, très épais, raide; saillies assez accusées, écartées; pédicelles bien dégagés.

*Fruits* isolés, rarement par deux ou trois sur le même pédoncule, portés le long des rameaux mais assez souvent dans les parties dénudées, parfois accumulés en grappes terminales, moyens ou petits, ovoïdes mais très irréguliers, renflés; base tantôt arrondie, tantôt atténuée ou présentant une très légère dépression circulaire; trou du pédoncule peu profond; diamètre maximum légèrement supérieur; sommet arrondi, terminé par un mucron accusé.

Epicarpe irrégulièrement mamelonné, vert foncé, tiqueté jusqu'à la véraison, passe sans décoloration préalable au brun foncé puis au noir brillant.

Pulpe abondante, ferme, rougeâtre ou tout à fait noire, aqueuse, peu riche en huile.

Noyau allongé, piriforme, en col de bouteille à la base; diamètre maximum supérieur; sommet terminé en une pointe assez courte, aiguë; dix faisceaux en moyenne; sillons superficiels; surface un peu tourmentée.

Endocarpe mince, section de la loge presque ronde.

Amande droite; section circulaire; arrondie aux deux bouts; faisceaux rares et fins.

Maturité précoce.

### Caractéristiques.

| | D. | d. | d'. | D/d. | D/d. |
|---|---|---|---|---|---|
| Feuille ......... | 4,48 | 1,34 | » | 3,34 | » |
| Olive ......... | 1,93 | 1,40 | 1,38 | 1,37 | 1,39 |
| Noyau ......... | 1,45 | 0,66 | 0,63 | 2,19 | 2,28 |
| Amande ......... | 0,93 | 0,37 | » | 2,51 | » |

**Composition des olives.** — **Pm** 1,83 ; — **Pp** 81,82 ; **Pn** 18,18 ; **Pa** 3,90 ; — **Te** 64,80 ; **Th** 15,10 ; **Tm** 20,10 ; — **Hf** 12,53.

AIRE DE CULTURE. — Localisé aux environs de Fréjus et de Saint-Raphaël (Var) ; fait le fond de quelques rares plantations existant dans l'Estérel.

OBSERVATIONS CULTURALES. — Vigoureux, rustique, redoutant peu la sécheresse, se trouvant bien de tailles modérées, souvent atteint du *Cycloconium oleaginum*; rarement de la cochenille et du noir; fructifie annuellement, donne des récoltes peu abondantes mais régulières ; les fruits sont pauvres en huile.

## Bécu (Var).

SYNONYME. — *Bécaru.*

*Arbre* vigoureux, de taille moyenne ou petite ; port très érigé ; forme généralement arrondie ou étalée ; couvert assez dense ; teinte vert sombre très cendré.

Rameaux robustes, feuillus, redressés verticalement, portant quelquefois les feuilles en bouquets terminaux ; jeunes pousses épaisses, angles vite effacés ; écorce vert sombre ; lenticelles clairsemées mais bien apparentes ; nœuds peu proéminents, rapprochés.

*Feuilles* peu divergentes, redressées contre le rameau érigé, moyennes, épaisses, raides, arquées ; vert sombre à la face supérieure, vert terne à la face inférieure.

Limbe plus ou moins spatulé, franchement replié en gouttière, débordant rapidement la nervure à la base ; maximum de largeur supérieur ; quelquefois atténué en pointe, mais plus souvent arrondi au sommet ; mucron peu saillant, légèrement incliné en arrière ; nervure principale en saillie à la face supérieure, très large et proéminente à la face inférieure.

Pétiole court, épais, coudé.

*Pédoncule* moyen ou court, raide ; saillies larges, accusées, moyennement écartées.

*Fruits* souvent par deux ou trois sur le même pédoncule, groupés généralement sur les parties dénudées des rameaux, au-dessous de la portion feuillue, moyens ou petits, courts, côtelés ; base arrondie ou tronquée ; dépression pédonculaire assez profonde, souvent ridée sur les bords ; diamètre maximum médian ou supérieur ; sommet terminé par une pointe très accusée, déjetée.

Epicarpe légèrement mamelonné, conservant très tard sa teinte verte, passe ensuite au rouge violacé, ne devient noir que très tardivement.

Pulpe peu abondante, verdâtre, aqueuse, pauvre en huile.

Noyau court, renflé ; ligne suturale très saillante ; valves presque égales, légèrement carénées, d'où la coupe quadrangulaire du noyau ; atténué vers la base ; maximum de largeur faiblement supérieur ; terminé par une pointe courte, un peu

Fig. 63. — Bécu (Var).

déjetée ; huit à dix faisceaux ; sillons assez profonds ; ramifications divergentes ; surface tourmentée.

Endocarpe mince ; loge presque arrondie.

Amande courte, trapue, arrondie aux deux bouts ; faisceaux nombreux, larges, assez abondamment ramifiés.

Epoque de maturité très tardive.

### Caractéristiques.

|             | D.   | d.   | d'.  | D/d. | D/d'. |
|-------------|------|------|------|------|-------|
| Feuille ........ | 4,65 | 1,20 | »    | 3,87 | »     |
| Olive ......... | 1,89 | 1,34 | 1,32 | 1,42 | 1,43  |
| Noyau......... | 1,27 | 0,78 | 0,76 | 1,63 | 1 67  |
| Amande ....... | 0,80 | 0,44 | »    | 1,82 | »     |

**Composition des olives.** — **Pm** 1,65 ; — **Pp** 72,15 ; **Pn** 27,85 ; **Pa** 4,79 ; — **Te** 75,78 ; **Th** 18 ; **Tm** 6,22 ; — **Hf** 13.

Aire de culture. — Assez répandu dans le Var, surtout aux environs de Lorgues, où il constitue des plantations pleines.

Observations culturales. — Rustique ; peu exigeant comme soins, réclame cependant des tailles d'éclaircissement fréquentes ; peu sujet au ver de l'olive ; production satisfaisante ; les fruits cèdent difficilement leur huile, celle-ci est verdâtre, rarement obtenue seule.

## Béchude (Ardèche).

*Arbre* à rameaux nombreux, généralement longs, feuillus, inclinés ; couvert dense ; teinte vert sombre ; jeunes pousses

Fig. 64. — Béchude (Largentière).

robustes ; angles très accusés ; écorce gris verdâtre ; lenticelles nombreuses, bien apparentes ; nœuds moyennement saillants, souvent très rapprochés.

*Feuilles* redressées, peu divergentes, souvent accolées au rameau, moyennes ou petites, régulières, fines, lancéolées ou très légèrement spatulées, assez épaisses; vert sombre à la face supérieure, blanc verdâtre à la face inférieure.

Limbe allongé, relativement étroit, replié en gouttière, déborde assez rapidement le pétiole; bords droits, régulièrement acuminés vers la base; atténué en pointe ou faiblement arrondi au sommet; mucron fin, aigu; nervure principale étroite, nettement saillante sur toute la longueur.

Pétiole moyen, généralement coudé.

*Pédoncule* assez long, robuste, rigide; saillies nettes, d'écartement variable.

*Fruits* ordinairement isolés, mêlés aux feuilles, moyens, renflés, légèrement asymétriques; base arrondie, parfois déjetée; dépression pédonculaire de profondeur moyenne; diamètre maximum médian ou un peu supérieur; sommet terminé par un mamelon bien détaché.

Épicarpe violet, très pruiné après la véraison.

Pulpe abondante, ferme, verdâtre, peu aqueuse, moyennement riche en huile.

Noyau relativement petit, à peine asymétrique, nettement renflé vers le milieu, régulièrement atténué en pointe aux deux extrémités; faisceaux en nombre variable, ordinairement peu nombreux (sept à huit); sillons peu accusés, peu ramifiés; surface peu tourmentée.

Endocarpe moyennement épais; loge à section ovale arrondi.

Amande petite, droite; section presque circulaire; extrémités arrondies; faisceaux rares, très fins, déliés.

### Caractéristiques.

| | D. | d. | d'. | D/d. | D/d'. |
|---|---|---|---|---|---|
| Feuille ......... | 5,08 | 0,96 | » | 5,29 | » |
| Olive ......... | 1,91 | 1,36 | 1,36 | 1,40 | 1,40 |
| Noyau......... | 1,36 | 0,66 | 0,66 | 2,07 | 2,07 |
| Amande ....... | 0,84 | 0,39 | » | 2,15 | » |

**Composition des olives.** — **Pm** 1,56 ; — **Pp** 79,10 ; **Pn** 20,90 ; **Pa** 2,82 ; — **Te** 34 ; **Th** 33,90 ; **Tm** 32,10 ; — **Hf** 26,80.

Aire de culture. — Échantillons provenant de Largentière (Ardèche).

## SECTION III. — FRUITS LONGS

**Premier groupe. — *Fruits à sommet arrondi ne portant pas de mucron.***

### Pigale.

Synonymes. — *Pigaou, Picalado.*

*Arbre* grand, vigoureux; port étalé; couvert assez léger.

Fig. 65. — Pigale.

Rameaux nombreux, forts, souvent horizontaux ou infléchis; jeunes pousses grosses; angles peu accusés; écorce grisâtre; lenticelles peu apparentes; nœuds peu saillants, assez écartés.

*Feuilles* divergentes, généralement redressées vers la lumière, moyennes, molles, épaisses; vert sombre très cendré à la face supérieure, blanchâtres à la face inférieure.

Limbe lancéolé, légèrement spatulé, rarement falciforme;

bords faiblement mais régulièrement refoulés ; obtus à la base ; largeur maximum dans la moitié supérieure ; sommet généralement arrondi ; mucron court et droit ; nervure saillante à sa naissance à la face inférieure, presque effacée à l'extrémité de la feuille.

Pétiole court, généralement coudé.

*Pédoncule* long, saillies peu marquées, très écartées ; pédicelles assez longs.

*Fruits* pendants, parfois groupés sur le même pédoncule, portés le long des rameaux, moyens, allongés, de forme régulière, cylindracés, arrondis aux deux bouts ; dépression pédonculaire assez profonde ; diamètre maximum médian.

Épicarpe lisse, vert franc tiqueté jusqu'à la véraison, se tigre de rose vineux à ce moment sans que la teinte verte pâlisse, passe au violet puis au noir luisant pointillé de blanc à maturité.

Pulpe peu abondante, blanchâtre ou rosée, très aqueuse, moyennement riche en huile.

Noyau ovoïde allongé, à peine asymétrique ; ligne suturale bien visible mais non saillante ; légèrement atténué vers la base ; diamètre maximum supérieur ; sommet arrondi, surmonté d'un mucron court ; dix faisceaux en moyenne ; sillons principaux nettement tracés longitudinalement mais peu profonds, finement ramifiés.

Endocarpe assez épais ; loge à section ovalaire.

Amande droite, légèrement aplatie ; base assez large ; sommet atténué en pointe ; faisceaux nombreux, larges, longitudinaux.

Maturité tardive.

### Caractéristiques.

| | D. | d. | d'. | D/d. | D/d'. |
|---|---|---|---|---|---|
| Feuille ........ | 4,84 | 1,00 | » | 4,84 | » |
| Olive ......... | 1,90 | 1,30 | 1,30 | 1,46 | 1,46 |
| Noyau......... | 1,61 | 0,81 | 0,79 | 1,97 | 2,03 |
| Amande........ | 1,10 | 0,42 | » | 2,62 | » |

**Composition des olives.** — **Pm** 2,06 ; — **Pp** 71 ; **Pn** 29 ; — **Te** 57,40 ; **Th** 21,60 ; **Tm** 21 ; — **Hf** 15,30.

AIRE DE CULTURE. — Quelques localités du Languedoc, environs de Montpellier, surtout.

### Longue.

*Arbre* à rameaux nombreux, robustes, horizontaux ou inclinés sur les parties latérales de l'arbre, souvent dégarnis sur leur plus grande longueur ; jeunes pousses fortes ; angles accusés ; écorce vert grisâtre ; lenticelles grosses, clairsemées ; nœuds très saillants, assez écartés.

*Feuilles* divergentes, souvent en bouquets à l'extrémité des

Fig. 66. — Longue.

brindilles, grandes, épaisses ; vert sombre brillant à la face supérieure, blanc verdâtre à la face inférieure.

Limbe très large, ovale lancéolé ou plus ou moins obovale, souvent replié en gouttière ou en cuillère lorsque la feuille est courte, obtus à la base ; largeur maximum dans la moitié supérieure ; sommet atténué ou plus ou moins arrondi à son extrémité ; mucron souvent très long, aigu, en crochet rejeté en arrière ; nervure principale large et bien accusée à la face supérieure ; nette et très saillante à la face inférieure ; nervures secondaires visibles à la face supérieure.

*Pétiole* très long, gros, à peu près dans le plan du limbe.

*Pédoncule* moyen ou long, mince ; saillies peu accusées, inégalement écartées.

*Fruits* pendants, isolés, quelquefois par deux, portés sur les portions dénudées des rameaux, moyens, très longs, cylindracés, à peine asymétriques, arrondis aux deux bouts ; dépression pédonculaire superficielle ; diamètre maximum à peu près médian.

Epicarpe lisse, noir luisant, à peine pointillé de blanc à maturité.

Pulpe peu abondante, rougeâtre, se détachant bien du noyau, aqueuse, pauvre en huile.

Noyau très long, légèrement incurvé, avec, parfois, une faible dépression circulaire dans la partie médiane, atténué ou même effilé vers la base ; diamètre maximum supérieur ; sommet terminé par un mucron aigu ; huit faisceaux en moyenne ; sillons nets, fins, longitudinaux.

Endocarpe peu épais ; loge faiblement ovalaire.

Amande très longue, mince ; sommet aigu ; faisceaux assez larges, bien déliés, disposés en longueur.

Maturité hâtive.

### Caractéristiques.

|  | D. | d. | d'. | D/d. | D/d'. |
|---|---|---|---|---|---|
| Feuille ........ | 5,92 | 1,58 | » | 3,11 | » |
| Olive ......... | 2,18 | 1,20 | 1,18 | 1,81 | 1,84 |
| Noyau......... | 1,85 | 0,67 | 0,67 | 2,76 | 2,76 |
| Amande ....... | 1,34 | 0,39 | » | 3,43 | » |

**Composition des olives.** — **Pm** 1,80 ; — **Pp** 65 ; **Pn** 35 ; **Pa** 4,17 ; — **Te** 47,50 ; **Th** 25,39 ; **Tm** 27,11 ; — **Hf** 16,50.

AIRE DE CULTURE. — Quelques localités du canton de Fayence (Var).

### Olivastre (Gard).

*Arbre* vigoureux, d'assez grandes dimensions ; port étalé ; couvert dense.

Rameaux longs, feuillus, généralement horizontaux ou infléchis ; jeunes pousses assez minces ; angles accusés ; écorce gris verdâtre très pâle; lenticelles rares, très apparentes; nœuds peu saillants, écartés.

*Feuilles* peu divergentes, souvent rapprochées du rameau, redressées ou inclinées avec lui, moyennes ou grandes, épaisses, assez souples, vert sombre cendré à la face supérieure, blanc verdâtre à la face inférieure.

Limbe lancéolé, large, à peu près plat ou faiblement replié

Fig. 67. — Olivastre (Gard).

en gouttière, parfois arqué, falciforme, ou ondulé sur les bords, obtus à la base; largeur maximum vers la moitié de la longueur; atténué en pointe ou légèrement arrondi au sommet; mucron bien détaché, souvent en crochet aigu rejeté en arrière.

Pétiole long, peu épais, droit ou faiblement coudé.

*Pédoncule* moyen ou long, fort, assez raide; saillies accusées, inégalement écartées.

*Fruits* pendants, isolés ou par deux, portés le long des rameaux, souvent mélangés aux feuilles, moyens, longs, presque symétriques, faiblement côtelés ; base arrondie ; dépression pédonculaire peu profonde, parfois oblique ; diamètre maximum à peu près médian ; sommet arrondi.

Epicarpe lisse, noir, légèrement pointillé, très pruiné à maturité.

Pulpe moyennement abondante, ferme, violacée, assez riche en huile.

Noyau allongé, faiblement incurvé, une valve plus renflée que l'autre, régulièrement aminci vers la base ; diamètre maximum supérieur ; sommet terminé par une pointe courte ; dix à douze faisceaux ; sillons longitudinaux très superficiels ; surface à peu près lisse.

Endocarpe mince ; section de la loge presque circulaire.

Amande longue, cylindracée, amincie au sommet ; faisceaux rares, bien déliés, larges, peu ramifiés.

### Caractéristiques.

|  | D. | d. | d'. | D/d. | D/d'. |
|---|---|---|---|---|---|
| Feuille ......... | 6,54 | 1,22 | » | 5,36 | » |
| Olive ......... | 2,00 | 1,27 | 1,27 | 1,57 | 1,57 |
| Noyau......... | 1,75 | 0,73 | 0,71 | 2,39 | 2,46 |
| Amande ....... | 1,13 | 0,41 | » | 2,75 | » |

**Composition des olives.** — **Pm** 1,93 ; — **Pp** 75,60 ; **Pn** 24,40 ; **Pa** 3,88 ; — **Te** 42,80 ; **Th** 33,70 ; **Tm** 23,50 ; — **Hf** 25,48.

Aire de culture. — Répandu dans les environs d'Anduze, Saint-Hippolyte-du-Fort, Sauve (Gard).

Observations culturales. — Rustique, craint peu la sécheresse, peu exigeant comme fumure, se trouve bien de tailles fréquentes, assez résistant aux parasites ; production un peu irrégulière mais satisfaisante ; le fruit cède facilement son huile qui est limpide, dorée, de moyenne conservation.

### Blavet.

Synonymes. — *Blavetier*, *Blaou*.

*Arbre* très vigoureux, de taille élevée ; port retombant ; couvert léger ; teinte générale vert clair.

Rameaux très longs, flexueux, pendants ; jeunes pousses minces ; angles nettement marqués ; écorce très blanche ; lenticelles nombreuses, très apparentes ; nœuds très saillants, inégalement distants les uns des autres, parfois très écartés.

*Feuilles* très longues, fines, souples, quelquefois falciformes, insérées dans toutes les directions, retombantes avec le rameau, perpendiculaires à lui ou à contresens ; vert franc à la face supérieure ; blanc pur à la face inférieure ; opposition nette entre les deux teintes.

Limbe étroit, mince, plat, effilé aux deux bouts ; maximum

Fig. 68. — Blavet.

de largeur généralement supérieur, bords souvent sinueux ; mucron long, aigu, généralement en crochet ; nervure principale en saillie à la face supérieure ; peu accusée, mais large, à la face inférieure ; nervures secondaires bien visibles.

Pétiole assez long, mince, souvent tordu.

*Grappe florale* remarquablement longue et belle ; pédicelles minces, longs, très blancs ; boutons nombreux, petits, allongés, blancs ; stigmate moyennement allongé, à deux cornes rapprochées, obtuses.

Floraison tardive.

*Pédoncule* long, mince ; saillies aiguës, très écartées.

*Fruits* généralement en mélange avec les feuilles, assez souvent groupés sur le même pédoncule, petits, allongés, à peu près symétriques, légèrement côtelés, arrondis aux deux extrémités ; dépression pédonculaire très superficielle ; maximum de diamètre médian ; sommet portant quelquefois un très léger mamelon.

Epicarpe tigré aux approches de la véraison, passe ensuite au noir enfumé, pruiné.

Pulpe peu abondante.

Noyau long, mince, de forme presque régulière ; faisceaux en nombre très variable (cinq à douze) ; sillons peu accusés.

Amande longue et mince.

### Caractéristiques.

| | D. | d. | d'. | D/d. | D/d'. |
|---|---|---|---|---|---|
| Feuille ........ | 8,24 | 0,99 | » | 8,32 | » |
| Olive ........ | 1,74 | 1,05 | 1,11 | 1,66 | 1,58 |
| Noyau........ | 1,53 | 0,65 | 0,65 | 2,35 | 2,35 |
| Amande ....... | » | » | » | » | » |

**Composition des olives.** — Pm 1,10 ; — Pp 68,19 ; Pn 31,81.

Aire de culture. — Échantillons provenant d'Antibes (Alpes-Maritimes). Variété peu répandue.

### Pardiguier.

SYNONYMES. — *Rapuguier* (La Valette) ; *Plant de Gavari* (Cuers).

*Arbre* très vigoureux, grand ; tronc cylindrique, couvert d'une écorce gris pâle, adhérente ; branches de charpente peu nombreuses, mais robustes, élancées ; port arrondi ou pyramidal ; couvert épais ; teinte vert sombre.

Rameaux nombreux, longs, souples, horizontaux ou retombants ; jeunes pousses moyennement épaisses ; angles accusés ; écorce gris argenté ; lenticelles presque invisibles ; nœuds faiblement accusés, écartés.

*Feuilles* très divergentes, redressées vers la lumière, souvent à contresens du rameau, grandes, robustes, vert sombre lustré à la face supérieure, blanc verdâtre à la face inférieure.

Limbe ovale ou spatulé, très large, plat, quelquefois gondolé ; bords légèrement refoulés ; obtus à la base ; largeur maximum dans la moitié supérieure ; sommet arrondi ou en pointe obtuse ; mucron court, bien détaché ; nervure large, très peu saillante à la face inférieure.

Pétiole moyennement long, épais, souvent tordu.

*Pédoncule* long, parfois très long, assez mince ; saillies peu accusées, très écartées ; pédicelles généralement longs.

*Fruits* très souvent réunis sur le même pédoncule en véritables grappes, pendants, portés tout le long des rameaux, entremêlés de feuilles, moyens, longs, asymétriques, légèrement incurvés ; base étroite, arrondie ou tronquée, dépression pédonculaire peu profonde ; diamètre maximum supérieur ; sommet renflé, arrondi.

Epicarpe mince, lisse, vert clair avant la véraison, passe tardivement au violet puis au brun rougeâtre.

Pulpe assez abondante.

Noyau très long, asymétrique, nettement incurvé, effilé et sensiblement aplati vers la base ; diamètre maximum supérieur ; atténué en pointe au sommet ; huit à dix faisceaux ; sillons assez nettement imprimés, longitudinaux.

Endocarpe mince ; loge à section ovalaire.

Amande longue, légèrement aplatie, en pointe au sommet ; faisceaux très larges, peu ramifiés

Maturité assez tardive.

Caractéristiques.

| | D. | d. | d'. | D/d. | D/d'. |
|---|---|---|---|---|---|
| Feuille ......... | 5,16 | 1,67 | » | 3,09 | » |
| Olive .......... | 2,20 | 1,24 | » | 1,76 | » |
| Noyau.......... | 1,98 | 0,69 | 0,68 | 2,87 | 2,91 |
| Amande ........ | 1,11 | 0,38 | » | 2,81 | » |

**Composition des olives.** — **Pm** 2,20 ; — **Pp** 77,28 ; **Pn** 22,72 ; **Pa** 2,50.

Aire de culture. — Çà et là dans le département du Var ; notamment dans l'arrondissement de Brignoles.

Observations culturales. — Très vigoureux, d'une végétation luxuriante dans les bons terrains, réclame des tailles d'éclaircissement fréquentes, sujet aux attaques de la cochenille et du noir, fertile, porte, certaines années, des récoltes extrêmement abondantes, mais les fruits sont très souvent véreux ; huile légèrement verdâtre, fruitée, fine.

### Sanguin.

*Arbre* vigoureux, de taille moyenne ; tronc recouvert d'écorce gris pâle, mince, se détachant en lanières larges ; se forme en boule ; couvert épais ; teinte assez sombre.

Rameaux nombreux, allongés, feuillus, horizontaux ou inclinés sur les parties latérales de l'arbre ; jeunes pousses vigou-

Fig. 69. — Sanguin.

reuses ; angles accusés ; écorce grisâtre ; lenticelles grosses, nombreuses ; nœuds à écartement variable, parfois très rapprochés.

*Feuilles* divergentes, réparties tout autour du rameau avec la même direction générale que lui, moyennes ou grandes, assez épaisses, sans raideur ; vert foncé à la face supérieure, blanc verdâtre à la face inférieure.

Limbe lancéolé ou terminé en spatule, à peu près plat ;

bords refoulés, sinueux ; nettement aminci et accompagnant la nervure vers la base ; largeur maximum dans la moitié supérieure ; sommet assez rapidement atténué en pointe ou arrondi ; mucron accusé ; nervure principale large et saillante à la face inférieure.

Pétiole de longueur moyenne, dans le plan du limbe, coudé à l'extrémité.

*Pédoncule* long, mince, robuste ; saillies peu accusées, écartées ; pédicelles assez longs.

*Fruits* souvent par deux ou trois sur le même pédoncule, pendants tout le long du rameau, souvent entremêlés de feuilles, petits, longs, réguliers ; base arrondie ; dépression pédonculaire presque nulle ; diamètre maximum un peu supérieur ; sommet arrondi.

Epicarpe lisse, vert franc jusqu'à la véraison, se tigre alors fortement de rouge violacé sans décoloration préalable, conserve longtemps cette teinte rougeâtre, ce qui, vraisemblablement, lui a valu la dénomination de Sanguin.

Pulpe très peu abondante.

Noyau allongé, droit, très légèrement asymétrique, en forme de massue, aminci vers la base ; diamètre maximum supérieur ; sommet en pointe mousse ; sept à huit faisceaux superficiels ; sillons très peu accusés ; surface presque lisse.

Endocarpe mince ; loge à section à peu près circulaire.

Amande longue, droite, cylindracée, arrondie aux deux bouts ; faisceau principal long ; ramifications fines, déliées.

Maturité assez tardive.

### Caractéristiques.

| | D. | d. | d'. | D/d. | D/d'. |
|---|---|---|---|---|---|
| Feuille ........ | 4,78 | 1,10 | » | 4,34 | » |
| Olive ......... | 1,70 | 1,00 | 1,00 | 1,70 | 1,70 |
| Noyau......... | 1,45 | 0,58 | 0,60 | 2,50 | 2,41 |
| Amande ....... | 0,78 | 0,30 | » | 2,60 | » |

**Composition des olives.** — **Pm** 1,07 ; — **Pp** 60,80 ; **Pn** 39,20 ; **Pa** 3,50.

AIRE DE CULTURE. — Localisé aux environs de Draguignan (Var).

OBSERVATIONS CULTURALES. — Vigoureux, rustique, réussit dans les plus mauvais terrains, peu exigeant comme taille ; production satisfaisante ; fruit peu sujet au ver, mais petit, pauvre en huile et se prêtant mal aux travaux de l'huilerie.

## SECTION III

**Deuxième groupe.** — *Fruits à sommet arrondi mais généralement surmonté d'un léger mucron.*

### Blanquetier.

Synonymes. — *Blanquet, Blanquette.*

*Arbre* moyennement vigoureux, atteignant d'assez grandes
dimensions ; tronc cannelé ; écorce du tronc grise, se détachant
en lanières minces et plates ; branches principales redressées,
assez abondamment ramifiées ; couvert léger ; teinte grise,
terne.

Rameaux peu vigoureux, érigés dans les parties élevées de
l'arbre, horizontaux sur la périphérie, rarement retombants ;
jeunes pousses grêles ; angles accusés ; écorce gris jaunâtre ;
lenticelles nombreuses ; nœuds assez proéminents, inégalement écartés.

*Feuilles* insérées dans n'importe quelle direction, généralement redressées, se montrant ainsi par leur face inférieure,
moyennes ou petites, étroites, assez minces, souples, souvent
arquées ; vert clair à la face supérieure, gris verdâtre très
pâle à la face inférieure.

Limbe lancéolé, plat dans l'ensemble bien que les bords
soient toujours refoulés ; base effilée ; maximum de largeur
dans la partie supérieure ; sommet régulièrement atténué en
pointe ou à peine arrondi ; mucron net, aigu, incliné latéralement ou rejeté en arrière ; nervure étroite mais nettement
saillante sur toute sa longueur à la face inférieure.

Pétiole assez court, mince ou moyennement épais, souvent
tordu.

La chute des feuilles est fréquemment prématurée.

*Grappes florales* de longueur moyenne (3$^{cm}$,5 à 4 centimètres) ;
pédicelles longs, déliés ; boutons oblongs, blanchâtres.

Fleurs moyennes ou petites ; pétales atténués en pointe ;
stigmate allongé ; cornes peu distinctes. Floraison hâtive.

*Pédoncule* de longueur très variable, robuste ; saillies rares.

*Fruits* pendants, isolés ou par deux ou trois sur le même

pédoncule, petits, allongés, cylindracés, légèrement plus bombés d'un côté ; base arrondie ou obtuse ; dépression pédonculaire assez profonde ; sommet arrondi, surmonté parfois d'un mamelon.

Epicarpe vert pâle avant la véraison, se décolore sensiblement à cette époque, puis se teinte de rose violet vif, enfin de violet sombre à peine pointillé, luisant, peu pruiné.

Fig. 70. — Blanquetier.

Pulpe relativement abondante, rose vineux, ferme, aqueuse, moyennement riche en huile.

Noyau très mince, non côtelé, presque rectiligne ou faiblement déprimé d'un côté, bombé de l'autre, atténué vers la base, souvent terminé par une pointe aiguë ; huit à onze faisceaux ; sillons profonds, allongés ; ramifications longitudinales, traçant elles-mêmes des sillons fins, nettement distincts.

Endocarpe très mince ; loge large à section presque arrondie.

Amande droite, fine, section circulaire ; faisceaux nombreux, assez larges, déliés.

### Caractéristiques.

|  | D. | d. | d'. | D/d. | D/d'. |
|---|---|---|---|---|---|
| Feuille ......... | 6,15 | 0,90 | » | 6,83 | » |
| Olive ......... | 1,74 | 1,13 | 1,12 | 1,54 | 1,55 |
| Noyau.......... | 1,36 | 0,57 | 0,55 | 2,39 | 2,45 |
| Amande ....... | 0,93 | 0,32 | » | 2,83 | » |

Composition des olives. — Pm 1,31 ; — Pp 79,50 ; Pn 20,50 ; Pa 4,87 ; — Te 46,80 ; Th 29,40 ; Tm 23,80 ; — Hf 23,75.

Aire de culture. — Localisé aux environs d'Antibes ; on lui a quelquefois substitué le *Cailletier* par greffage.

Observations culturales. — Passe pour peu résistant au froid, craint la sécheresse, très sensible aux bons soins culturaux, se charge rapidement de brindilles mortes, d'où la nécessité d'émondages fréquents, redoute les invasions de *Cycloconium oleaginum* qui, certaines années, le dépouillent de la presque totalité de ses feuilles, moins sensible à la cochenille et au noir ; huile jaune très pâle, presque blanche, réputée pour sa finesse et sa fluidité ; aurait été recherchée autrefois comme lubrifiant pour organes d'horlogerie.

## Espagnen.

Synonymes. — *Olive d'Espagne, Royale, Triparde.*

*Arbre* grand, vigoureux ; tronc cylindrique ; écorce grise, gerçurée surtout en long, adhérente ; port retombant ; se forme en pyramide ; couvert épais ; teinte générale vert sombre.

Rameaux longs, souples, feuillus, pendants ; jeunes pousses robustes ; angles très accusés ; écorce verdâtre finement striée longitudinalement ; lenticelles très apparentes, clairsemées ; nœuds moyennement saillants, rapprochés.

*Feuilles* peu divergentes, parfois redressées, plus fréquemment pendantes avec le rameau, moyennes, droites, assez fermes ; vert sombre parfois brillant à la face supérieure, blanc verdâtre à la face inférieure.

Limbe lancéolé, assez étroit, en gouttière ; maximum de largeur dans la partie médiane ou à peine au-dessus, régulièrement atténué aux deux extrémités, parfois très légèrement arrondi au sommet ; mucron court, ordinairement rejeté de côté ; nervure principale large et saillante à la face inférieure, surtout à sa naissance.

Pétiole moyen, souvent coudé.

*Grappe florale* moyenne ou longue, déliée; quinze à vingt-cinq boutons gros, sphériques, blanchâtres.

Fleur à stigmate court, obtus, parfois conique, généralement en croissant mal formé. Floraison hâtive.

*Pédoncule* assez long, arqué, fort; saillies peu accusées, rapprochées.

Fig. 71. — Espagnen.

*Fruits* fréquemment groupés sur le même pédoncule, pendants, portés le long des rameaux, souvent entremêlés de feuilles, gros ou très gros, asymétriques, rectilignes ou à peine bombés d'un côté, très bombés de l'autre; base généralement obtuse, tronquée; dépression pédonculaire très profonde; diamètre maximum supérieur; sommet arrondi, terminé par un mamelon rejeté latéralement.

Epicarpe vert franc, légèrement bosselé jusqu'à la véraison, pâlit faiblement à ce moment, passe au rose violacé, souvent sur une moitié seulement, l'autre restant verte, devient entièrement noir, pruiné à maturité.

Pulpe abondante, rouge vineux, très aqueuse, pauvre en huile.

Noyau gros et long, asymétrique, rectiligne d'un côté, atténué vers la base avec, parfois, une légère dépression circulaire autour de celle-ci; sommet en pointe; huit à dix faisceaux; sillons longitudinaux assez profonds.

Endocarpe épais; loge à section franchement ovalaire.

Amande longue, droite, mince, légèrement aplatie; faisceaux assez larges, peu ramifiés.

**Caractéristiques.**

|  | D. | d. | d'. | D/d. | D/d'. |
|---|---|---|---|---|---|
| Feuille ......... | 5,43 | 0,98 | » | 5,54 | » |
| Olive ......... | 2,76 | 1,74 | 1,74 | 1,60 | 1,60 |
| Noyau......... | 2,19 | 0,89 | 0,88 | 2,46 | 2,47 |
| Amande ......... | 1,31 | 0,49 | » | 2,67 | » |

**Composition des olives.** — **Pm** 4,03 ; — **Pp** 78,68 ; **Pn** 21,32 ; **Pa** 2,50 ; — **Te** 63,40 ; **Th** 18,80 ; **Tm** 17,80 ; — **Hf** 14,59.

AIRE DE CULTURE. — Disséminé dans les oliveraies des environs de Marseille (Allauch) et, en général, dans le sud des Bouches-du-Rhône.

OBSERVATIONS CULTURALES. — Remarquable par sa belle végétation mais produisant irrégulièrement, craint la cochenille ; les fruits sont souvent véreux, on les confit généralement verts ; le rendement en huile est faible.

**Saurine** (Bouches-du-Rhône).

SYNONYMES. — *Plant d'Istres, Plant de Martigues, Plant Martégaou, Picholine* (Bouches-du-Rhône).

*Arbre* vigoureux, atteignant de grandes dimensions; gros tronc cannelé; écorce brune, adhérente, finit par se détacher en lanières larges mais minces ; se forme en dôme arrondi ou étalé ; couvert assez dense ; teinte générale sombre.

Rameaux peu nombreux, longs, vigoureux, retombants, sauf l'extrémité qui se redresse, souvent dégarnis, ne portant les feuilles qu'en bouquets terminaux ; jeunes pousses fortes ; angles peu accusés ; écorce gris jaunâtre ; lenticelles bien apparentes ; nœuds peu saillants, moyennement écartés.

*Feuilles* divergentes, redressées vers la lumière, assez grandes, épaisses, fermes; face supérieure vert sombre ; face inférieure blanc verdâtre.

Limbe replié en gouttière ; bords sinueux, souvent ondulés, parfois très retournés ; maximum de largeur dans la partie médiane ou au-dessus ; atténué vers la base ; sommet souvent arrondi ; mucron court, droit ou légèrement incliné ; nervure principale fortement accusée sur la face inférieure.

Pétiole assez long, fort, généralement coudé.

Fig. 72. — Saurine (Bouches-du-Rhône).

*Pédoncule* de longueur variable, parfois très long, mince ; saillies très écartées.

*Fruits* souvent groupés sur le même pédoncule, pendants, portés le long des rameaux, le plus souvent sur les parties déjà privées de feuilles, moyens ou assez gros, avec de grandes inégalités entre eux, allongés, un peu asymétriques, faiblement côtelés, à peine atténués vers la base ; dépression pédonculaire profonde ; diamètre maximum supérieur ; sommet arrondi, terminé par un léger mamelon.

Epicarpe vert clair, lisse, non tiqueté jusqu'à la véraison

qui est tardive et très irrégulière pour les fruits d'un même arbre, se teinte en rouge violacé après s'être légèrement décoloré, puis passe au violet noir, luisant.

Pulpe très abondante, peu aqueuse, assez riche en huile.

Noyau allongé, fin, asymétrique, légèrement incurvé, un peu aplati ; ligne suturale saillante ; diamètre maximum dans la partie supérieure ; sommet en pointe aiguë ; dix faisceaux en moyenne ; sillons fins, longitudinaux, peu profonds ; surface relativement lisse.

Endocarpe mince ; loge à section régulièrement ovalaire.

Amande mince, longue, parfois arquée ; sommet aigu ; faisceaux généralement très nombreux.

Maturité assez hâtive.

### Caractéristiques.

|  | D. | d. | d'. | D/d. | D/d'. |
|---|---|---|---|---|---|
| Feuille ........ | 5,60 | 1,31 | » | 4,27 | » |
| Olive ......... | 2,48 | 1,65 | 1,63 | 1,50 | 1,52 |
| Noyau......... | 1,69 | 0,75 | 0,68 | 2,25 | 2,48 |
| Amande ....... | 1,01 | 0,39 | » | 2,84 | » |

Composition des olives. — **Pm** 3,33 ; — **Pp** 83,81 ; **Pn** 16,19 ; **Pa** 2,21 ; — **Te** 38,28 ; **Th** 30,75 ; **Tm** 30,97 ; — **Hf** 27,35.

AIRE DE CULTURE. — Commun dans les oliveraies qui avoisinent l'étang de Berre ; exceptionnellement, à l'état de pieds isolés, dans d'autres points du département des Bouches-du-Rhône.

OBSERVATIONS CULTURALES. — Craint la sécheresse, ne pousse bien qu'en terrain frais, atteignant alors de fort belles dimensions et arrivant à donner des récoltes très abondantes, redoute la cochenille, la fumagine et le ver de l'olive qui sévissent précisément dans les lieux bas.

### Plant de Roquevaire.

SYNONYME. — *Rocaveiren*.

*Arbre* très vigoureux, atteignant de grandes dimensions ; se forme en dôme étalé ; couvert très dense ; teinte générale vert sombre.

Rameaux longs, robustes, feuillus, horizontaux ou infléchis vers le sol ; jeunes pousses assez fortes ; angles moyennement accusés ; écorce vert grisâtre ; lenticelles fines et nombreuses ; nœuds peu saillants, moyennement écartés.

*Feuilles* divergentes, généralement redressées vers la lumière, moyennes, droites, fermes; vert sombre à la face supérieure, blanc verdâtre à la face inférieure.

Limbe lancéolé, mince, plat ou à bords faiblement refoulés, très régulièrement atténué vers la base où il accompagne le pétiole; maximum de largeur dans le milieu ou un peu au-dessus; atténué en pointe ou à peine arrondi au sommet; mucron bien détaché, en crochet rejeté en arrière; nervure

Fig. 73. — Plant de Roquevaire.

principale large, moyennement saillante à la face infé-rieure.

Pétiole fin, droit, généralement dans le plan du limbe.

*Pédoncule* mince, arqué, robuste; saillies très accusées, très inégalement distantes.

*Fruits* assez souvent groupés sur le même pédoncule, pendants, portés tout le long des rameaux, mêlés aux feuilles, moyens ou allongés, un peu asymétriques, côtelés, atténués vers la base; base généralement arrondie, parfois oblique; dépression pédonculaire superficielle ; diamètre maximum supérieur ; sommet terminé par une saillie courte mais nette.

Epicarpe pâlit à la véraison, se teinte assez uniformément de rose vineux, puis de violet, enfin de noir pruiné.

Pulpe violacée, fluide, aqueuse, pauvre en huile.

Noyau allongé, piriforme, asymétrique, parfois incurvé, rétréci et quelquefois nettement effilé vers la base ; dépression circulaire fréquente au tiers inférieur ; maximum de largeur supérieur ; sommet renflé, parfois très renflé, terminé en pointe ; sept à neuf faisceaux ; sillons longitudinaux, accusés dans la partie rétrécie basilaire, ramifiés et superficiels ensuite.

Endocarpe mince ; section de la loge presque ronde.

Amande longue, à peu près droite, également atténuée aux deux bouts ; faisceaux rares, larges, bien déliés.

Maturité de moyenne époque.

Caractéristiques.

|  | D. | d. | d'. | D/d. | D/d'. |
|---|---|---|---|---|---|
| Feuille ........ | 5,50 | 1,10 | » | 5,00 | » |
| Olive ......... | 2,10 | 1,19 | 1,17 | 1,77 | 1,79 |
| Noyau........ | 1,71 | 0,88 | 0,86 | 1,94 | 1,98 |
| Amande ....... | 1,08 | 0,43 | » | 2,51 | » |

**Composition des olives.** — **Pm** 2,08 ; — **Pp** 75,18 ; **Pn** 24,82 ; **Pa** 3,74 ; — **Te** 60,07 ; **Th** 20,46 ; **Tm** 19,47 ; — **Hf** 15,38.

Aire de culture. — Localisé aux environs immédiats de Marseille (Allauch).

Observations culturales. — Remarquable par son ampleur et sa belle végétation lorsqu'il est en terrain fertile, exige de bons soins culturaux et des tailles fréquentes ; fructification abondante et assez régulière ; faible rendement en huile.

Verdale (Bouches-du-Rhône).

Synonyme. — *Plant d'Eyguières* (Saint-Chamas).

*Arbre* moyen ou petit ; port très retombant ; couvert léger ; teinte vert clair très cendré.

Rameaux longs, souples, tout à fait pendants ; jeunes pousses très minces, nettement quadrangulaires ; écorce blanc verdâtre ; lenticelles très apparentes ; nœuds très saillants, écartés.

*Feuilles* assez divergentes, souvent pendantes avec le rameau, moyennes, assez rudes ; vert franc, souvent brillant à la face supérieure, blanchâtre à la face inférieure.

Limbe droit, ovale lancéolé; généralement replié en gouttière; bords presque parallèles; atténué ou légèrement obtus à la base; maximum de largeur vers le milieu; sommet généralement arrondi; mucron long, aigu; nervure principale dessinant un sillon à la face supérieure, une saillie assez accusée à la face inférieure.

Pétiole de longueur moyenne, fin, le plus souvent coudé.

Fig. 74. — Verdale (Bouches-du-Rhône).

*Grappe florale* longue, lâche, portant dix-huit à vingt fleurs. Floraison hâtive.

*Pédoncule* long, mince; saillies peu accusées, écartées.

*Fruits* généralement isolés, portés tout le long des rameaux et pendants avec eux, moyens ou assez gros, allongés, peu asymétriques, côtelés, légèrement atténués vers la base; dépression pédonculaire superficielle; diamètre maximum supérieur; sommet arrondi portant généralement un mucron peu saillant.

Epicarpe vert foncé, très fortement tiqueté, légèrement mamelonné; après la véraison, qui est très tardive, se marbre de violet qui brunit à mesure que la maturation avance.

Pulpe moyennement abondante, verdâtre, aqueuse, pauvre en huile.

Noyau allongé, piriforme, faiblement incurvé, comprimé latéralement, très aminci à la base, déprimé circulairement vers le tiers inférieur; diamètre maximum supérieur; sommet arrondi; mucron aigu; six faisceaux; sillons assez nets dans la partie basilaire seulement; surface peu tourmentée.

Endocarpe épais; loge à section ovalaire.

Amande relativement petite, droite; faisceaux étroits, déliés, peu ramifiés.

Maturité très tardive.

Caractéristiques.

| | D. | d. | d'. | D/d. | D/d'. |
|---|---|---|---|---|---|
| Feuille ......... | 5,28 | 1,07 | » | 4,93 | » |
| Olive ......... | 2,05 | 1,35 | » | 1,52 | » |
| Noyau......... | 1,78 | 0,71 | 0,76 | 2,51 | 2,34 |
| Amande ....... | 1,00 | 0,40 | » | 2,50 | » |

**Composition des olives.** — **Pm** 2,27 ; — **Pp** 74,30 ; **Pn** 25,70 ; **Pa** 2,64 — **Te** 44,20 ; **Th** 29,60 ; **Tm** 26,20 ; — **Hm** 21,90.

Aire de culture. — Assez abondante dans la vallée des Baux, notamment à Mouriès ; çà et là dans les Bouches-du-Rhône, au voisinage de l'étang de Berre en particulier.

Observations culturales. — Rustique, souffre peu des longues sécheresses, assez résistant aux parasites ; fructification satisfaisante. Les olives vertes, assez grosses, à chair très ferme, sont en grande partie utilisées pour la consommation directe ; moins appréciées pour l'huilerie en raison de leur maturité tardive et de leur faible rendement en huile.


### Cailletier (Alpes-Maritimes).

Synonymes. — *Cayet, Cayoun, Pendoulié, Olivier de Grasse, Grassenc.*

*Arbre* atteignant de grandes dimensions; tronc élancé, cylindrique, couvert d'une écorce gris brunâtre surtout gerçurée longitudinalement, assez adhérente ; branches principales s'écartant obliquement et sans raideur ; ensemble pyramidal ; couvert moyennement dense ou dense.

Rameaux peu abondants mais longs, retombants; jeunes

pousses nettement quadrangulaires ; écorce gris cendré,
presque blanc ; lenticelles moyennement abondantes, peu
marquées ; nœuds proéminents, clairsemés.

*Feuilles* insérées dans n'importe quelle direction, moyennes
ou grandes, fermes, sans raideur, assez épaisses ; vert foncé
souvent lustré à la face supérieure, blanchâtre à la face
inférieure.

Fig. 75. — Cailletier (Alpes-Maritimes).

Limbe ovale lancéolé ou spatulé ; bords refoulés ; fréquemment en gouttière ; base obtuse ; largeur maximum dans la
moitié supérieure ; régulièrement atténué vers la pointe ; nervure principale bien marquée à la face supérieure, large et
saillante à la face inférieure ; nervures secondaires souvent
visibles à la face supérieure ; mucron variable, tantôt long,
mince, bien détaché, tantôt obtus.

Pétiole court, épais, assez souvent tordu.

*Inflorescence* longue ; quinze à vingt-cinq fleurs ; boutons gros, oblongs, blancs, à peine teintés de vert.

Fleurs grandes ; coupe calicinale très profonde, à bords presque arrondis ; pétales lancéolés, obtus ; stigmate en croissant à pointes mousses. Floraison assez tardive.

*Pédoncule* long, robuste ; saillies nettes, écartées.

*Fruits* pendants, généralement isolés, portés le long des rameaux, rarement mélangés aux feuilles, moyens ou petits, ovoïdes, presque symétriques par rapport à l'axe ; base atténuée, arrondie ; dépression pédonculaire superficielle ; diamètre maximum supérieur ; sommet arrondi, terminé parfois par un faible mucron.

Epicarpe vert franc tiqueté jusqu'à la véraison, pâlit alors légèrement, se dore aux parties ensoleillées, passe au violet piqué de blanc, puis au noir violacé, souvent luisant, modérément pruiné.

Pulpe violacée à maturité, moyennement abondante, assez riche en huile ; donne une pâte relativement fluide.

Noyau assez grand, renflé, régulier ; valves presque égales ; suture peu saillante ; atténué vers la base ; diamètre maximum supérieur ; gibbosité à peine marquée ; sommet arrondi, surmonté d'une pointe courte mais nette ; six faisceaux en moyenne ; ramifications rares, divergentes, anastomosées ; sillons faiblement tracés délimitant des aires à peu près lisses.

Endocarpe mince, loge à section arrondie.

Amande droite, base arrondie ; sommet atténué ; section ovale.

### Caractéristiques.

|  | D. | d. | d'. | D/d. | D/d'. |
|---|---|---|---|---|---|
| Feuille......... | 5,96 | 1,74 | » | 3,50 | » |
| Olive ......... | 1,86 | 1,24 | 1,16 | 1,50 | 1,30 |
| Noyau......... | 1,41 | 0,72 | 0,72 | 1,96 | 1,96 |
| Amande ....... | 0,99 | 0,41 | » | 2,41 | » |

**Composition des olives.** — **Pm** 1,66 ; — **Pp** 71,40 ; **Pn** 28,60 ; **Pa** 3,38 ; — **Te** 46,50 ; **Th** 35,30 ; **Tm** 18,20 ; — **Hf** 25,20.

AIRE DE CULTURE. — Variété prédominante dans la plupart des oliveraies des Alpes-Maritimes, à l'exception de rares localités où le *Blanquetier* (Antibes) et l'*Arabanier* (Vence) subsistent ; çà et là dans les cantons de Draguignan, Fréjus, Fayence (Var) ; très commun en Ligurie (Port-Maurice, Albenga et jusqu'aux environs de Gênes).

Observations culturales. — Accommodant sous le rapport du climat, réussit aux limites de la zone de l'olivier dans les Alpes-Maritimes, sujet aux attaques des divers parasites, surtout dans les lieux bas, abrités, très sensible aux soins culturaux, capable, en année favorable, de donner des récoltes extrêmement abondantes ; fruit agréable à consommer directement sous forme d'olive noire ; huile jaune pâle, brillante, à reflets dorés, fluide, douce et fine ; type des huiles dites « huiles de Nice », « huiles de Grasse ».

## SECTION III

Troisième groupe. — *Fruits à sommet atténué en pointe mousse.*

### Rose.

*Arbre* assez vigoureux, de taille moyenne ; port semi-érigé ; en forme de dôme étalé ; couvert moyennement dense ; teinte sombre.

Rameaux assez longs, forts, redressés, plus rarement horizontaux ou retombants ; jeunes pousses épaisses ; angles accusés ; écorce gris cendré ; nœuds peu proéminents, écartés.

*Feuilles* moyennement divergentes, redressées contre le rameau quand celui-ci est vertical, moyennes, assez larges, arquées, épaisses, fermes ; face supérieure vert foncé, face inférieure blanc verdâtre.

Limbe ovale lancéolé ou spatulé ; bords refoulés, généralement en gouttière ; débordant rapidement le pétiole ; largeur maximum généralement dans la moitié supérieure ; sommet arrondi ; mucron court mais bien détaché ; nervure principale très large et saillante à la face inférieure.

Pétiole de longueur moyenne, épais, coudé.

*Pédoncule* moyen ou long, fort ; saillies accusées, rapprochées ; pédicelles courts.

*Fruits* souvent par deux ou trois sur le même pédoncule, situés au-dessous de la portion feuillue des rameaux, moyens ou gros, allongés, cylindracés, faiblement asymétriques, parfois légèrement incurvés ; base tronquée, souvent oblique, vallonnée ; dépression pédonculaire très profonde ; maximum de largeur inférieur ; sommet atténué en pointe très mousse.

Épicarpe lisse, noir rougeâtre, finement pointillé à maturité.

Pulpe assez abondante, violacée.

Noyau très allongé, un peu aplati, souvent incurvé; ligne suturale bien apparente, légèrement saillante; base tronquée; maximum de largeur supérieur; sommet en pointe; dix à douze faisceaux; sillons nettement accusés, longitudinaux.

Endocarpe moyennement épais; section de la loge ovalaire.

Amande longue, un peu aplatie, généralement incurvée; sommet aigu; faisceaux fins, nombreux, réunis sur une partie de leur longueur.

Moyenne époque de maturité.

Caractéristiques.

|  | D. | d. | d'. | D/d. | D/d'. |
|---|---|---|---|---|---|
| Feuille ........ | 4,76 | 1,24 | » | 3,84 | » |
| Olive ......... | 2,44 | 1,54 | 1,54 | 1,58 | 1,58 |
| Noyau......... | 1,84 | 0,78 | 0,72 | 2,36 | 2,55 |
| Amande ....... | 1,20 | 0,42 | » | 2,86 | » |

**Composition des olives.** — **Pm** 2,36 ; — **Pp** 78,87 ; **Pn** 21,13 ; **Pa** 2,82.

Aire de culture. — Département de l'Hérault, peu répandu.

Observations culturales. — Son seul mérite réside dans l'utilisation du fruit pour la confiserie.

### Picholine (Gard).

*Arbre* moyen ou petit; port relativement étalé; se forme en dôme élargi; couvert de densité moyenne; teinte vert pâle tirant sur le jaune.

Rameaux gros, redressés ou horizontaux; jeunes pousses épaisses; angles peu accusés; écorce gris jaunâtre; lenticelles bien apparentes; nœuds assez saillants, moyennement écartés.

*Feuilles* en général redressées avec les rameaux, grandes, épaisses, sans raideur, souvent arquées; vert cendré à la face supérieure, blanchâtres à la face inférieure; persistent souvent jaunissantes sur l'arbre.

Limbe ordinairement lancéolé, assez large, parfois spatulé; bords souvent sinueux, refoulés; quelquefois en gouttière; régulièrement atténué et accompagnant le pétiole à sa base; maximum de largeur dans la partie médiane ou dans la moitié supérieure; sommet atténué ou arrondi; mucron assez long, droit ou faiblement incliné; nervure principale dessinant souvent un sillon supérieur; saillie accusée à la face inférieure.

Pétiole robuste, très long, généralement coudé.

*Inflorescence* assez longue ou longue, lâche ; vingt à vingt-cinq fleurs en moyenne.

Fleurs à stigmate en croissant bien formé, à cornes aiguës. Floraison hâtive.

*Pédoncule* moyen ou long, gros, incurvé ; saillies peu accusées, écartées.

Fig. 76. — Picholine (Gard).

*Fruits* pendants, parfois groupés sur le même pédoncule et portés au-dessous de la portion feuillue du rameau, moyens ou gros, ovoïdes allongés, nettement plus bombés d'un côté que de l'autre ; base renflée, arrondie, rarement déprimée circulairement ; dépression pédonculaire profonde ; diamètre maximum inférieur ; sommet en pointe mousse.

Épicarpe lisse vert franc jusqu'aux approches de la véraison, se teinte alors de rose vineux, puis, tardivement, de violet foncé presque noir.

Pulpe très abondante, rose violacé, ferme, moyennement riche en huile.

Noyau long, mince, fusiforme, effilé aux deux bouts, légèrement asymétrique, comprimé, un peu incurvé ; ligne suturale peu apparente ; diamètre maximum à peu près médian ; sommet en pointe aiguë, redressée ; huit à neuf faisceaux ; sillons longitudinaux peu accusés, surface relativement lisse.

Endocarpe mince ; loge à section ovalaire.

Amande longue, droite, un peu aplatie, atténuée en pointe au sommet ; faisceaux nombreux, larges, longitudinaux, très ramifiés.

Maturité tardive.

### Caractéristiques.

| | D. | d. | d'. | D/d. | D/d'. |
|---|---|---|---|---|---|
| Feuille | 6,24 | 1,05 | » | 5,94 | » |
| Olive | 2,50 | 1,58 | 1,57 | 1,58 | 1,59 |
| Noyau | 1,91 | 0,72 | 0,67 | 2,65 | 2,85 |
| Amande | 1,16 | 0,40 | » | 2,90 | » |

**Composition des olives.** — **Pm** 3,63 ; — **Pp** 83,54 ; **Pn** 16,46 ; **Pa** 2,25 ; — **Te** 47,26 ; **Th** 27,08 ; **Tm** 25,66 ; — **Hf** 22,62.

AIRE DE CULTURE. — Répandu dans le département du Gard, notamment dans les cantons de l'Est et du Sud-Est ; domine aux environs de Nîmes où on l'a substitué par le greffage aux anciennes variétés locales de moindre valeur ; on le retrouve çà et là dans l'Ardèche, l'Hérault, rarement dans le Vaucluse et les Bouches-du-Rhône.

OBSERVATIONS CULTURALES. — Rustique, peu sensible aux maladies ; production assez régulière ; réclame de bonnes fumures et des tailles fréquentes pour donner de beaux fruits ; ceux-ci sont très recherchés pour être confits verts ; par contre, ils se prêtent mal au travail de l'huilerie.

### Dorée (Largentière).

*Arbre* à rameaux allongés ; jeunes pousses fortes ; angles très accusés ; écorce verdâtre ; lenticelles rares, très apparentes ; nœuds larges, assez saillants, inégalement écartés.

*Feuilles* très divergentes, ordinairement redressées, grandes, larges, assez souples ; teinte vert cendré à la face supérieure, vert gris pâle à la face inférieure.

Limbe lancéolé, rarement ondulé ; bords refoulés ; rarement en gouttière ; régulièrement aminci vers la base ; largeur maximum dans la moitié inférieure ; sommet arrondi ; mucron court; nervure principale étroite, très saillante à sa naissance, s'efface progressivement.

Pétiole robuste, moyen ou court, généralement tordu.

*Pédoncule* moyen ou long, rigide; saillies rares, très accusées.

*Fruits* moyens ou gros, longs, cylindracés, asymétriques, nettement arqués d'un côté; base large tronquée; dépression pédonculaire superficielle; sommet déjeté, arrondi ou atténué en pointe mousse.

Épicarpe lisse, tiqueté, passant assez rapidement au violet pointillé de vert, puis au violet et au noir à reflets dorés, fortement pruiné.

Pulpe peu abondante, ferme, brunâtre à maturité, peu aqueuse, très riche en huile.

Noyau assez gros, long, comprimé latéralement; valves carénées, à suture saillante; base ordinairement large, tronquée; diamètre maximum dans la moitié inférieure; sommet en pointe aiguë, relevée; six à neuf faisceaux, sillons assez fortement creusés surtout vers la base; surface relativement tourmentée.

Endocarpe épais; loge à section nettement ovalaire.

Amande aplatie; base large; sommet aigu; faisceaux très étroits, déliés, sinueux, distincts dès leur naissance.

### Caractéristiques.

| | D. | d. | d . | D/d. | D/d'. |
|---|---|---|---|---|---|
| Feuille ........ | 5,92 | 1,40 | » | 4,23 | » |
| Olive ......... | 2,08 | 1,28 | 1,30 | 1,62 | 1,60 |
| Noyau......... | 1,66 | 0,75 | 0,76 | 2,21 | 2,18 |
| Amande ....... | 1,04 | 0,42 | » | 2,50 | » |

**Composition des olives.** — **Pm** 1,75 ; — **Pp** 70 ; **Pn** 30 ; **Pa** 2,57 ; — **Te** 22,20 ; **Th** 40,20 ; **Tm** 37,60 ; — **Hf** 28,14.

Aire de culture. — Échantillons provenant de Largentière (Ardèche).

### Péto dé ra.

*Arbre* à rameaux longs, flexueux, pendants, bien garnis de feuilles; jeunes pousses assez minces; angles peu accusés; écorce gris verdâtre; lenticelles fines et nombreuses; nœuds peu saillants, écartés ou très écartés.

*Feuilles* généralement peu divergentes, retombant avec le

rameau, assez grandes, droites ou faiblement arquées ; vert sombre à la face supérieure, vert pâle cendré à la face inférieure.

Limbe lancéolé, assez étroit, effilé à sa base ; largeur maximum dans la partie médiane ou légèrement supérieure ; sommet faiblement arrondi ; mucron long, crochu ; nervure principale étroite mais très saillante.

Pétiole moyennement long et épais, généralement coudé.

Fig. 77. — Péto dé ra.

*Pédoncule* de longueur moyenne, mince, assez rigide ; saillies nettes, écartées.

*Fruits* portés tout le long des rameaux, souvent en mélange avec les feuilles, pendants, moyens ou petits, longs, légèrement asymétriques, un côté plus arqué ; base arrondie ; dépression pédonculaire superficielle ; diamètre maximum. inférieur ou médian ; sommet légèrement déjeté ; régulièrement atténué en pointe mousse, parfois arrondi.

Épicarpe lisse, brun violet peu tiqueté, puis noir luisant à maturité.

Pulpe peu abondante, violacée, assez aqueuse, pauvre en huile.

Noyau assez gros, long, faiblement asymétrique, relativement effilé vers la base; maximum de largeur supérieur; terminé par une pointe courte, aiguë; sept à huit faisceaux; sillons très fins, superficiels, longitudinaux, peu ramifiés; surface lisse.

Endocarpe peu épais; section de la loge à peine ovalaire.

Amande longue, assez fine; section presque arrondie; sommet aigu; faisceaux rares, étroits, peu ramifiés.

Caractéristiques.

|  | D. | d. | d'. | D/d. | D/d'. |
|---|---|---|---|---|---|
| Feuille ........ | 5,92 | 1,02 | » | 5,80 | » |
| Olive ......... | 1,80 | 1,09 | 1,09 | 1,65 | 1,65 |
| Noyau......... | 1,55 | 0,65 | 0,64 | 2,38 | 2,42 |
| Amande ....... | 1,00 | 0,33 | » | 3,00 | » |

**Composition des olives.** — Pm 1,11; — Pp 68,10; Pn 31,90; Pa 4,90; — Te 35,60; Th 27,90; Tm 36,50; — Hf 19.

Aire de culture. — Échantillons provenant de Largentière (Ardèche).

### Ribière (Bouches-du-Rhône).

*Arbre* assez grand, se forme en boule; couvert léger; teinte grise, très terne.

Rameaux érigés ou horizontaux; jeunes pousses assez minces; angles accusés; écorce vert gris pâle; lenticelles petites, nombreuses; nœuds peu saillants, assez écartés.

*Feuilles* très divergentes, moyennes ou grandes, droites ou légèrement arquées, relativement minces et souples; vert gris pâle à la face supérieure, blanc terne à la face inférieure.

Limbe lancéolé, plat ou à bords faiblement retournés; largeur maximum dans la partie médiane ou dans la moitié supérieure; sommet atténué ou arrondi; mucron court, généralement en crochet rejeté en arrière; nervure principale nette, assez saillante à la face inférieure; nervures secondaires souvent visibles à la face supérieure.

Pétiole moyennement long, faiblement coudé.

*Grappe florale* moyenne ou courte, portant quinze à vingt fleurs. Floraison hâtive.

*Pédoncule* assez long, robuste, arqué; saillies accusées, distantes.

*Fruits* fréquemment groupés, mêlés aux feuilles, pendants, moyens, longs, cylindro-coniques, à peu près symétriques; base tronquée; dépression pédonculaire superficielle; diamètre

Fig. 78. — Ribière (Bouches-du-Rhône).

maximum médian; sommet atténué en pointe très mousse ou arrondi.

Épicarpe vert franc tiqueté jusqu'à la véraison, se marbre alors de violet sans décoloration préalable, passe rapidement au violet, puis au noir brillant.

Pulpe assez abondante, très noire, aqueuse, pauvre en huile.

Noyau long, légèrement asymétrique, peu côtelé; base arrondie; assez souvent déprimé au-dessous de la ligne médiane ; diamètre maximum supérieur ; sommet surmonté d'une pointe aiguë, bien détachée ; faisceaux en nombre variable, huit à dix en moyenne ; sillons longitudinaux, peu profonds, peu ramifiés ; surface assez lisse.

Endocarpe peu épais, loge à section ovalaire.

Amande allongée, presque droite ; sommet en pointe ; faisceaux rares, peu ramifiés ; nombreux cas de graines gémellaires.

Maturité très hâtive.

Caractéristiques.

| | D. | d. | d'. | D/d. | D/d'. |
|---|---|---|---|---|---|
| Feuille ........ | 5,76 | 1,14 | » | 5,05 | » |
| Olive ......... | 2,09 | 1,38 | 1,36 | 1,51 | 1,53 |
| Noyau......... | 1,67 | 0,72 | 0,71 | 2,32 | 2,35 |
| Amande ....... | 1,10 | 0,40 | » | 2,75 | » |

**Composition des olives.** — **Pm** 2,30 ; — **Pp** 78,74 ; **Pn** 21,26 ; **Pa** 3,37 ; — **Te** 48,75 ; **Th** 24,54 ; **Tm** 26,71 ; — **Hf** 19,45.

AIRE DE CULTURE. — Localisé aux environs de Marseille, commun dans les plantations d'Allauch (Bouches-du-Rhône).

OBSERVATIONS CULTURALES. — Redoute peu la sécheresse, s'accommode des plus mauvais terrains ; production satisfaisante, mais médiocre rendement en huile.

Cariol.

*Arbre* moyen ou assez grand, moyennement vigoureux ; port semi-érigé ; couvert peu dense ; teinte générale terne.

Rameaux nombreux, courts, obliques ou redressés, portant les feuilles en bouquets terminaux ; jeunes pousses de grosseur moyenne ; angles assez accusés ; écorce blanc grisâtre, finement striée ; lenticelles très grosses, clairsemées ; nœuds peu saillants, assez rapprochés.

*Feuilles* divergentes, sans orientation définie, longues, parfois incurvées ; vert cendré à la face supérieure ; blanc lustré à la face inférieure.

Limbe assez étroit, effilé ; bords sinueux, refoulés ; très régulièrement aminci vers la base ; maximum de largeur généralement dans la moitié supérieure ; sommet à peine arrondi ; nervure principale large et bien marquée en creux à la face supérieure, en saillie accusée à la face inférieure ; nervures secondaires visibles.

Pétiole long, mince, droit, dans le plan du limbe, coudé seulement à l'extrémité.

*Fleur* à stigmate petit, obtus; cornes à peine dégagées.

*Pédoncule* de longueur variable, parfois très long, mince; saillies écartées.

*Fruits* souvent groupés, assez gros, allongés, légèrement asymétriques, un côté plus bombé que l'autre, amincis à la base qui présente une dépression circulaire caractéristique; insertion du pédoncule superficielle; diamètre maximum à peu près médian; sommet atténué en pointe mousse.

Épicarpe noir violacé, lisse à maturité.

Pulpe abondante, brune, assez riche en huile.

Noyau long, comprimé, une valve presque plate; nettement effilé vers la base; diamètre maximum à peu près médian; sommet en pointe; six faisceaux en moyenne; sillons accusés, peu ramifiés; surface très rugueuse.

Endocarpe très mince; loge presque arrondie.

Amande longue, mince, effilée aux deux bouts; long faisceau principal; ramifications assez nombreuses et larges.

Moyenne époque de maturité.

### Caractéristiques.

| | D. | d. | d'. | D/d. | D/d'. |
|---|---|---|---|---|---|
| Feuille ........ | 7,32 | 1,10 | » | 6,65 | » |
| Olive ......... | 2,40 | 1,40 | » | 1,71 | » |
| Noyau......... | 1,81 | 0,70 | 0,65 | 2,57 | 2,78 |
| Amande ....... | 1,12 | 0,38 | » | 2,95 | » |

**Composition des olives.** — **Pm** 2,35; — **Pp** 80; **Pn** 20; **Pa** 2,55.

Aire de culture. — Assez répandu dans le Minervois (Aude).

Observations culturales. — Fertile, productif, mais sensible aux maladies cryptogamiques, *Cycloconium oleaginum* en particulier.

### Corniale (Hérault).

Synonyme. — *Courniaou.*

*Arbre* de taille moyenne, vigoureux; port retombant; couvert assez dense; teinte générale vert clair, assez terne.

Rameaux longs, souples, feuillus, pendants; jeunes pousses minces; angles accusés mais seulement aux extrémités; écorce gris cendré; lenticelles peu apparentes; nœuds assez saillants, très écartés.

*Feuilles* assez divergentes, sans orientation définie, grandes, épaisses ; vert clair à la face supérieure ; blanchâtres à la face inférieure.

Limbe ovale lancéolé ; bords refoulés ; ordinairement replié en gouttière ; obtus à la base ; largeur maximum dans la partie médiane ou plus souvent dans la moitié supérieure ; sommet atténué en pointe, quelquefois arrondi ; mucron très

Fig. 79. — Corniale (Hérault).

long, très aigu, en crochet ; nervure principale très apparente à la face supérieure, large et saillante à la face inférieure.

Pétiole moyennement long, souvent tordu.

*Pédoncule* long ou très long, épais ; saillies aiguës, écartées ; pédicelles courts.

*Fruits* assez souvent groupés sur le même pédoncule, pendants le long des rameaux eux-mêmes retombants, souvent entremêlés de feuilles, moyens, longs, nettement asymétriques, rectilignes ou à peine bombés d'un côté, très bombés de l'autre ; diamètre maximum dans la partie médiane ; également atténués aux deux bouts ; légère dépression circulaire au voisinage de la base ; sommet en pointe mousse.

Épicarpe lisse, vert clair jusqu'à la véraison, se teinte alors de rose vineux, passe ensuite au brun violacé très légèrement pointillé, peu pruiné.

Pulpe peu abondante, violacée, pauvre en huile.

Noyau long, généralement incurvé ; côte à peine marquée ; atténué aux deux bouts, moins brusquement vers la base ; sommet en pointe redressée ; huit faisceaux en moyenne ; sillons fortement accusés, longitudinaux.

Endocarpe très mince ; loge à section ovalaire.

Amande grande, large, un peu aplatie, atténuée aux deux bouts ; sommet assez aigu ; faisceaux nombreux, larges, bien déliés.

**Caractéristiques.**

|  | D. | d. | d'. | D/d. | D/d'. |
|---|---|---|---|---|---|
| Feuille ......... | 6,05 | 1,32 | » | 4,58 | » |
| Olive ......... | 2,23 | 1,23 | 1,21 | 1,81 | 1,84 |
| Noyau......... | 1,94 | 0,75 | 0,71 | 2,58 | 2,73 |
| Amande ....... | 1,28 | 0,42 | » | 3,00 | » |

**Composition des olives.** — **Pm** 2 ; — **Pp** 69,10 ; **Pn** 30,90 ; — **Te** 39,55 ; **Th** 19,54 ; **Tm** 40,91 ; — **Hf** 13,72.

AIRE DE CULTURE. — Variété languedocienne, peu répandue.

OBSERVATIONS CULTURALES. — Très sensible à la bonne qualité du sol et aux soins de culture ; olive souvent véreuse, d'un médiocre rendement en huile.

## Ubac.

*Arbre* à rameaux généralement courts, raides ; jeunes pousses fortes ; angles très accusés ; écorce jaune clair ; lenticelles rares, très apparentes ; nœuds peu proéminents, assez écartés.

*Feuilles* très diversement orientées, assez souvent redressées avec le rameau, grandes, larges, rudes, cartilagineuses.

Limbe ovale lancéolé, parfois spatulé, plat, ordinairement ondulé, généralement atténué à sa base ; largeur maximum dans la partie médiane ou dans la moitié supérieure ; sommet parfois atténué, plus souvent arrondi à l'extrémité ; mucron très court, obtus ; nervure principale dessinant un sillon à la face supérieure, large et très saillante à sa naissance, sensi-

blément réduite à l'extrémité; nervures secondaires visibles sur les deux faces, liséré marginal accusé.

Pétiole très court, très épais, généralement coudé.

*Pédoncule* moyen ou court, épais; saillies rares, fortes.

*Fruits* souvent mélangés aux feuilles, moyens ou petits, allongés, légèrement asymétriques, côtelés; base assez large; dépression pédonculaire superficielle; maximum de diamètre

Fig. 80. — Ubac.

médian ou inférieur; sommet légèrement déjeté, atténué en pointe mousse.

Epicarpe violacé noir très pruiné après la véraison qui est tardive.

Pulpe peu abondante, blanchâtre, moyennement riche en huile.

Noyau allongé, légèrement aplati; suture des valves saillante; base arrondie, diamètre maximum médian ou inférieur; sommet en pointe redressée; forme de bateau; sept à

dix faisceaux; sillons assez profondément creusés, longitudinaux.

Endocarpe relativement épais; loge à section allongée.

Amande petite, droite, aplatie, arrondie aux deux extrémités; faisceaux rares, larges, anastomosés.

### Caractéristiques.

|  | D. | d. | d'. | D/d. | D/d'. |
|---|---|---|---|---|---|
| Feuille ........ | 5,82 | 1,52 | » | 3,17 | » |
| Olive ......... | 2,01 | 1,25 | 1,25 | 1,61 | 1,61 |
| Noyau......... | 1,35 | 0,65 | 0,60 | 2,08 | 2,25 |
| Amande ....... | 0,88 | 0,35 | » | 2,50 | » |

Composition des olives. — **Pm** 1,18 ; — **Pp** 70,30 ; **Pn** 29,70 ; **Pa** 3,38 ;
— **Te** 36,60 ; **Th** 27,10 ; **Tm** 36,30 ; — **Hf** 19,05.

Aire de culture. — Échantillons provenant de Largentière (Ardèche).

### Besse.

*Arbre* à rameaux courts, très forts, très raides, insérés à
angle droit; jeunes pousses robustes; écorce grise, écaillée;
lenticelles nombreuses; nœuds rapprochés.

*Feuilles* moyennes, parfois arquées, rarement contournées.

Limbe lancéolé, assez large; bords à peine refoulés; largeur
maximum dans la partie médiane; également atténué aux
deux extrémités, parfois légèrement arrondi au sommet;
mucron bien détaché, généralement court; nervure principale
étroite, très peu saillante.

Pétiole de longueur moyenne, mince, généralement droit,
dans le plan du limbe.

*Pédoncule* de longueur très variable, assez souvent court et
raide. Les cas de grappes terminales sont fréquents.

*Fruits* souvent groupés sur le même pédoncule, mêlés aux
feuilles, petits, ovoïdes, allongés; base arrondie; dépression
pédonculaire très superficielle; diamètre maximum médian;
sommet en pointe mousse.

Epicarpe lisse, noir violacé après la véraison.

Pulpe peu abondante, brunâtre, assez riche en huile.

Noyau fin, allongé, parfois légèrement arqué, atténué vers la
base; diamètre maximum supérieur; sommet arrondi, terminé

par une pointe courte; huit faisceaux; sillons très superficiels; surface presque lisse.

Endocarpe mince; loge à section ovalaire.

Amande à section presque circulaire, aiguë au sommet; faisceaux rares, longitudinaux, déliés, peu ramifiés.

### Caractéristiques.

| | D . | $d.$ | $d'.$ | D/d. | D/d'. |
|---|---|---|---|---|---|
| Feuille ........ | 4,82 | 1,12 | » | 4,62 | » |
| Olive ......... | 1,86 | 1,22 | » | 1,52 | » |
| Noyau......... | 1,44 | 0,65 | 0,59 | 2,21 | 2,44 |
| Amande ....... | 0,94 | 0,40 | » | 2,35 | » |

**Composition des olives.** — **Pm** 1,05 ; — **Pp** 68,89 ; **Pn** 31,11 ; **Pa** 7,42 ; — **Te** 33,78 ; **Th** 32,22 ; **Tm** 34 ; — **Hf** 22,19.

Aire de culture. — Échantillons provenant d'Aubenas (Ardèche).

### Pruneau.

*Arbre* de grande taille, vigoureux; tronc couvert d'écorce grise ou brune, très adhérente, finement gerçurée; port retombant; couvert assez dense; teinte générale sombre.

Rameaux peu nombreux, longs, assez souples, flexueux, pendants, quelquefois dégarnis de feuilles sur presque toute leur longueur; jeunes pousses fortes, côtes accusées; écorce blanc verdâtre; lenticelles clairsemées; nœuds très peu saillants, moyennement écartés.

*Feuilles* divergentes, assez souvent pendantes avec le rameau ou redressées vers la lumière, moyennes, droites, fermes; vert sombre à la face supérieure, blanchâtre à la face inférieure.

Limbe lancéolé, en gouttière; maximum de largeur vers le milieu; également atténué aux deux extrémités, à peine arrondi au sommet; mucron bien détaché à peu près droit; nervure large, moyennement saillante à la face inférieure.

Pétiole court, gros, tordu.

*Pédoncule* de longueur variable, plus souvent court, robuste; saillies très accusées, moyennement écartées.

*Fruits* isolés, rarement par deux, portés le long des rameaux, fréquemment entremêlés de feuilles, gros, allongés, asymétriques, faiblement côtelés; base tronquée; dépression pédonculaire profonde ; diamètre maximum à peine supérieur ; sommet légèrement déjeté, en pointe mousse.

Epicarpe épais, noir luisant à maturité.

Pulpe relativement peu abondante.

Noyau très gros, cylindracé, un peu comprimé latéralement ; base tronquée ; sommet conique ; huit à dix faisceaux ; sillons fortement creusés, longitudinaux.

Endocarpe très épais ; loge à section ovalaire.

Amande très longue, déprimée d'un côté, terminée en pointe ; faisceaux rares, peu ramifiés.

Moyenne époque de maturité.

### Caractéristiques.

|  | D. | d. | d'. | D/d. | D/d'. |
|---|---|---|---|---|---|
| Feuille | 4,97 | 1,11 | » | 4,47 | » |
| Olive | 2,72 | 1,80 | 1,78 | 1,51 | 1,53 |
| Noyau | 2,23 | 0,85 | 0,88 | 2,62 | 2,53 |
| Amande | 1,43 | 0,44 | » | 3,25 | » |

**Composition des olives.** — **Pm** 4,25 ; — **Pp** 72,70 ; **Pn** 27,30 ; **Pa** 2,59.

Aire de culture. — Çà et là dans les oliveraies de Cotignac (Var).

Observations culturales. — Ne réussit bien que dans les bons fonds, craint la cochenille et le noir ; olives souvent véreuses ; production irrégulière ; intéressant par la grosseur des fruits, mais le noyau également volumineux réduit la proportion de pulpe.

### Plant de Varages.

Synonyme. — *Varagen.*

*Arbre* de taille petite ou moyenne, assez vigoureux ; tronc recouvert d'écorce gris argenté, se détachant en lanières longues et étroites ; port retombant ; couvert assez dense ; teinte terne.

Rameaux nombreux, longs, feuillus, franchement pendants ; jeunes pousses grêles ; angles accusés ; écorce vert gris brillant ; lenticelles très clairsemées ; saillies assez proéminentes, moyennement écartées.

*Feuilles* très divergentes, sans orientation définie, parfois à contresens du rameau, assez grandes, longues, souples, souvent arquées ; vert cendré à la face supérieure, blanc terne à la face inférieure.

Limbe mince, lancéolé, assez étroit, parfois inéquilatéral ; bords légèrement refoulés ; effilé aux deux bouts, rarement à sommet légèrement arrondi ; mucron accusé, ordinairement en crochet rejeté en arrière ; nervure très large, peu saillante à la face inférieure.

Pétiole court, épais, dans le plan du limbe, coudé à l'extrémité.

*Pédoncule* long, moyennement gros ; saillies très accusées, très écartées.

*Fruits* isolés, quelquefois par deux ou trois sur le même pédoncule, pendants le long des rameaux, souvent entremêlés de feuilles, moyens, très allongés, presque cylindriques sur leur plus grande longueur, à peine plus bombés d'un côté ; base arrondie ; dépression pédonculaire superficielle ; maximum de diamètre médian ou un peu supérieur ; sommet en pointe mousse, parfois surmonté d'un léger mamelon.

Epicarpe fortement tiqueté jusqu'à la véraison, passe au brun rougeâtre presque noir finement pointillé de blanc, assez abondamment pruiné.

Pulpe peu abondante, blanchâtre ou violacée, très aqueuse, peu riche en huile.

Noyau long, cylindracé, côtelé, légèrement comprimé ; base arrondie ; sommet en pointe mousse ; dix faisceaux ; sillons longitudinaux, finement tracés.

Endocarpe assez épais ; loge à section ovalaire.

Amande droite, longue, étroite, un peu aplatie, effilée au sommet ; faisceaux nombreux, assez larges, très ramifiés.

Moyenne époque de maturité.

Caractéristiques.

| | D. | d. | d'. | D/d. | D/d'. |
|---|---|---|---|---|---|
| Feuille ........ | 5,22 | 0,97 | » | 5,38 | » |
| Olive ......... | 2,20 | 1,20 | 1,20 | 1,83 | 1,83 |
| Noyau.......... | 1,81 | 0,73 | 0,70 | 2,48 | 2,58 |
| Amande ....... | 1,31 | 0,40 | » | 3,22 | » |

**Composition des olives.** — Pm 2,08 ; — Pp 68,40 ; Pn 31,20 ; Pa 3,46 ; — Tp 50,52 ; Th 25,09 ; Tm 24,39 ; — Hf 17,16.

Aire de culture. — Répandu sur le territoire de quelques communes du Var, aux environs de Varages.

Observations culturales. — Redoute la sécheresse surtout en mauvais terrain, peu exigeant comme taille ; production assez régulière, satisfaisante ; olive peu sujette au ver, se prêtant mal aux travaux de l'huilerie ; huile légèrement verdâtre, très limpide, fine, fruitée, de bonne conservation, jouissant d'une réputation locale qui paraît méritée.

## Bouquetière.

*Arbre* à rameaux robustes, horizontaux ou retombants; jeunes pousses épaisses, rigides, écorce gris verdâtre; nœuds peu écartés.

*Feuilles* redressées, divergentes, parfois à contresens du rameau, grandes, larges, épaisses, cartilagineuses; vert sombre à la face supérieure, blanc verdâtre brillant à la face inférieure.

Limbe ovale lancéolé, plat ou à bords à peine refoulés, parfois légèrement ondulé; maximum de largeur dans la partie médiane; mucron aigu, droit ou faiblement rejeté en arrière; nervure principale dessinant un creux à la face supérieure, peu saillante à la face inférieure; nervures secondaires assez fréquemment marquées par de légers vallonnements.

Pétiole long, fort, souvent tordu.

*Pédoncule* court, épais, raide; saillies nettes, moyennement écartées.

*Fruits* souvent groupés en bouquets, moyens ou grands, longs, nettement bombés d'un côté; base arrondie; dépression pédonculaire superficielle; diamètre maximum médian ou supérieur; sommet déjeté, en pointe mousse.

Epicarpe lisse, noir luisant à maturité.

Pulpe peu abondante, violacée, très riche en huile.

Noyau long, légèrement arqué et aplati, atténué à la base; diamètre maximum supérieur; sommet en pointe, déjeté; huit à dix faisceaux; sillons très fins, longitudinaux; surface presque lisse.

Endocarpe mince; loge à section à peine aplatie.

Amande longue, fine, aiguë, très faiblement arquée; section presque arrondie; faisceaux assez étroits, nombreux; ramifications divergentes.

### Caractéristiques.

|          | D.   | *d.*  | *d'.* | D/*d.* | D/*d'.* |
|----------|------|-------|-------|--------|---------|
| Feuilles ....... | 6,12 | 1,40 | » | 4,37 | » |
| Olive ........ | 2,28 | 1,32 | 1,34 | 1,73 | 1,70 |
| Noyau........ | 1,74 | 0,68 | 0,66 | 2,56 | 2,64 |
| Amande ....... | 1,14 | 0,40 | » | 2,85 | » |

Composition des olives. — Pm 1,52; — Pp 70,33; Pn 29,67; Pa 4,60; — Te 35,29; Th 38,58; Tm 26,13; — Hf 27,13.

Aire de culture. — Échantillons provenant d'Aubenas (Ardèche).

### Cayet blanc (Var).

*Arbre* assez grand, moyennement vigoureux ; port érigé ; branches principales redressées verticalement, dégarnies de la base ; couvert léger ; teinte générale terne.

Rameaux nombreux, courts, tendant à se redresser, portant souvent leurs feuilles en bouquets terminaux ; jeunes pousses

Fig. 84. — Cayet blanc (Var).

assez grosses ; angles accusés seulement à l'extrémité ; écorce grisâtre ; nœuds saillants, rapprochés.

*Feuilles* peu divergentes, généralement redressées avec le rameau, moyennes, épaisses, fermes, droites, rarement arquées ; vert très cendré à la face supérieure, blanc terne à la face inférieure.

Limbe lancéolé, franchement en gouttière, régulièrement atténué vers la base ; maximum de largeur dans la partie médiane ; sommet le plus souvent arrondi ; mucron généralement bien détaché, en crochet porté en arrière; nervure principale assez saillante à la face inférieure.

Pétiole long et mince, dans le plan du limbe, coudé seulement à l'extrémité.

*Pédoncule* de longueur moyenne, assez gros, raide; saillies accusées, moyennement écartées.

*Fruits* isolés, rarement groupés sur le même pédoncule, moyens ou assez gros, allongés, cylindracés, asymétriques, plus bombés d'un côté; côte à peine marquée; base tronquée, dépression pédonculaire large et profonde; diamètre maximum légèrement supérieur; sommet faiblement déjeté, atténué en pointe mousse.

Epicarpe vert clair, lisse jusqu'à la véraison, se tigre alors de violet sans décoloration préalable sensible, devient ensuite rouge-acajou, puis franchement noir, luisant.

Pulpe abondante, violacée, aqueuse, assez riche en huile, se détachant bien du noyau.

Noyau long, mince, légèrement arqué, atténué vers le pédoncule; base arrondie ou tronquée; diamètre maximum supérieur; sommet en pointe aiguë; huit faisceaux en moyenne; sillons fins, peu profonds, mais nets, longitudinaux.

Endocarpe mince; loge à section ovalaire.

Amande longue, assez mince, un peu aplatie, arquée; sommet aigu; faisceaux rares, larges, peu ramifiés.

Moyenne époque de maturité.

### Caractéristiques.

| | D. | d. | d'. | D/d. | D/d'. |
|---|---|---|---|---|---|
| Feuille ........ | 5,02 | 1,02 | » | 4,93 | » |
| Olive ......... | 2,15 | 1,43 | 1,42 | 1,50 | 1,51 |
| Noyau........ | 1,61 | 0,72 | 0,70 | 2,23 | 2,30 |
| Amande ....... | 1,05 | 0,37 | » | 2,84 | » |

**Composition des olives.** — **Pm** 2,53 ; — **Pp** 79,05 ; **Pn** 20,95 ; **Pa** 2,31 ; — **Te** 48,20 ; **Th** 29,60 ; **Tm** 22,20 ; — **Hf** 23,86.

Aire de culture. — Çà et là, dans diverses localités des environs de Draguignan, notamment aux Arcs (Var).

Observations culturales. — Rustique, réclame des tailles légères et fréquentes limitant la hauteur de la frondaison et maintenant la végétation dans les parties basses; fruit rarement véreux.

## SECTION III

Quatrième groupe. — *Fruits à sommet franchement en pointe ou surmontés d'un mucron bien détaché.*

### Colombale.

Synonyme. — *Couloumbaou.*

*Arbre* vigoureux, de taille moyenne : couvert dense ; rameaux

Fig. 82. — Colombale.

abondants, allongés, feuillus, horizontaux ou infléchis ; jeunes pousses robustes ; écorce jaunâtre, striée de gris ; lenticelles rares, peu visibles ; nœuds saillants, rapprochés.

*Feuilles* sans direction définie, assez fréquemment retombantes avec le rameau, moyennes ou grandes, longues, épaisses, fermes, quelquefois arquées ; vert sombre à la face supérieure, blanc brillant à la face inférieure.

Limbe nettement replié en gouttière, assez régulièrement atténué, débordant peu le pétiole à sa naissance, en pointe effilée ou très légèrement arrondi à l'extrémité ; mucron bien détaché, aigu, en crochet rejeté en arrière ; nervure principale dessinant souvent un sillon accusé à la face supérieure, large et très saillante à la face inférieure.

Pétiole moyen, robuste, assez souvent coudé.

*Pédoncule* de longueur moyenne, fort, raide ; saillies peu écartées, moyennement accusées.

*Fruits* généralement portés le long des rameaux en mélange avec les feuilles, isolés ou par deux ou trois sur le même pédoncule, moyens ou gros, presque symétriques par rapport à l'axe, côtelés, atténués vers les deux extrémités, mais surtout au sommet ; base généralement peu large, tronquée ; dépression pédonculaire profonde ; diamètre maximum inférieur ; sommet en pointe ordinairement bien détachée, parfois déjetée.

Epicarpe vert franc, lisse, à peine pointillé jusqu'à la véraison ; à ce moment pâlit sensiblement et se marbre de rose vineux, passe ensuite au violet clair, puis au brun violacé.

Pulpe abondante, ferme, cédant difficilement son huile.

Noyau moyen, fusiforme, plus large vers la base ; dépression circulaire autour de celle-ci ; valves à peu près égales ; suture en saillie ; compression latérale accentuée vers le sommet ; extrémité effilée terminée par une pointe aiguë ; huit faisceaux en moyenne ; sillons profonds séparés par des crêtes vives ; ramifications secondaires courtes ; surface très rugueuse.

Endocarpe quadrangulaire, moyennement épais ; loge à section presque arrondie.

Amande droite, cylindracée, terminée en pointe aiguë ; faisceaux larges, réunis sur une partie de leur longueur ; ramifications coralloïdes.

Caractéristiques.

| | D. | d. | d'. | D/d. | D/d'. |
|---|---|---|---|---|---|
| Feuille ........ | 5,60 | 1,16 | » | 4,82 | » |
| Olive ......... | 2,85 | 1,54 | 1,51 | 1,52 | 1,55 |
| Noyau......... | 1,60 | 0,69 | 0,70 | 2,32 | 2,28 |
| Amande ....... | 1,06 | 0,40 | » | 2,62 | » |

**Composition des olives.** — **Pm** 2,68 ; — **Pp** 81,85 ; **Pn** 18,15 ; **Pa** 2,55.

Aire de culture. — Se rencontre en faible proportion dans les oliveraies de Manosque et communes environnantes (Basses-Alpes).

Observations culturales. — Redoute la sécheresse, exige de bons soins de culture, notamment des tailles fréquentes et assez sévères ; son feuillage touffu est favorable au développement de la fumagine.

## Pointue (Ardèche).

*Arbre* à rameaux très robustes ; jeunes pousses fortes ; écorce gris verdâtre ; nœuds saillants.

*Feuilles* grandes, larges, épaisses, assez souples, vert très cendré à la face supérieure, blanchâtre à la face inférieure.

Limbe ovale lancéolé ou spatulé, plat ou un peu incurvé, quelquefois ondulé ; bords souvent sinueux ; base atténuée ou arrondie ; largeur maximum dans la moitié supérieure ; mucron court, obtus ; nervure peu saillante à la face inférieure.

Pétiole long, relativement mince, assez souvent coudé.

*Fruits* fréquemment groupés sur le même pédoncule, moyens, longs, asymétriques ; côte accentuée ; base large, tronquée ; dépression pédonculaire peu profonde ; maximum de largeur inférieur ; sommet en pointe très accentuée, franchement incurvée.

Epicarpe vert clair jusqu'à la véraison qui est tardive, passe sans décoloration sensible au violet, puis au noir violacé.

Pulpe très abondante, ferme, verdâtre, aqueuse, assez riche en huile.

Noyau relativement volumineux, en forme de gondole : très arqué d'un côté, presque plat ou légèrement déprimé de l'autre ; atténué ou arrondi à la base ; diamètre maximum supérieur ; sommet en pointe accusée, fortement redressée ; douze sillons profonds.

Endocarpe épais, loge à section ovale allongée.

Amande longue, aplatie, généralement droite ; base large ; sommet aigu ; faisceaux larges, nombreux, empâtés à la base.

### Caractéristiques.

|  | D. | d. | d'. | D/d. | D/d'. |
|---|---|---|---|---|---|
| Feuille ......... | 5,60 | 1,44 | » | 3,87 | » |
| Olive ......... | 2,37 | 1,22 | 1,17 | 1,94 | 2,02 |
| Noyau......... | 1,99 | 0,83 | 0,77 | 2,40 | 2,57 |
| Amande ......... | 1,28 | 0,49 | » | 2,61 | » |

**Composition des olives.** — **Pm** 1,39 ; — **Pp** 59,87 ; **Pn** 40,13 ; **Pa** 6,90 ; — **Te** 40,52 ; **Th** 26,45 ; **Tm** 33,03 ; — **Hf** 15,84.

Aire de culture. — Échantillons provenant d'Aubenas (Ardèche).

### Olivière.

Synonymes. — *Galinenque* (Languedoc) — *Guza, Oua, Ouana, Palma* (Roussillon) — *Pointue, Pounchudo, Bécaru, Bécudo* (çà et là).

Fig. 83. — Olivière.

*Arbre* vigoureux, atteignant de grandes dimensions ; port étalé ; couvert épais ; teinte sombre.

Rameaux longs, robustes, très feuillus, généralement horizontaux ou retombants, redressés à l'extrémité ; jeunes pousses fortes, angles vite effacés ; écorce gris cendré ; lenticelles nombreuses, bien apparentes ; nœuds peu saillants, écartés.

*Feuilles* très divergentes, sans orientation définie, souvent redressées vers la lumière, grandes, épaisses, fermes ; vert luisant à la face supérieure, blanchâtre à la face inférieure.

Limbe ovale lancéolé, large, souvent inéquilatéral, falciforme, arqué, ondulé, à bords sinueux, refoulés ; la forme en gouttière est fréquente ; atténué vers la base ; déborde rapidement la nervure ; largeur maximum dans la moitié supérieure ; sommet un peu arrondi ; mucron bien détaché, souvent en crochet ; nervure très large, assez saillante à la face inférieure.

Pétiole de longueur moyenne, fort, ordinairement tordu.

*Pédoncule* de longueur très variable, mais généralement long, fort, assez raide ; saillies peu accusées, assez écartées ; pédicelles très courts.

*Fruits* fréquemment groupés sur le même pédoncule et portés au-dessous de la portion feuillue des rameaux ; moyens ; base large, obtuse ou franchement tronquée ; dépression pédonculaire étroite, profonde ; diamètre maximum inférieur ; sommet en pointe parfaitement saillante et détachée.

Épicarpe vert franc, légèrement tiqueté jusqu'à la véraison, se marbre alors de violet sans décoloration préalable et devient ensuite tout à fait noir, très pruiné.

Pulpe assez abondante, ferme, violacée, aqueuse, assez riche en huile.

Noyau allongé, tronqué à la base, à peu près cylindrique sur les deux tiers de sa longueur, puis effilé en une pointe aiguë, légèrement déjetée ; ligne suturale très marquée.

Huit faisceaux en moyenne ; sillons accusés, discontinus ; surface assez tourmentée.

Endocarpe peu épais ; loge à section presque circulaire.

Amande faiblement aplatie ; base arrondie ; sommet assez aigu ; faisceaux nombreux, largement empâtés à la base, déliés ensuite.

Maturité assez précoce.

**Caractéristiques.**

|  | D. | d. | d'. | D/d. | D/d'. |
|---|---|---|---|---|---|
| Feuille ........ | 6,00 | 1,27 | » | 4,72 | » |
| Olive ........ | 2,07 | 1,21 | 1,21 | 1,71 | 1,71 |
| Noyau ........ | 1,47 | 0,70 | 0,69 | 2,10 | 2,13 |
| Amande ....... | 1,00 | 0,40 | » | 2,50 | » |

**Composition des olives.** —**Pm** 2,35 ; — **Pp** 78 ; **Pn** 22 ; **Pa** 5; —**Te** 59,20 ;
**Th** 26,60 ; **Tm** 14,20 ; — **Hf** 21,22.

AIRE DE CULTURE. — Répandu dans les départements de l'Hérault, de l'Aude et des Pyrénées-Orientales ; rare dans le Gard ; à peu près inconnu sur la rive gauche du Rhône.

OBSERVATIONS CULTURALES. — Arbre rustique, ayant résisté aux plus grands froids, réussit bien dans les sols de bonne qualité ; sa végétation y est luxuriante, sa production abondante et assez régulière ; perd une grande partie de ses qualités en mauvais terrain, supporte des tailles sévères, craint la cochenille et le noir ; les fruits sont sujets au ver ; ils se prêtent bien aux travaux de l'huilerie et donnent une huile jaune, dorée, déposant abondamment, douce, appréciée dans les lieux de production.

### Verdanel (Aude).

SYNONYMES. — *Berdanel* ; *Verdalet*.

*Arbre* assez grand, robuste ; port retombant ; se forme en dôme étalé ; couvert épais ; teinte terne, tirant sur le jaune.

Rameaux minces, longs, souples, pendants, feuillus ; jeunes pousses à angles moyennement accusés ; écorce vert jaunâtre, finement striée longitudinalement ; lenticelles nombreuses ; nœuds inégalement écartés.

*Feuilles* peu divergentes, retombant avec le rameau, grandes ou très grandes, longues, minces, souples, parfois falciformes ; bords souvent sinueux, vert effacé, jaunâtre à la face supérieure, terne à la face inférieure.

Limbe plat, lancéolé, très effilé aux deux extrémités ; largeur maximum dans la partie médiane ; mucron aigu, incliné latéralement ; nervure principale en saillie à la face supérieure, étroite mais nette à la face inférieure ; nervures secondaires visibles au-dessus de la feuille, rarement au-dessous.

Pétiole long, mince, dans le plan du limbe à sa naissance, coudé à l'extrémité.

*Fleur* à stigmate long, étroit ; cornes à peine dégagées.

*Pédoncule* long, mince ; saillies aiguës, peu écartées.

*Fruits* souvent groupés sur le même pédoncule, mêlés aux feuilles, moyens, allongés, nettement asymétriques, plats d'un côté, bombés de l'autre ; base assez large ; dépression pédonculaire superficielle ; diamètre maximum inférieur ; sommet atténué en pointe parfois relevée à l'extrémité.

Épicarpe vert foncé jusqu'à la véraison qui est tardive,

passe directement au violet puis au noir quand la maturité est très avancée.

Pulpe peu abondante, brune, peu aqueuse, assez riche en huile.

Noyau en forme de bateau, comprimé, côtelé ; valves légèrement carénées ; arrondi ou atténué vers la base ; diamètre maximum à peu près médian ; sommet en pointe aiguë, souvent relevée ; cinq à six faisceaux ; sillons moyennement profonds, peu ramifiés.

Endocarpe mince ; loge à section ovalaire.

Amande plate, assez large, parfois un peu arquée ; faisceau principal long, peu ramifié.

Maturité tardive.

Caractéristiques.

|  | D. | d. | d'. | D/d. | D/d'. |
|---|---|---|---|---|---|
| Feuille ........ | 7,33 | 1,23 | » | 5,95 | » |
| Olive ......... | 1,85 | 1,03 | 1,01 | 1,79 | 1,83 |
| Noyau......... | 1,67 | 0,72 | 0,66 | 2,32 | 2,63 |
| Amande ....... | 1,07 | 0,50 | » | 2,14 | » |

**Composition des olives.** — **Pm** 1,04 ; — **Pp** 60,77 ; **Pn** 39,23 ; **Pa** 6,73 ; — **Te** 18,11 ; **Th** 34,64 ; **Tm** 47,25 ; — **Hf** 21,45.

Aire de culture. — Cultivé dans le Minervois (Aude), mais en faible proportion.

Observations culturales. — Vigoureux, productif ; ses fruits, de maturité tardive, cèdent assez difficilement leur huile ; leur rendement est médiocre ; huile appréciée dans les lieux de production.

Olive de Lucques.

Synonyme. — *Lucquoise*, Lucques.

*Arbre* moyen ou grand, assez vigoureux ; tronc cylindrique, généralement court ; écorce brune, se détachant en lanières minces ; port semi-érigé ; couvert assez dense ; teinte générale sombre.

Rameaux vigoureux, nombreux, divergents, assez souples, feuillus, redressés, horizontaux ou infléchis selon leur position sur l'arbre, mais toujours redressés à l'extrémité ; jeunes pousses minces, angles peu accusés ; écorce blanc grisâtre à l'extrémité, vert sombre finement strié sur les portions plus âgées ; lenticelles petites, nombreuses ; nœuds saillants, assez rapprochés.

*Feuilles* le plus souvent redressées vers la lumière, même à contresens du rameau, moyennes, assez fermes, vert terne à la face supérieure, blanc verdâtre à la face inférieure.

Limbe lancéolé ou spatulé, droit, ordinairement en gouttière, assez régulièrement aminci vers la base ; maximum de largeur à peine au-dessus de la partie médiane ; sommet atténué, régulièrement ou faiblement arrondi ; mucron court, bien détaché, rejeté latéralement ; nervure inférieure assez saillante.

Pétiole assez long, très mince, fréquemment tordu.

*Pédoncule* long, généralement arqué, moyennement épais ; saillies très accusées, écartées.

*Fruits* isolés ou quelquefois par deux sur le même pédoncule, pendants, souvent entremêlés de feuilles, moyens ou gros, longs, fortement incurvés ; côte assez nette ; atténués vers la base ; base arrondie ; dépression pédonculaire peu profonde ; diamètre maximum au-dessus de la ligne médiane ; sommet en pointe surmonté parfois d'un mamelon.

Épicarpe mince, lisse, très peu tiqueté, vert clair jusqu'à la véraison, devient ensuite noir luisant, peu pruiné.

Pulpe abondante, ferme, se détachant bien du noyau.

Noyau mince, long, en forme de croissant, légèrement côtelé ; diamètre maximum un peu au-dessus de la ligne médiane ; très effilé aux deux bouts ; six à huit faisceaux ordinairement disposés en deux groupes latéraux ; sillons très superficiels ; ramifications secondaires rares ; surface presque lisse.

Endocarpe très mince ; loge à section ovalaire.

Amande longue, arquée, effilée, légèrement aplatie ; faisceau principal assez large, dorsal ; ramifications fines, zigzagantes.

Maturité assez hâtive.

#### Caractéristiques.

| | D. | d. | d'. | D/d. | D/d'. |
|---|---|---|---|---|---|
| Feuille ........ | 5,57 | 1,13 | » | 4,93 | » |
| Olive ......... | 2,71 | 1,52 | 1,52 | 1,78 | 1,78 |
| Noyau......... | 1,93 | 0,60 | 0,56 | 3,21 | 3,44 |
| Amande ....... | 1,25 | 0,35 | » | 3,57 | » |

Composition des olives. — Pm 3,82 ; — Pp 81,89 ; Pn 18,11 ; Pa 2,28.

AIRE DE CULTURE. — Assez répandu dans certaines communes de l'Hérault (environs d'Aniane) ; çà et là dans le même département ; très rare ailleurs.

OBSERVATIONS CULTURALES. — Assez vigoureux ; peu sensible au froid ; exige, pour donner des récoltes rémunératrices, des terrains de bonne qualité ; craint la cochenille, le noir et le ver de l'olive ; production irrégulière ; fruit à chair abondante, d'un grain très fin, particulièrement recherché pour la confiserie en vert auquel on le destine généralement.

## Corgnadou (Ardèche).

Synonyme. — *Curgudou.*

*Arbre* à rameaux nombreux, courts, raides, généralement érigés; jeunes pousses minces; angles accusés; écorce gris verdâtre; lenticelles rares mais bien apparentes; nœuds assez proéminents, écartés; couvert léger; teinte générale terne.

Fig. 84. — Corgnadou (Ardèche).

*Feuilles* tendant à se redresser vers la lumière, moyennes ou petites, peu épaisses mais raides, fermes, parcheminées; vert cendré à la face supérieure, blanc brillant à la face inférieure.

Limbe spatulé; bords légèrement refoulés; faiblement obtus à la base; sommet arrondi, rarement en pointe; mucron assez nettement détaché mais court; nervure peu saillante.

Pétiole mince, court.

*Pédoncule* assez long, robuste, ordinairement raide; saillies peu prononcées, assez écartées.

*Fruits* souvent groupés sur le même pédoncule, moyens ou grands, mamelonnés, longs, asymétriques, arqués d'un côté, plats de l'autre ; légère côte ; dépression pédonculaire superficielle ; diamètre maximum un peu au-dessus de la ligne médiane ; sommet atténué en pointe tronquée à son extrémité, portant une dépression du style particulièrement accusée.

Épicarpe vert franc, tiqueté jusqu'à la véraison, se tigre de violet à ce moment sans pâlir sensiblement, passe ensuite au violet puis au noir légèrement pointillé, fortement pruiné.

Pulpe ferme, peu abondante, brun violacé à maturité, riche en huile.

Noyau volumineux, allongé, asymétrique, en forme de bateau ; suture des valves légèrement saillante ; assez régulièrement atténué vers la base ; diamètre maximum au-dessus de la ligne médiane ; sommet en pointe ; quatre à six faisceaux ; sillons peu marqués ; ramifications assez nombreuses dans la moitié inférieure : surface tourmentée dans cette partie seulement.

Endocarpe très épais ; loge à section nettement allongée.

Amande longue, un peu aplatie ; large base ; sommet aigu ; légère arcure ; faisceaux rares, déliés, peu ramifiés.

Caractéristiques.

| | D. | d. | d'. | D/d. | D/d'. |
|---|---|---|---|---|---|
| Feuille ........ | 5,00 | 1,12 | » | 4,47 | » |
| Olive ......... | 2,33 | 1,41 | 1,43 | 1,65 | 1,63 |
| Noyau......... | 1,94 | 0,89 | 0,87 | 2,18 | 2,23 |
| Amande ....... | 1,26 | 0,43 | » | 3,00 | » |

**Composition des olives.** — **Pm** 2,40 ; — **Pp** 66 ; **Pn** 34 ; **Pa** 3,64 ; — **Te** 34,20 ; **Th** 37 ; **Tm** 28,80 ; — **Hf** 24,42.

Aire de culture. — Échantillons provenant de Bourg-Saint-Andéol (Ardèche).

Sauzen vert (Ardèche).

Synonyme. — *Sauzen.*

*Arbre* à rameaux longs, horizontaux ou pendants, ne portant parfois leurs feuilles qu'en bouquets terminaux ; jeunes pousses minces ; angles peu accusés ; écorce vert jaunâtre ; lenticelles rares mais très apparentes ; nœuds peu saillants, assez rapprochés ; couvert léger ; teinte terne.

*Feuilles* redressées vers la lumière parfois en sens inverse du rameau, moyennes ou petites, fines ; teinte vert terne à la face supérieure, blanc verdâtre à la face inférieure.

Limbe régulièrement lancéolé ; bords refoulés ; faiblement en gouttière ; obtus à sa base ; maximum de largeur vers sa moitié inférieure ou au milieu ; très légèrement arrondi au sommet ; mucron assez court, généralement rejeté de côté ou

Fig. 85. — Sauzen vert.

en arrière ; nervure principale étroite mais nettement saillante sur toute sa longueur.

Pétiole assez long, mince, souvent coudé.

*Grappe florale* longue, portant dix-huit à vingt-cinq boutons moyens ou petits, presque sphériques.

Fleur à stigmate large, court, cornes à peine dégagées. Floraison hâtive.

*Pédoncule* assez long, arqué ; saillies accusées, moyennement écartées.

*Fruits* généralement isolés, pendants, portés sur toute la longueur des rameaux, moyens, allongés, faiblement asymétriques ; côte peu marquée ; base tronquée, parfois obliquement ; dépression pédonculaire superficielle ; diamètre maximum supérieur ; sommet terminé par un mucron court, bien détaché, légèrement déjeté, coupé net, portant une dépression stigmatique accusée.

Epicarpe conservant sa teinte vert franc très tard, se marbre ensuite de violet sans décoloration préalable.

Pulpe assez abondante, ferme, verdâtre, se détachant bien du noyau, aqueuse, assez riche en huile.

Noyau long, fin, un peu plus bombé d'un côté ; suture des valves assez visible ; régulièrement aminci vers la base ; sommet renflé, terminé en pointe courte, déjetée ; six à huit faisceaux ; sillons longitudinaux, peu accusés ; surface presque lisse.

Endocarpe mince ; loge à section nettement ovalaire.

Amande relativement courte ; base assez large ; sommet aigu ; faisceaux larges, empâtés ; ramifications coralloïdes.

### Caractéristiques.

|  | D. | d. | d′. | D/d. | D/d′. |
|---|---|---|---|---|---|
| Feuille ........ | 5.24 | 1,00 | » | 5,24 | » |
| Olive ......... | 2,07 | 1,23 | 1,23 | 1,68 | 1,68 |
| Noyau......... | 1,49 | 0,67 | 0,65 | 2,22 | 2,29 |
| Amande ....... | 0,93 | 0,42 | » | 2,21 | » |

**Composition des olives.** — Pm 1,61 ; — Pp 75,20 ; Pn 24,80 ; Pa 3,25 ; — Te 44,80 ; Th 32,30 ; Tm 22,90 ; — Hf 24,29.

Aire de culture. — Échantillons provenant de Saint-Martin-d'Ardèche.

### Blanchet (Ardèche).

Synonyme. — *Blanche.*

*Arbre* à rameaux longs ; jeunes pousses fortes ; angles très accusés ; écorce verdâtre ; lenticelles très nombreuses, bien apparentes ; nœuds saillants, moyennement écartés.

*Feuilles* peu divergentes, souvent accolées au rameau, moyennes ou grandes, assez larges et épaisses, droites ou arquées.

Limbe replié en gouttière ; maximum de largeur à peu près

médian ; également atténué vers les deux extrémités ; obtus à la base ; sommet légèrement arrondi ; mucron bien détaché mais court ; nervure principale très saillante.

Pétiole de longueur moyenne, épais, dans le plan du limbe ou faiblement coudé.

*Pédoncule* long ; saillies proéminentes, écartées.

*Fruits* généralement isolés et portés tout le long du rameau,

Fig. 86. — Blanchet.

moyens ou petits, ovoïdes allongés, faiblement asymétriques ; dépression pédonculaire assez profonde ; base arrondie, parfois obliquement tronquée ; diamètre maximum légèrement supérieur ; sommet déjeté, ordinairement terminé par un mamelon très peu saillant.

Epicarpe lisse, blanc verdâtre, non tiqueté ; véraison tardive.

Pulpe peu abondante, ferme, blanchâtre, assez aqueuse, moyennement riche en huile.

Noyau allongé, faiblement incurvé, asymétrique; suture des valves bien visible; atténué en pointe vers la base, sommet renflé terminé par une pointe courte, aigüe; six à huit faisceaux; sillons fins, assez profonds, peu ramifiés; surface relativement lisse.

Endocarpe peu épais; loge nettement ovalaire.

Amande droite, un peu comprimée; base assez large, arrondie; sommet aigu; faisceaux fins, déliés, sinueux, assez longuement confondus.

Caractéristiques.

|          | D.   | d.   | d′.  | D/d. | D/d′. |
|----------|------|------|------|------|-------|
| Feuille  | 5,84 | 1,48 | »    | 3,94 | »     |
| Olive    | 1,98 | 1,30 | 1,25 | 1,52 | 1,56  |
| Noyau    | 1,47 | 0,67 | 0,66 | 2,19 | 2,22  |
| Amande   | 1,00 | 0,40 | »    | 2,50 | »     |

**Composition des olives.** — Pm 1,32; — Pp 72, 30; Pn 27,70; Pa 3,78 — Te 37,60; Th 33; Tm 29,40; — Hf 28,86.

Aire de culture. — Échantillons provenant de Largentière.

# DISTRIBUTION DES VARIÉTÉS PAR DÉPARTEMENTS

BASSES-ALPES. — 1. Verdale, Olive commune (Manosque), p. 139. — 2. Varagen (Gréoulx), p. 261. — 3. Colombale, Couloumbaou (Manosque), p. 266. — 4. Marveillese (Manosque). — 5. Escayonne (Manosque).

ALPES-MARITIMES. — 1. Nostral (Gilette), p. 117. — 2. Ribeyro, Petit-Ribier, Sauvage (Grasse), p. 132. — 3. Arabanier, Araban (Vence), Abéran, Vencel (La Gaude), p. 137. — 4. Blanquetier, Blanquet (Antibes), p. 233. — 5. Cailletier, Caillet, Cayon, Pendoulier, Olivier de Grasse (la plupart des localités), p. 243. — 6. Blaou, Blavet (Biot), p. 227.

ARDÈCHE. — 1. Dorée (Bourg-Saint-Andéol), p. 113. — 2. Verdale (Bourg-Saint-Andéol), p. 115. — 3. Ronde (Villeneuve-de-Berg), p. 131. — 4. Broutignan noir (Bourg-Saint-Andéol), p. 144. — 5. Rougette (Bourg-Saint-Andéol), p. 147. — 6. Bé-dé-Cézé (Aubenas), p. 156. — 7. Négret (Bourg-Saint-Andéol), p. 171. — 8. Grosse Violette (Largentière), p. 173. — 9. Petite Violette (Largentière), p. 187. — 10. Sauzen noir (Bourg-Saint-Andéol), p. 188. — 11. Salernet (Largentière), p. 190. — 12. Baguet (Largentière), p. 199. — 13. Dorée (Aubenas), p. 204. — 14. Grosse Noire (Bourg-Saint-Andéol), p. 202. — 15. Daurade (Aubenas), p. 210. — 16. Damasse (Aubenas), p. 211. — 17. Noirette (Aubenas), p. 213. — 18. Broutignan blanc (Bourg-Saint-Andéol), p. 214. — 19. Béchude (Largentière), p. 220. — 20. Picholine (Aubenas), p. 247. — 21. Dorée (Largentière), p. 249. — 22. Péto déra (Largentière), p. 250. — 23. Ubac (Largentière), p. 257. — 24. Besse (Aubenas), p. 259. — 25. Bouquetière (Aubenas), p. 263. — 26. Pointue (Aubenas), p. 268. — 27. Corgnadou (Bourg-Saint-Andéol), p. 274. — 28. Sauzen, Sauzen vert (Bourg-Saint-Andéol), p. 275. — 29. Blanchet (Largentière), p. 277.

AUDE. — 1. Redondal, Broussanel (Cabrespine), Groussaïno (Sallèles-Cabardès), p. 179. — 2. Cariol (Cabrespine), p. 254.

—3. Berdanel (Cabrespine), Verdanel (Sallèles-Cabardès) p. 271.
— 4. Bécudo (Couffoulens), p. 269. — 5. Ménudel (Sallèles-Cabardès).

Bouches-du-Rhône. — 1. Redounale (Saint-Chamas), p. 109.
— 2. Groussan (Mouriès), p. 129. — 3. Aglandau, Glandaou,
Plant de la Fare, Plant d'Aix (la plupart des localités), Blanquet, Berruguet (Mouriès), p. 139. — 4. Broutignan (Tarascon), p. 144. — 5. Plant de Salon, Salonenque, Selounen
(nombreuses localités), Sauzen, Sauren (La Fare, Velaux),
p. 163. — 6. Rouget (Allauch), p. 166. — 7. Cayanne
(Allauch), p. 169. — 8. Vermillau (Fontvieille) p. 183. —
9. Brun (Céreste), p. 206. — 10. Espagnen (Allauch), Espagnen, Tripardo (Saint-Chamas), p. 235. — 11. Saurin, Plant
d'Istres, Plant de Martigues, Plant Martégaou, Picholine (bords
de l'étang de Berre), p. 237. — 12. Picholine (Fontvieille),
p. 247. — 13. Verdale (Mouriès), Plant d'Eyguières (Saint-Chamas), p. 241. — 14. Ribière (Allauch), p. 252. —
15. Plant de Roquevaire, Rocaveiren (Allauch), p. 239.

Corse. — 1. Sabine, Sabinaccia (la plupart des localités),
p. 154. — 2. Germaine, Germana (la plupart des localités),
p. 165. — Sarrasine (la plupart des localités).

Drôme. — 1. Tanche (Nyons), p. 124. — 2. Grosse Noire,
p. 202. — 3. Sauzen, p. 188.

Gard. — 1. Olive de Ganges, Gangeole, Groussaldo, Grosse
Ronde (Saint-Hippolyte-du-Fort), p. 109. — 2. Blanquet
(Aramon), Blancale (Beaucaire) p. 139. — 3. Caillaou (Anduze),
p. 141. — 4. Broutignan, Petit Broutignan (Beaucaire), Boutignan (Roquemaure), p. 144. — 5. Négret, Négrette (Langlade),
p. 171. — 6. Vermillau (Aramon), p. 183. — 7. San Michelenque, Michelenque (Aramon), p. 180. — 8. Capelen,
Capelengue (Anduze), p. 194. — 9. Picholine bâtarde
(Aramon), p. 205. — 10. Rouget, Rougette, Olive rouge
(Aramon), p. 212. — 11. Olivastre (Anduze), p. 225.
— 12. Picholine, p. 247. — 13. Cul-Blanc (Aramon). —
14. Singlaou.

Hérault. — 1. Verdale (nombreuses localités), p. 109. —
2. Redonal (Montpellier), p. 111. — 3. Argental (Montpellier),
p. 152. — 4. Amellau, Amellenque (nombreuses localités),

p. 175. — 5. Rouget (Montpellier), p. 185. — 6. Pigale, Pigaou, Picatado (Montpellier), p. 222. — 7. Picholine (Montpellier), p. 247. — 8. Rose (Montpellier), p. 246. — 9. Olivière, Pointue (diverses localités), Galinenque (Béziers), p. 269. — 10. Corniale, Courniaou (Montpellier), p. 255. — 11. Petite Corniale (Montpellier). — 12. Olive de Lucques, Lucquoise (diverses localités), p. 272. — 13. Sayern (Montpellier). — 14. Blancale (Montpellier). — 15. Clermontaise (Clermont-l'Hérault). — 16. Moirale.

Pyrénées-Orientales. — 1. Berdaneil (Sournia), p. 107. — 2. Redouneil (Sournia), p. 134. — 3. Poumal (Sournia), p. 191. — 4. Oua, Ouana (Estagel), Guza (Sournia), Palma, Palmane (Sorède), p. 269. — 5. Argoudeil (Collioure), p. 143. — 6. Courbeil (Collioure), p. 182. — 7. Ourtiquère (Collioure). — 8. Cocornadelle (Millas), p. 193. — 9. Verdale (Millas).

Var. — 1. Coucourelle (Draguignan), p. 119. — 2. Plant de Callas, Callassen (Draguignan), Ribier, Petit Ribier (Callas), p. 122. — 3. Araban (Seillans), p. 125. — 4. Préauron (Les Arcs), p. 127. — 5. Redounan, Plant de Salernes (Cotignac), Bouteillan (Aups), Cayanne, Cayan (Salernes), p. 135. — 6. Belle-Fleur (Draguignan), p. 149. — 7. Roubeyrou (Montauroux), p. 150. — 8. Cayet roux, Plant de Figanières (Draguignan), p. 156. — 9. Cayet rouge (Draguignan), p. 159. — 10. Reymé (La Motte), p. 161. — 11. Plant de Salon (Tavernes), p. 163 . — 12. Cayanne (Sainte-Zacharie), p. 169. — 13. Cayet noir (Les Arcs), p. 177. — 14. Cayon (la plupart des localités), Plant d'Entrecasteaux, Entrecastellen (Draguignan), Race de Montfort (Tavernes), p. 196. — 15. Gros Ribier (Cotignac), p. 200. — 16. Saurin (Les Arcs), p. 208. — 17. Brun (environs de Toulon), p. 206. — 18. Non dénommé (Saint-Raphaël), p. 216. — 19. Bécu, Bécaru (Lorgues), p. 218. — 20. Longue (Montauroux), p. 224. — 21. Rapuguier (La Valette), Pardiguier (Cotignac), Plant de Gavari (Cuers), p. 229. — 22. Sanguin (La Motte), p. 231. — 23. Plant de Grasse, Grassenc (Fayence), p. 243. — 24. Pruneau (Cotignac), p. 260. — 25. Cayet blanc (Les Arcs), p. 264. — 26. Plant de Varages, Varagen (Cotignac), p. 261. — 27. Plant de Belgentier, Bougentiè (Belgentier).

Vaucluse. — 1. Rougeon (Pernes), p. 121. — 2. Olive de Nyons (Vaison), p. 124. — 3. Blanquet, Verdale, Olive verte (la plupart des localités), p. 139. — 4. Broutignan (Sorgues), p. 144. — 5. Plant de Salon, Sauren, Salonen (Mérindol), p. 163. — 6. Corniaou (Pernes), p. 168. — 7. Tombarelle (Gigondas).

## TABLE ALPHABÉTIQUE DES NOMS VULGAIRES D'OLIVIERS

# TABLE DES FIGURES

# TABLE DES MATIÈRES